JN222220

# 牛尾憲輔　定本

kensuke ushio　index

太田出版

石野卓球（電気グルーヴ）

ピエール瀧（電気グルーヴ）

湯浅政明

山田尚子

佐藤大

JUN INAGAWA

タカノンノ

高野文子

魚豊

# INTRODUCTION

電気グルーヴ・石野卓球との出会いをきっかけに音楽活動をスタート、
２００８年にソロユニット・agraphとしてアルバムをリリース、
２０１４年にはアニメ『ピンポン THE ANIMATION』で
劇伴作曲家としてのキャリアをスタートさせた音楽家・牛尾憲輔。
その「現在」「過去」、そして来たるべき「未来」を語る——。

# CONTENTS

特別企画



インタビュー

寄稿



漫画・イラスト

論考



あとがきにかえて

KENSUKE USHIO
LONG INTERVIEW
PART.01

# 牛尾憲輔 ロングインタビュー

PART.01

先鋭的な電子音楽から劇伴作品まで、いくつもの表情を持つ音楽家・牛尾憲輔。音楽を始めることになったきっかけから、アニメやコンピューター、アートに対する興味の目覚め、そしてプロデビューを経た現在まで。その唯一無二の「音世界」はどこからやって来たのか。これまでの歩みをロングインタビューで振り返る。

## エレクトーンのほうがいっぱいボタンがついてて、秘密基地みたいでカッコいい

——そもそも牛尾さんが音楽を始めるようになったきっかけというと、どのくらい前まで遡るんでしょうか?

**牛尾**　もともと、実家が音楽教室だったんです。僕が生まれる前の話なんですけど、ある日、両親と兄が住んでた団地の集会所にエレクトーンのセールスが来たんですね。それを買って、兄に個人レッスンの先生を呼んだそうです。同じ頃に団地の何世帯かがエレクトーンを買ったんですけど、近くに習う音楽教室がない。「牛尾さんのところの個人レッスンに参加させてもら

えないかしら」という話になって（笑）。それで、子供部屋にピアノとエレクトーンを置いて始めた音楽教室が、僕のルーツなんです。

——そうだったんですか！

**牛尾**　僕は3人兄弟の末っ子なんですけど、子どもの頃から兄弟全員、鍵盤が弾けて。上の兄ふたりがエレクトーンで、僕はピアノっていう。

——そこでピアノを選んだのは……。

**牛尾**　じつは初めはエレクトーンがやりたかったんです。エレクトーンのほうがいっぱいボタンがついてて、秘密基地みたいでカッコいいし（笑）。でも——そこは音楽教室をやってた親の慧眼だなと思うんですけど、「初めの2年間はピアノをやりなさい」と言われて。というのも、エレクトーンは鍵盤が軽いので、そこからピアノに戻るのはなかなか大変なんですね。でも、ピアノから始めればエレクトーンにも行ける。で、結局、ピアノのほうが楽しくなってずっとやることになった、という。とはいえ『ドラゴンクエスト』が弾きたいって言って弾いたり、全然真面目な感じじゃなかったですけど。

——じゃあ、がっちりピアニストを目指す、みたいな方向には行かずに。

**牛尾**　行かなかったですね。そもそも上手くないし、いまはもう全然弾けないので。それが小学校に入る前、6～7歳くらいのことで、それからしばらくすると小室（哲哉）ブームが来るんですよ、90年代初頭から中盤にかけて。

——ああ、ちょうどそれくらいのタイミングになるんですね。

**牛尾**　最初に見たのは浅倉大介さん、accessなんですけど。たぶん『ジャングルの王者ターちゃん』だったと思うんだけど……。でも『ターちゃん』のときはもう、accessがエンディングをやると思って観てたから、その前に音楽番組か何かで見ていたのかもしれない、ちょっと覚えてないですけど。とにかくシンセサイザーに囲まれているのが、エレクトーンの発展形みたいな感じで、カッコよく見えたんですよね。で、そのときに「ミュージシャンになる」と決めたんです。

――入り口は、ビジュアルだったんですね。

**牛尾**　いま思うと、たぶん歌を聴いてなかったんだと思うんですよね。当時、浅倉さんはソロ活動をしていたりもしたから、そういうのを好んで聴いてた気がする。ちょっと取ってつけたようなエピソードなので、これまであまり話したことがないんですけど、小学生の頃、ピアノの蓋を外して、一音だけガコガコ鳴らしてたりしたんですよ。

――それは三つ子の魂百までというか（笑）。

**牛尾**　だから演奏を聴くっていうよりは、ずっと音を聴いてる子どもだったんですよね、振り

access
『MISTY HEATBREAK』（1994年）

返ると。それはたぶん、あんまりいまも変わってない。どうしてかはわからないですけど。

――音に対するフェティッシュは、当時から変わらないんですね。

**牛尾**　フェティッシュといえば、もう少し後になるんですけど、クラフトワークを初めて聴くタイミングがあって。そのとき聴いたのは『THE MIX』っていう、それまでのクラフトワークの楽曲をセルフリミックスしたアルバムなんですけど、その中に「コンピューター・ラブ」という曲があって。その曲の間奏部分は「ココココ……」ってパルス音がずっと鳴っているだけだったんです。それが本当に衝撃で、その部分だけテープに録って、繰り返し聴いてたんですよね。きっと親も心配してたと思うんですけど（笑）、いまでもすっごい好きですね。

――話をちょっと戻して（笑）、accessにハマって「ミュージシャンになる」と決心した後というと……。

**牛尾**　たぶん、それとあまり変わらないタイミングで、テレビで坂本龍一さんの特集番組を観たんです。当時、坂本さんがライブでピアノとシンセサイザーを演奏しているのを観て。あれは電子音楽って言っていいのかな。そこから小室哲哉さんや浅倉大介さんのようなど真ん中のJポップと坂本龍一さんというのが、僕の中で醸造されていくんです。

――当時（80年代末~90年代）の坂本さんというと、小~中学生にとっては、ちょっとハードルが高い印象もあるんですけど。

**牛尾**　そうですね。ちょうど坂本さんがヴァージン・レコードと契約していたあたりかと思うので、およそ小学生にはわからないと思うんですけど……。ただちょっと切ない音符の選び方に、やられる部分があったんだろうなと思います。で、「戦場のメリークリスマス」のピアノ・バージョンを聴いてみたいんだけど、レコード屋に行くと『メリー・クリスマス・ミスター・

ローレンス』ってCDしか置いてない。「たぶんこれだよな……」と思ったんですけど、中学生が3000円のアルバムを賭けで買うのってハードルが高いじゃないですか（笑）。そわそわしながら買った記憶があります。

――その間もピアノは続けていたんですか？

**牛尾**　やってましたね。とはいえ全然練習しないし、親からも「そんなに練習しないんだったら、やらなくていいよ」って怒られるんですけど、でも絶対にやめない。なぜなら「俺は浅倉大介になるから」って（笑）。わけがわからないんですけど。

――あははは（笑）。

**牛尾**　あと小学校のときに、学校の図書室で『MIDIってなあに』というようなタイトルの簡単な技術書みたいなのを見つけるんです。他にも当時出てたaccessのアーティスト本に、浅倉さんが使っている機材の紹介と短いインタビューが載ってて。それを読んで、自分の妄想コ

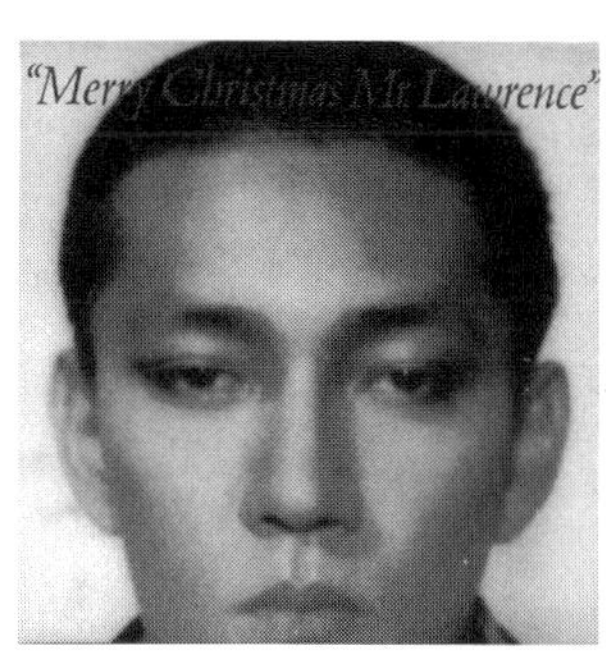

坂本龍一
『Merry Christmas Mr.Lawrence』（1983年）

ンピューターの中で「こういうふうにやるんだ」って、想像を膨らませているうちに、小室さんプロデュースのシンセサイザーがヤマハから発売になるんですよ（Yamaha EOS）。で、親に何年も「買ってほしい」って頼み続けてたら、音楽教室の備品として買ってもらえることになったんですよね。しかもそのシンセはオールインワンだったので、打ち込みができた。それを使って曲……と言っていいかどうかわからないですけど、見様見真似で「コード進行っていうのはこうなんだ」って、自分でやってみたり。それがちょうど中学2年生くらいですね。

——そのあたりが、いまの音楽活動の原点になるわけですね。

**牛尾**　その後、中学を卒業した後の春休みのときに友達に「テクノっていうのがあるんだよ」って借りたのが、さっき話した『THE MIX』だったんです。それを聴いた瞬間に「これだ！」って。俺はこれがやりたいんだ、俺はテクノの人なんだ、と思ったんです。

——当時、電気グルーヴとかは……。

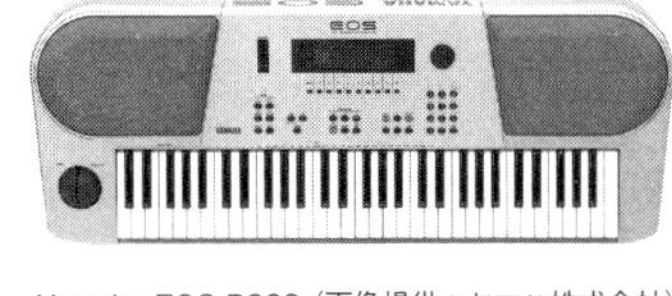
Yamaha EOS B900（画像提供：ヤマハ株式会社）

**牛尾**　97年とかだから、もう聴いてたんじゃないですかね。兄が電気グルーヴが大好きで、テクノの本とか雑誌を持っていたので。それこそ「坂本龍一さんは昔、ＹＭＯをやってたんだよ」って言われて、聴いてみたらめちゃくちゃカッコいい！とか。そういうのが中学の終わりから高校にかけてあって。

## いいメロディより、カッコいいビートより音

——そういう流れが、クラフトワークの『THE MIX』に結実する、という。

**牛尾**　これが好きだったんだ、と。いいメロディより、カッコいいビートより音。電子音みたいなものが好きなんだと思ったのが、中学を卒業した後の春休みで。だから高校デビューなんですよ（笑）。つい先月までは「ＴＫサウンドだ！」って言ってたのに。

——あははは（笑）。『THE MIX』って、発売当時は評価されなかったですけど、いま聴くと新鮮ですよね。

**牛尾**　カッコいいですよね。いまでもクラフトワークが好きな人たちからすると『THE MIX』って……という感じですけど。で、高校では軽音部に入ったんですけど、ちょうどメロコアブームの真っ最中なんです。Hi-STANDARDとか、周りはメロコア一色で。その中で最初のうちはまだ「小室哲哉みたいなのをやろう」って言って浮く、という（笑）。

——たしかに、ちょっと浮いちゃいますね。

**牛尾**　だから軽音部に在籍はしてるんだけど、テクノをやりたくなってきてるから、バンドメ

クラフトワーク
『THE MIX』（1991年）

ンバーもいらないし、だんだんひとりでやることになっていって。あとウチの高校は中高一貫だったんですけど、そうすると僕みたいに高校から入ってきた生徒だけで固まるようになるんですよ。中学からの持ち上がり組が5クラスなのに対して、2クラスしかない高校入学組は隅っこでちっちゃくなってる、みたいな（笑）。そうすると、最初のうちは世間で当時、流行っていたものを聴いてるんだけど、高校入学組の中でどんどん煮詰まっていく。ある意味、蠱毒みたいな状態というか（笑）。最初はビジュアル系が好きだったヤツが2学期に入るとメロコアをやるようになって、「Jポップだ！」って言ってた僕も、どんどんテクノに傾倒し始めて。最終的には、南アフリカのメタルしか聴かないヤツが出てきたり（笑）。

——それはそれで楽しそうですけど（笑）。

**牛尾**　メロコアからミクスチャーに行って、そこからハードコアに行く、とか。で、90年代末くらいになると、ハードコアの中からちょっと穏やかな方向に行く人たちが出てくるじゃないですか。

――スリル・ジョッキーとか。

**牛尾** そうそう。そういう遷移の結果、その2クラスの中だけで、めちゃくちゃハウリングを起こしまくるんです。僕は僕で「DMXクルーの新譜が出たぞ!」みたいな感じで(笑)、どんどん嗜好性も特殊になっていって。

――マイナーな音楽の話題で、クラス中が盛り上がるという。

**牛尾** だんだん、みんなの風体も変わっていくし。しかもそれぞれ好きなジャンルが偏ってるので、どんどん話が合わなくなってくる(笑)。高校も最後の頃になると、ノイズとかアヴァンギャルドのバンドに参加し始めるヤツもいたりして。わけがわからないんだけど、めちゃくちゃ面白かったですね。

――牛尾さん自身の音楽の趣味にも、変化はあったんですか?

**牛尾** 90年末というとWIRE(99年から始まった屋内の大型レイヴイベント)が始まった頃なので、石野卓球さん、LOOPA、WIREっていうのがすごくカッコよくて。放課後に学校の前から出てるバスに乗って、渋谷のCISCOに行ったりしてましたね。その一方で、坂本さんに対する関心から、電子音楽にも興味を持ち始めるんです。遡っていろいろ聴いていく中で「シュトックハウゼンかぁ」みたいな(笑)。それこそ、高校時代のヒーローがカールステン・ニコライ(アルヴァ・ノト名義でも知られるドイツのミュージシャン)だったりとか……。エレクトロニカというより、クリックハウスとかマイクロテクノとかって時代ですね。

――ああ、なるほどなるほど。

**牛尾** しかもそういう中から佐々木敦さんだったり、畠中実さんとICCみたいな動きに気付くようになって。電子音楽趣味がアバンギャルドに振れていくし、アート方面からの新しいタレントに気付くタイミングでもあったかもしれませんね。それがちょうど、高校を卒業する頃（2000年）だったんですよね。WIREに遊びに行くようになる一方で、のちにIDM（インテリジェント・ダンス・ミュージック）にくくられるような動きが出てきて、っていう。

――新しい刺激がどんどん出てくる。聞いてると、めちゃくちゃ楽しそうな高校時代ですけど。

**牛尾**　まあ、蟲毒なので周りと話は合わないんですけどね（笑）。合わないなりに、相手のことはバカにしないというか。ヤベぇヤツはヤベぇっていうのがあったのは、面白かったかもしれない。あと当時はいまと違って、まだメインストリームと呼ばれるものがあったような気がするんです。電子音楽を聴いている人だったら「いまはこれを聴いてるよね」というのがあった。中古レコード屋を漁って、お小遣いで買える範囲でなんとかして聴く、みたいな。そういう感じでした。

――シンセはその頃もまだ、EOSを使っていたんですか？

**牛尾**　ずっとEOSでしたけど、まだ全然使い方がわかってなくて、ポチポチいじってる感じでした。その一方で、たぶん高校生のときにパソコンを買ってもらうんですよ。それで、フリーウェアとかを使って打ち込みを始めてると思います。ただパソコンとシンセを繋ぐのには結構知識が必要なので、そのときはまだ別モノみたいな感じで。親からは「大枚はたいて買ったこのEOSはどうすんの」って怒られた気がします（笑）。

## 『ああっ女神さまっ』『声♥遊倶楽部』、そしてあかほりさとる

――そういえば、オタク趣味が始まったのは、どのくらい前なんですか？

**牛尾**　幼稚園の年長さんのときです。近所にある友達の家が、雑多に漫画が置いてある家で。しかも全然揃ってなくて、この漫画は2巻だけ、とか。そんな感じの家だったんですね。で、そこでたまたま手に取ったのが『ああっ女神さまっ』の第1巻で。そこで何か、自分の中にマグマ溜まりができるような感じがあったんですよ（笑）。ただ「これの続きは？」って言っても、その家にはない。とにかくそこでベルダンディーにやられちゃったんですよね。

――幼稚園でベルダンディーは、いくらなんでも早すぎないですか（笑）。

**牛尾**　早すぎますよね。自分の子どもが幼稚園でベルダンディーにハマってたら、ゾッとする（笑）。ともかく、そういうなんだかよくわからないモヤモヤを抱えたまま、小学校の4年生か5年生のときに、ちょっと背伸びをして「美容室に行きたい」って言い出すんです。お父さんと一緒に行く床屋じゃなくて、美容院に行ってみたい。で、駅前の美容室に行ったら、そこの待合室になぜか『月刊少年マガジン』が置いてあって。それで『A・Iが止まらない』を知るんです。

――おお、赤松健先生の（笑）。

**牛尾**　振り返って考えてみると、小学校のときは女の子が落ちてくる漫画ばっかり読んでたんだなと思うんですけど（笑）。それ以降、「あそこに行くと、なんかモヤモヤする漫画が読める」

って、その美容室に通うようになって。

――アニメのほうに興味が向いたのは……。

**牛尾**　それからしばらくしてからですね。たぶん、オタクっぽいのがちょっと大人っぽいって思ったんじゃないかな。とはいえ、そのままストレートにアニメを観始めたわけじゃなくて。当時、『声♥遊倶楽部』っていう番組をテレビ東京でやってたり、たまたま『BLUE SEED』の特集を何かで観たりしたんですよ。『BLUE SEED』のオープニングって、立木（文彦）さんが歌ってるんですけど（立木と三松（板橋）亜美によるユニット、TAKADA BANDがオープニングとエンディングを担当）。それを観てニヤニヤしたのを覚えてます。

――特殊すぎる（笑）。

**牛尾**　あとは塾の友達にオタクがいて、その子から『ときめきメモリアル』とかを借りたりしました。ただ、プレイを始めてすぐに「これ、子どもがやっちゃいけないヤツだ」と思って（笑）。それで朝の5時に起きて、こっそりプレイしてたのは覚えてますね。結果的に、めちゃくちゃ『ときメモ』にハマって、金月真美さんが地元のデパートの屋上に来るって聞いて、見に行ったり。あとはアニラジをめちゃくちゃ聴いたり。

――もうアニオタ一直線ですね。当時、ハマっていたアニメというと……。

**牛尾**　契機になったのは『新世紀エヴァンゲリオン』ですね。『エヴァ』からはたぶん、アニメを枠で見るようになってます。『エヴァ』より前だと『姫ちゃんのリボン』とかかな。……いや、いま思い出したんですけど、当時、あかほりさとる作品をめっちゃ観てました（笑）。『セイバーマリオネットJ』とか『爆れつハンター』、あとは『MAZE☆爆熱時空』とか。『ポリケロののわぁんちゃって SAY YOU!!』は公開録音にも行ってます。

――たしかに、あかほり作品は世代的にはど真ん中ですね。

**牛尾**　そうなんですよ。あとは、あれだ。小学校4年生か5年生のときに、塾に通い始めるんです。その塾は調布にあったんですけど、調布の駅前に真光書店って本屋があって、その地下フロアが漫画とライトノベルのフロアだったんです。しかもその地下フロアが結構充実していて、ラノべって中学生のお小遣いで買えるじゃないですか。そこで毎月、ライトノベルの発売予定表と平置きをチェックしてましたね。

――時期的には「ライトノベル」って言葉が一般的になり始めた頃ですかね。

**牛尾**　そうだと思います。『スレイヤーズ』も読んでたし、当時の自分からすると『ロードス島戦記』は年上の人たちが読むものって感じでしたけど、それでもちゃんと読んでたし。あとは『タイム・リープ　あしたはきのう』の高畑京一郎さん。高畑さんは電撃ゲーム小説大賞の第一回で金賞を取って、それで追いかけたりしてました。ただ、衝撃的だったのは『ブギーポップは笑わない』。とにかくジャケがカッコよくて、一発でやられたんですよ。

――こうやって話を聞いていくと、当時のオタク文化を思い切り享受してる感じがありますけど（笑）。

**牛尾**　そうですね（笑）。漫画ももちろん大好きだったし。たぶん僕が小学生のときに『るろうに剣心』が始まるんですけど、それも読み切りのときから追いかけてて。それが中学校に入ったあたりから、だんだん角川書店とかメディアワークスのものに興味が移っていって、っていう。……でも、どうして『声♥遊倶楽部』を観ようと思ったんだろう。新聞のラテ欄を探した記憶があるんですよ。もしかしたら「アニメオタク、アニメ好きになるんだったら、これは観ないと」と思ったのかもしれない。なんかそこで、自我が目覚めたんじゃないですかね。イヤな目覚めだけど（笑）。

――たとえば、アニメを観てオープニング曲にハマった、みたいな経験はないんですか？

**牛尾**　楽曲を批評的に分析されたらわからないですけど、自分の意識としてはアニメの音楽と自分の音楽の趣味がクロスしたことって、いままで一度もないんです。もちろん、レイ・ハラカミさんが『ブギーポップは笑わない』のサウンドトラックに参加してるとか、石野卓球さんが『攻殻機動隊』のゲームサントラをやったとか、そもそも好きなアーティストのものはいろいろあるんです。一方でアニメオリジナルでは『カウボーイビバップ』はカッコよかったし、あと保刈久明さんがやった『ココロ図書館』が大好きだったり。アニメを見てて「このオープニングは好き」とか「エンディングがめっちゃよかった」っていうのはあるんですけど、アニメと切り離して「この音楽がいい！」と思った記憶がない。そこはもう、すっぱり切り離されてる。アニソンDJをやってたこともあって「お好きなんでしょう」って、アニソンの話を振られることもあるんですけど、でも結構覚えてなくて。映像の記憶と一緒になってるんですよ。

――そういえば、さっき『ときメモ』を借りた話が出てきましたけど、趣味を共有する友達はいたんですか？

**牛尾**　中学のときはいましたね。『ときメモ』のミニコミ誌、というか新聞みたいなのを作ってました。あと、高校生のときは『エヴァ』の二次創作小説を投稿サイトにアップしたり。ちなみにＬＡＳ……アスシン派でした。

――アスシンというと、アスカとシンジのカップリングですね（笑）。

**牛尾**　そういえば、ミュージシャンになってから、ツイッターで当時好きだったアスシン小説のタイトルとかをつぶやいてたら、『エヴァ』の二次創作小説の更新チェックをする巨大なサイトの管理人さんからリプライをいただいたんですよ。「つぶやいてたのって、もしかして『エヴァ』の二次創作でしょうか」って。しかも「いつもＷＩＲＥ、観てます」って言ってくれて。翌年遊びに来てくれました。

――いい話だ（笑）。

**牛尾**　いまだに仲がいい中学の友達がいるんですけど、彼とは当時からアニメも音楽も趣味が近かったですね。彼はその後、ＳＥとかコンピューター系に行くんだけど……。でも、どこにいってもそういう友達がいたって感じがしますね。そういう意味では、『エヴァ』の存在はすごく大きいと思う。

## シンセサイザーを買って、アニメを観て、『ＡＩＲ』で涙腺の破裂する音を聞く19歳

――共通体験としての『エヴァ』があった。じゃあ、秋葉原に遊びに行ったり……。

**牛尾**　秋葉原はウチから遠かったので、コンスタントに通ってたのは渋谷ですね。秋葉原は好きだけど、月一回行くか行かないか。でも秋葉原には当時、ソフマップのＭＩＤＩ館があって、シンセサイザーの中古が充実してたんですよ。ほかにもラオックスの楽器館があったり、僕はコンピューターオタクでもあったからジャンク屋をめぐったり、秋葉原に行くと結構、欲が満たされるんです。コンピューターやシンセが見られて、アニメとか同人誌もチェックできて、っていう。

――なるほど。コンピューター趣味とも重なるところがあるんですね。

**牛尾**　中学生の頃はお金がなかったからできませんでしたけど、高校の後半や大学に入った頃からはパソコンを自作するようになって。あっ、そうだ。インターネットをやってたから、中高生のときからＨＴＭＬは書けたんですよ。それで、浪人生の頃からウェブのコーディングのバイトを始めて。ウェブデザイナー……とまでは言えないけど、デザインをやって当時で時給１５００円とか。それで金回りがよくなって、シンセサイザーを買ったりしました。

——ＨＴＭＬは趣味で書いてたんですか？

**牛尾**　結局やらなかったんですけど、自作のアスシン小説を発表しないといけないから（笑）。そうなるとやっぱり、ホームページを作らなきゃって思うじゃないですか。坂本龍一さんが先端的なメディアをいっぱい使っていらっしゃったのを見てたし。で、動きやデザイン的に凝ったものを作ろうと思ったら、フラッシュを勉強しなくちゃな、とか。そのために独学で。

——そもそもコンピューターに最初に触れたのは、いつ頃のことなんですか？

**牛尾**　小学校のときに、地元の学習センターにパソコンがあって、そこでゲームが遊べたんです。で、中学校のときに「あの続きができるんじゃん」って、パソコン部に入るんですよね。小学校のときは少年野球をやってて、中学も最初の1学期は『SLAM DUNK』……じゃなくて『DEAR BOYS』に憧れて（笑）、バスケ部に入ったんですけど、そもそも運動したくないし、アニメを観たいから長続きしない。でも、パソコン部はパソコンをカチャカチャするだけのゆるい部活で。あと時代的にも、パソコンで音楽を作ったり、アニメを観られるようになる時代じゃないですか。十代の背伸びをしたい男の子が、パソコンの知識を手に入れて、オタク趣味にのめり込んでいくという。

——なるほど。パソコンの存在が、いろんなものを繋げてるわけですね。

**牛尾**　たしか高校2年のときだったかな。ＡＯ入試が流行り始めて、パソコンで映像を作れば大学に入れるかもしれない……みたいな、いやらしい気持ちもあって（笑）。その後、ソフトを手に入れたものの、使い方が全然わからない。それで「この人に話を聞いてみよう」ってメールしたのが、『彼女と彼女の猫』を作ってた新海誠さんで。

――あははは！（笑）。ホームページで直接、連絡を取って。高校生でそこまでパソコンを使いこなすのは、かなり早熟ですね。

**牛尾**　新海さんにこの話したら全然覚えてなかったですけど（笑）。

――あははは（笑）。

**牛尾**　あと大学に入ると、学校に当時、業務用で何百万もしたプロ・ツールスが――いまでこそ、普通にどこでも買えますけど、それが一式導入されていたんです。で、これはぜひ覚えたいと思って、総務に頼み込んで鍵を開けてもらって。先生に教えてもらっていたら、もともとコンピューターオタクなので、ショートカットとか操作が速かったみたいで。「君、そんなに速いんだったら仕事しない？」って、オペレーターのアルバイトで行ったのが、桑原茂一さんのクラブキング。クラブキングは当時、ＴＢＳラジオで『スネークマンショー21』ってラジオを作ってたんですけど、そのオペレーターをアルバイトで始めたんですよね。

――そんな繋がりが！

**牛尾**　そのとき一緒にやっていたチームに、元ナムコで『リッジレーサー』のサウンドチームにいた高橋コウタさんがいらっしゃって。それで、コンピューターで音楽を作る方法をプロの方から教えてもらったりしました。このあたりから少しずつ、仕事っぽくなっていくんですよね。

――なるほど、なるほど。

**牛尾**　で、僕をクラブキングに紹介した人が、もともと烏龍舎（小林武史が代表取締役を務める音楽・映像制作プロダクション）にいた、みたいな人で。その人が「ＮＴＴがインターネットで流すＣＭを作る」っていって声をかけてくれたんです。ただ小さな企画で予算はそんなにないから、学生でコンペをすることになって。そのコンペで僕のヤツが通ったんですよね。当時、ＮＴＴがこれから光ファイバーを始めますっていうタイミングで、光ファイバーを繋げると、東京にいる人はあたかも地元のお祭りに参加したような気持ちになれる。そんな感じのＣＭで。その主人公だったのが、光石研さん。のちに、ＮＨＫのドラマ仕事で光石さんとお会いしたときにこの話をしたら「覚えてる、覚えてる」っておっしゃってて嬉しかったです。クラブキングでプロ・ツールスのオペレーターやって、お金はあるからシンセサイザーを買ったり、コンピューターを増強したり。もちろんアニメも観てるし、コミケに行けばエロゲ全盛期だから、『月姫』大好きで、『Kanon』『ＡＩＲ』で涙腺の破裂する音を聞く、みたいな。で、友達と一緒にエロゲの企画を練ってる……みたいな19歳でした。

――オタクの夢がぎっしり詰まってる19歳（笑）。その頃も継続して、自分の曲を作っていたんですか？

**牛尾**　やってました。高校生のときにフリーウェアを使って、マウスでチクチク、パソコンの打ち込みができるようになってからは、たぶんずっとやってたと思う。でもそれは、ドラムマシンをいじってるみたいな感じで、形になるのは大学に入ってからですね。オペレーターの仕事でもらったお金で、どんどん機材を買って。アナログシンセなんかを並べるようになって、ようやくという感じです。

――当時、作ってた曲というのは……。

**牛尾**　結構最初から、ループベースのテクノを作っていた気がしますね。友達も、似たようなことをやっていて。切磋琢磨じゃないけど、お互いに舌打ちしながら「俺の曲のほうがカッコいい」みたいな感じで作っていた気がします（笑）。

## アートに対する興味の芽生え、そして石野卓球との出会い

――テクノというと、たとえばどういうものですか？

**牛尾**　当時は毎年1回、ＷＩＲＥのコンピレーション盤が出ていたので、結構、そこに収録されてるアーティストに影響されていたような気がします。それこそ石野卓球さんとＷＩＲＥ周辺、というか。ケン・イシイさんももちろん好きだけど、卓球さんが当時かけていたニュー・ウェーブ・リバイバルなテイストの曲や、ウェストバムとアフリカイスラムのＭｒ．Ｘ＆Ｍｒ．Ｙとかロースピリット周辺のアーティスト、テクノの文脈でニュー・ウェーブをサンプリングする人たち。あとはドイツのオクターブベースがなるようなエレディスコ物みたいなヤツとか。

――インターナショナル・ディージェイ・ジゴロみたいな。

**牛尾**　そういう中からＫＡＧＡＭＩさんとかＤＪ ＴＡＳＡＫＡさんみたいな、日本でエレディスコをやっているアーティストがいっぱい出てきたので、そういうのに憧れて。ほかにＵＲ（アンダーグラウンド・レジスタンス）とかも好きだったから、そういうのを作ったりっていう。

――なるほど。

**牛尾**　その一方で、坂本龍一さんを筆頭に先端的な音楽というか、オヴァルとかレイ・ハラカミみたいなエレクトロニカ／電子音楽をやっている人たちもめちゃくちゃカッコよくて。それこそレイ・ハラカミは高校生の頃、蠱毒状態（笑）になってるときに、友達から教えてもらったんだと思う。

――音楽やアニメ、コンピューター以外で、のめり込んだ趣味ってあったんですか？

**牛尾**　建築が好きになったり、アートに対する興味みたいなものが生まれたのも、たぶん高校生あたりだと思います。で、そこが自分の――のちのagraphに繋がるクリエイティブの根幹になっていく。あと、IDM、エレクトロニカのさらにその先として、カールステン・ニコライを知った頃で。ちょっと時期が前後してるかもしれないんですけど、カールステン・ニコライは当時、たしか『サウンド&レコーディングス・マガジン』の表紙になってるんですよ。そういうこともあって、音楽とメディア・アートが結構、結びついてたんです。僕は大学でそういう研究室に入ったので、先生から関連する書籍や重要な登場人物を教えてもらったりとかするんですよ。それこそマーシャル・マクルーハンから始めて、庄野進、ジョン・ケージ、マルセル・デュシャンだとか基本を遡ったり。加えて、大学でMax／MSPっていう音響開発環境を使うようになって、音に反応して絵が出るとか、そういうことを学び始めていて。

――アートに対する興味が、どんどん膨らんでいく。

**牛尾**　そこはたぶん大きかったと思いますね。それこそ、佐々木敦さんが先端的な音楽とメディア・アートについて論じていたので、佐々木さんの本を読むと、両方を横断的に理解できたりしたんじゃないかな。最終的には、大学の卒業論文をメディア・アートの範疇で書くんですけど、そのときに読んでいた本はいまでも大事に読んでたりします。

――もともと、そういうものを学ぼうと思って、大学を選んでたんですか？

**牛尾**　そうですね。高校の途中で進路に迷っているときに、コンピューターを使って何か先進的なことをやりたいと思ったんですよ。で、そういう界隈の人の本を読んで、コンピューターで音楽だったり、その先のアートみたいなことをやっている人たちがいることを知って。たぶんそこが、自分の将来の進路に影響してるんだと思います。

――ミュージシャンになろうと思っていたら、たとえばメジャーデビューを目指したり、あるいはゲーム会社に入って音楽を作るとか、いろいろ可能性はあったのかなと思うんですけど。

**牛尾**　基本は、インディペンデントのアーティストになりたかったんだと思います。そもそも高校生の頃って、まだレコード屋に行って試聴機で（音源を）聴く時代じゃないですか。で、試聴機で人の声とギターと生ドラムが聴こえたら聴くのを止める……っていうくらい、電子音楽しか聴きたくなかった。そうするともう、メジャーのアーティストになるとか、歌モノでなんとか、みたいな気持ちはないですよね。より先鋭的で、尖っていれば尖っているほどカッコいい。

――尖っているほうに、気持ちが向いていた。

**牛尾**　たぶん、まずはDJ TASAKAさんとかKAGAMIさんたち一派のひとりになりたかったんだと思いますね。クラブミュージックが一番カッコいいと思っていたから、そういうアーティストになりたかった。それで食っていけるとは思わないけど、先鋭的で尖っているものが好きで、だからこそインディペンデントのアーティストを目指していたんだと思います。たぶん。僕、20歳のときに、クラブで石野（卓球）さんと初めて会うんですけど、そのときに「ふたつ、聞きたいことがあるんです」って話をして。ひとつは「ミュージシャンになりたいんですけれど、デモを送ってもいいですか」。で、もうひとつが「プロ・ツールスのオペレーターの仕事をしているので、仕事をください」と。だから、当時からエンジニアになりたいわけではなくて、アーティストになりたいと思ってたんですよね。インディペンデントのアーティスト、ダンスミュージックのアーティストになりたいから、相談に乗ってくれませんか、と。

――そのとき、石野さんに会いに行こうと思ってクラブに行ったんですか？

**牛尾**　いや、20歳になって大手を振ってクラブに行けるようになったので、遊びに行ったら、たまたまバーに石野さんがいらっしゃったんです。場所はWOMBだったんですけど、当時のWOMBは3階の半分が仕切ってあって、奥が楽屋みたいな感じだったんですよね。で、たまたまバーにお酒を取りに来てた石野さんに「握手してもらっていいですか」って声をかけて。

――じゃあ、本当にたまたまなんですね。

**牛尾**　そうなんです。

――でも、そこで「仕事をください」って声をかけるのはすごい度胸ですけど（笑）。

**牛尾**　いやもう、本当に人生が変わりました（笑）。石野さんのほうもちょうど、前のアシスタントさんがいなくなって、困ってたタイミングで。それで「プロ・ツールスが使えるんなら、スタジオに来いよ」って、その場で言われて……。そこからもう、20年一緒にいることになるんだな（笑）。

――その後は、大学生として勉強しながらスタジオに通う感じだったんですか。

**牛尾**　そうですね。石野さんもよく話してますけど、石野さんが曲を作ってる後ろで、僕はディレクターズチェアにふんぞり返って、試験勉強をして（笑）。1週間来て、そこから何日か空けて、そこからまた2週間、みたいな感じでした。あと大学もメディア・アートとか音楽を専攻しているような学部だったので、寛容……とは言わないまでも、まったく話を聞いてもらえない、みたいな感じでもなくて。「電気（グルーヴ）やってんの？　じゃあ、まあ、行って来い」みたいな（笑）。

**自分の血肉になっているものを、嘘つかずにやる。憧れで作るのはやめよう、と**

――そこからアシスタントとしての仕事が始まって。アーティストとしてデビューするのは、その2～3年後ですよね。

**牛尾**　その頃、ＷＩＲＥの規模がもっと大きくなってきて、サード・フロアっていう若手が出るステージができたんですよ。石野さんが「そういう若いヤツらを集めてコンピレーションアルバムを作ろうと思うんだよね」と。しかもそれが、ちょうど僕が大学卒業するタイミングだったんです。就職するか、今後どうするか考えなきゃっていうタイミングで、声をかけてもらったのが、デビューのきっかけになるんです。

――本格的に、これからのことを考えるタイミングでもあった。

**牛尾**　じつは最初は、エレディスコみたいなのに憧れて、そういう感じの曲を作っていたんです。でも、石野さんの反応が全然よくなくて。「他のヤツらはすごいけど、これじゃ全然入れられない」と。「ああ、ミュージシャンになるのは無理なのかな、就職しようかな」って思ったんですけど……。ただ、クラブミュージックとかエレディスコ、それこそＤＪ　ＴＡＳＡＫＡさんとかＫＡＧＡＭＩさんに憧れていた自分ではなくて、自分が本当にいま、やりたいものを素直にやろうと思って作った曲が1曲あって。これがダメならもう就職しよう、っていうくらいの気持ちで提出した曲を、石野さんがすごく気に入ってくれたんですよ。

——それが『Gathering Traxx Vol.1』に入ってる「colours」ですか？

**牛尾** そうです。「これ、出そう」ってコンピの1曲目に入れてもらえて。で、そこからライブもいろいろやりたいって気持ちが出てきて、曲を作り始めて。大学を卒業してからも、電気グルーヴのアシスタントをやりつつ、1年くらいかけて曲を作り続けていたんですけど、あるとき徹夜でスタジオ仕事を終えた朝、石野さんから「そういや、お前、あのコンピの先は作ってないの」って聞かれて。

——おお、石野さんから。

**牛尾** そのとき、作ってた曲を何曲かiPodに入れてたんですけど、「聴いてもらっていいですか」って、そのままスタジオのスピーカーで聴いてもらって。とはいえ、めちゃくちゃ緊張してるので、「ちょっとお酒買ってきます」ってコンビニまで行って（笑）。2人分のビールを買ってスタジオに戻ったら、石野さんがものっすごいしかめっ面で、腕組みしてるんですよ（笑）。「ああ、ダメか……」と思ったら「これは世に出さなきゃダメだよ」って言ってくれて。

——すごいですね、石野さん。

**牛尾** その場で、何度も繰り返し聴いてもらったんです。たぶん僕が帰った後、その場で石野さんがディレクターに電話したんじゃないかな。その後すぐそのディレクター、白井（嘉一郎）さんから電話がかかってきて、「うちから出します」と。そこがスタートでしたね。

——でも、自分が素直にやりたいものを作ったら道が開けたっていうのは、すごい話ですよね。

**牛尾** そうですね。そのときまでは、ギラギラのエレディスコみたいなものに憧れて作ってたけど、本当に心に残っているものを考えていくと——たとえば、沖縄のフェスに行ったときに、

ＫＡＧＡＭＩさんが切ないハウスをかけたときに、太陽が昇ってきた瞬間だったりとかして。そういう自分の血肉になっているものを、嘘をつかずにやる。ある意味、憧れで作るのはやめようって思ったのが最初のきっかけにはなってるんですよ。

——なるほど。

**牛尾**　そこに関してはいまも同じで、劇伴をやってるときに「ジャズをやってください」って頼まれても、ジャズは自分の血肉になっていないから、「できないです」って断っちゃうんです。それは、このときの経験があるからで。自分に嘘をつかない曲じゃないと、ダメなんだなって思ったのは大きいです。

——そうやって完成したのが、ファーストアルバム（『a day, phases』）という。そのときに考えていたコンセプトって、どんなものだったんですか？

**牛尾**　『a day, phases』の曲って、自分が近くの川を散歩するとき用に作った曲なんですよ。川って、周りに建物がないから空がすごく広くて、川自体もとても広い。で、夕陽だったり明け方だったり、１日のいろんな時間帯を層のように積み重ねているから『a day, phases』っていうタイトルにして。……だから明確に、（曲が）鳴っているシーンが存在しているんですよ。川沿いって幹線道路のバイパスになっているので、夜明けとかに歩いていると、すぐそばを大きなトラックが通ったりするんです。で、作った曲を聴きながら散歩をしていると、一瞬、トラックが通って、音が聴こえなくなったりする。それって、僕がコントロールできないノイズじゃないですか。そういうものを、アレンジのときに再現したりもしています。

——『a day, phases』用の曲って、当時、どんなふうに作っていたんですか？

**牛尾**　たぶんＰＣの前で、ずっといろいろ試しながらだったと思いますね。その場で鼻歌を歌

agraph
『a day, phases』（2008年）

ったりとかは――いまはやるけど、当時はほとんどやってなかったし。しかもそのとき住んでいた部屋が、川沿いで西向きの窓のある部屋で。前に建物がなくて、部屋からきれいに空が見えたんです。そこからとんでもなくきれいな夕陽とかも見えてて。だから、作業自体はＰＣの前に座って、いろいろいじってるんだけど、作業中も曲の中の風景を体験できていたというか。作っているのも、夜明け前だったりしましたしね。

――まさに作業中の風景が、曲の中に封じ込められているという。

**牛尾**　「colours」も、最初は「AM 05:04」みたいなタイトルだったんですよ。具体的な時間は忘れちゃいましたけど、ちょうど作業していて、太陽がすごくきれいだなって感じたときの時間をタイトルにしてて。だから、そういうものに（曲も）準じたかったんじゃないかなって思いますね。

――なるほど。

**牛尾**　改めて振り返ってみると、たぶん「嘘をつきたくない」というのが、自分にとってすごく大事なことで。僕が中高生だった頃って、アニメがだんだんと売れるようになっていった時代で、それこそミュージシャンだったり、いろんな人がタイアップとかで参入してきた時代だったんですね。でも、そういう人たちはどこかアニメをバカにしている感じがあった。「アニメなんてオタクのものを、俺がやってあげよう」みたいな態度があけすけに見えているタイアップがたくさんあったと思うんです。アニメのことを全然考えてないオープニングとかエンディングとか、そういうものに対する怒りがあった。だから、いざ自分が作り手の側に回ったときに、自分が体験していないもの――憧れとか想像だけで作りたくない、というのがあって。たとえば僕は、劇伴で「ロックをお願いします」と言われてもできないんですよ。なぜなら僕はロックを食らってないから。テクノに関しては細かいところまで作り込めるけど、ロックはさっぱりわからないから、作れないんですね。そういう「嘘をつきたくない」っていう気持ちはもしかしたら、オタク時代に感じていた悔しさと、どこか繋がっているのかもしれない。

――自分の中に確固として存在しているものでしか、ものを作ることはできない。

**牛尾**　できないですね。劇伴の作曲家って、それこそ音楽大学を出て、どんな曲でも書ける、みたいな人であるべきじゃないですか。それはすごく素晴らしいことだし、本来、劇伴の作曲家ってそうあるべきだと思うんです。でも、僕はそうじゃない。劇伴って、国会図書館みたいな人がやるべきだと思うんですけど、その中で僕は自分を、神田にあるSF専門の書店みたいなものだと思っているんです。雑誌は置いてないけど、ブラッドベリは初版から揃ってます、みたいな（笑）。

## 100%ピュアなものを出すagraphと、ポピュラリティを向いた劇伴

――ちょっと話を戻して、その後の活動についてうかがいたいんですけども。ソロアーティストとして活動を始めて、2010年にセカンドアルバム『equal』、2016年にはサードアルバムの『the shader』とキャリアを重ねていくわけですよね。その中で何か、心境の変化みたいなものはあったんでしょうか？

**牛尾**　2枚目まではたぶん、商業的な要素も考えようと努力してたんじゃないかなと思います。所属していたレコード会社がソニー（キューンレコード、現キューンミュージック）だったこともあるし、ほかに食べていく術もなかったから。職業ミュージシャン的な要素に目配せしなきゃ、という気持ちがあったんだろうなって。もちろんその一方で、たとえば「エクスペリメンタルなドローンをもっとやりたいけど、俺にはまだ早いかな」という気持ちもあったし、「それをやってもな」という思いもあって。結果的にファーストとセカンドは、もうちょっとメロディアスというか、聴こえがいいアルバムになっていると思います。

――たしかに振り返ると、サードアルバム（『the shader』）は、実験的な要素が前に出てきた印象がありますね。

**牛尾**　劇伴の仕事をやるようになって、ソロ活動がよりResearch & Development、研究開発的なものになった、というか。実際、いま、4枚目のアルバムを作ってるんですけど、それに関してはもうリリースしなくてもいいかな、という気持ちになっていたりもするんです。「リリ

ースする意味って何だろう?」みたいなところもある(笑)。

——そういう意味でも、劇伴の仕事を始めたのは大きかったんですね。

**牛尾** 劇伴を始めたときに考えていたのは、agraphは僕のなかで一番大事なプロジェクトで。すごくマニアックなことをやっても、ついてきてくれるお客さんがいる。でも、そこは劇伴のようにポピュラリティに向いたものから影響を受けちゃダメだ、と思っていたんです。いまも多少、そういうことを思っているんですけど、agraphに関しては他から独立したプロジェクト、100%ピュアなものにしようと。ただ——僕なんかが名前を出すのもおこがましいですけど、武満徹さんが邦楽器を最初に使ったのは、映画のサウンドトラックでしょう。『切腹』で邦楽器を使ったことが、のちの「ノヴェンバー・ステップス」へと繋がっていった、みたいなことがある。坂本龍一さんにも似たようなところがあると思うんですけど、サウンドトラックでやったことがフィードバックになって、ソロをどんどん豊かにしていく。そういう発想はひ

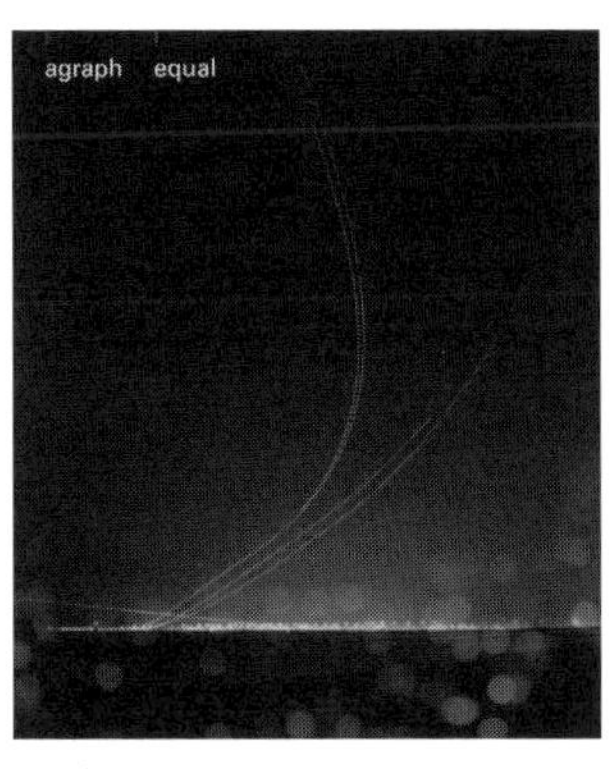

agraph
『equal』(2010年)

agraph
『the shader』(2016年)

とつ、持っていてもいいのかなと思っています。

――外から見ると、アニメオタクだった牛尾さんが、その延長としてアニメの劇伴をやっているように見えるんですけど、本人としてはそこは切り離されているんですね。

**牛尾**　さっきも話したように、僕はアニメだったりのオタク趣味と音楽の趣味が、完全にわかれた状態で育っちゃったので、ふたつをくっつけるのが得意じゃないんです。アニメの仕事と自分の音楽が平行していて、それが交わる道がない。そこをどう考えていったらいいのかな、というのはあります。あと、自分を俯瞰で見ている視点の中には、アニメオタクとしての視点もあるんですよ。「それをやったら、かつてアニメオタクだった自分が許さない」みたいなメタ視点がある。

## ＬＡＭＡで初めて体感した「バンド」という形態

――劇伴については、また後ほど、まとめてうかがいたいと思うんですけども、ソロ活動と並行して、電気グルーヴのライブサポートも担当するようになりますよね。

**牛尾**　たぶん２０１２年ですね。最初は、スター・フェスだったと思います。それまでライブサポートをやられてたＫＡＧＡＭＩさんが亡くなられて、しばらくの間、石野さんと瀧さんのふたりでやっていた時期があって。でも「隣に立つ人が必要だから、やってもらいたい」みたいな話で。ちょうど、agraphをやりながらＬＡＭＡをやってた頃ですね。プロミュージシャンとしてはデビューしてからもう５～６年経ってましたけど、電気グルーヴのライブサポートをするには、やっぱりライブの作法を知らないといけなくて。ステージに立つ電子音楽アーティストとしての経験が必要だから、ぽっと出で電気グルーヴのライブはできないんですよ。

――いま、LAMAの話が出ましたけど、ソロ活動と並行して、いろいろと仕事が広がっていくわけですよね。本人としては、どんな風に捉えていたんでしょうか。

**牛尾**　最初は、レコード会社のディレクターから「リミックスをやってよ」って言われることが結構多くて。それで、PUFFYだったりL'Arc～en～Cielのリミックスをやらせてもらったのがきっかけです。で、そうこうしてるうちに、LAMAが始まって。「そういうことをやってるなら」っていうので、プロデュースの仕事も増えてきて、という。ただLAMAでバンドをやったのは、大きかったと思います。ソロもリミックスも自分ひとりだし。ただLAMAはメンバーが4人いるので、僕はあくまで4分の1なんですよ。僕はギターのフレーズを考えないし、歌詞のことにも口を出さない。しかも僕が他の仕事で外に出て、スタジオに帰って来ると、僕が手を動かしていなくても、パートの完成度が上がっていたりするんです。それはバンドだから、当然なんですけど。そういう意味で、僕以外の人が音を足すっていう現場がすごく新鮮だった。

――なるほど。

**牛尾**　2ANIMEny DJsでプロデュースするときも同じような経験をしてましたけど、バンドでそれをやるというのは、すごく新鮮でした。仕事の幅が広がって、いろんなことをやっているといっても、僕がやっているのはひとりで曲を作ってるだけで……。ある意味、実家の西陽の当たる部屋で泣きながら曲を作ってるのと、あまり変わらないんだけど（笑）、でもバンドになってくるとまたちょっと違う。他人が入ってくるので。

――そもそもLAMAは、どういうところからスタートしたんですか？

**牛尾**　これも、キューン繋がりですね。最初はフルカワミキちゃんがツアーをやるにあたって、袖からオケを流すのではくて、ステージの上で演奏する人がほしいから、牛尾くんやってよ、と。そこで僕が打ち込みをやって、ナカコーさんがサポートとしてギターを弾く……みたいな感じで、仲良くなったんですよ。で、そうこうしているうちに、ナカコーさんからTwitterで「牛尾くん、そう言えば俺らが作るバンドに入るって知ってる？」ってDMが来て（笑）。たぶんマネージャーはもうすでに聞いていて、ただ本当に動き出すかどうかわからないから、僕には伝えてなかったたってことだと思うんですけど。で、「アーティスト写真の撮影があるから来て」って言われて、そこで初めて田渕（ひさ子）さんとお会いする、っていう（笑）。

――ちなみにＬＡＭＡでは、どんなふうに曲を作っていくんですか？

**牛尾**　曲によって結構、違ってましたね。最初の頃はメールベースで「こんなのできました」ってアップすると、他のメンバーがどんどん足していって。それで「できたね」ってなったら、スタジオに行って収録してっていうケースもあったし。後半になると、それこそ一緒にスタジオ入って作っていくっていうやり方もありました。やっぱり、バンドの作業って各自が交わってできていくものだから、それぞれにないものができるんですよ。4つの点の真ん中を探っていく、みたいなところがある。だから最初の頃は、やっぱりそわそわしたし、自分が手を動かさなくても曲ができていくのが怖かったんです。当時の自分のクオリティコントロールがＬＡＭＡに必要だったかというと、はなはだ怪しいけど（笑）。でも、自分が手を突っ込めないものがいつの間にかできあがっていっちゃうというのは、不思議な感覚でもあり、面白かったところでもあります。

――バンドのダイナミズムみたいなものを、経験できたのがＬＡＭＡだった。

**牛尾**　いまとなってはすごく得難いことだったなと思う。劇伴仕事でもアレンジャーに渡して……みたいなことって、他人に任せないとできないことですからね。「この人に任せたらこういうふうになっていくな」とか、「ナカコーさんのギターが入ったらこうなる、ミキちゃんのベース、田渕さんのギターが入ったらこうなる」っていうのを想像しながら作る必要がある。もちろん、ファーストアルバムのときは「俺が思ってたのと違う！」みたいに感じてたんですけど、活動を続けるうちにそれを楽しめるようになっていって。そうすると、もっと自由になりますよね、考え方が。それは劇伴でもそうで、僕が書いた曲をアレンジャーが全然変えてしまっても、それはそれで面白いと思うし、よければそれでいいと思う。

――オープンマインドになっていく。

**牛尾**　そう。とてもよい意味で無駄な肩の荷をおろしていった。老化なのかもしれないですけど（笑）。

――たとえば、高校のときは軽音部に入ってたわけじゃないですか。そのとき、バンドをやったりはしなかったんですか？

**牛尾**　バンドをやってたのは、最初の3ヶ月くらいですね。まだ中学出たばかりのJポップ好きがGLAYをやる、みたいな感じで鍵盤を弾いたりっていうのはありましたけど、でも夏休みが明けたらまったくでしたね。

――そこからはひとりで。

**牛尾**　うん。友達はいたけど、誰かと一緒に音楽をやるのは、LAMAまでなかったです。それで思い出したんですけど、同じように自家中毒を起こしている高校の先輩と仲良くなって、もう本当にわけがわかんなくなってました。2年生のときの高校の文化祭で、その先輩たちと有志の団体を作ってカフェをやるんだけど、わざと一番遠い教室を選んで。で、暗幕を借りて、窓に全部目張りして、そこにサウンドシステムを持ち込んで、全員でケミカル・ブラザーズの『サレンダー』を聴き続ける、っていう出し物をして。

――あははは！（笑）

**牛尾**　途中、生徒会の人たちが見回りに来るんですけど、たまたま僕らのクラスの担当になったのが――中高一貫校だったので、中学校2年生くらいの子だったんです。で、自分より年上の高校生たちが、カフェと称して暗闇の中、半裸になって踊り狂っているのを目にするっていう（笑）。扉を開けた次の瞬間に、ガラガラッって閉めて帰っちゃう。もうポピュラリティの欠片もありませんでした。

## ずっと変わらないものと、一番変わったもの

――それじゃあ、人前で演奏するときもひとりだったんですね。

**牛尾**　ひとりでしたね。とはいえ、高校生の最初の文化祭以降は、まったくライブをやってなくて。その後のライブというと、『Gathering Traxx Vol.1』が出た後なんじゃないかな。とはいえ、僕はライブより曲を作っているほうが幸せなので。

――家で打ち込みをやっているほうが（笑）。

**牛尾**　ライブは、緊張するからイヤなんです（笑）。

――そこは、いまでも変わらない？

**牛尾**　家でシンセをいじって実験してるのが一番好きですね。キャリアを積んでいくと、だん

だん実験しなくなっていくんですよ。頭の中である程度、想像できるようになっていくし、定型文が見つかっていくので。それはそれで洗練されている、ということなのでいいことだと思うんですけど、僕はどちらかと言うとシンセをいじって悦に入ってるのが好きで。それでいいものができて「カッコいい！　俺天才！」ってなってるときが、一番好きです。最近はちょっと忙しすぎて、そういうことができなくなっちゃってるんですけど。

——あははは（笑）。

**牛尾**　agraphが研究開発を担当するようになっていった、っていうのはまさにそういうことなんですよ。agraphはもう、定型文では書かない。どんどん実験していく。そうなったときに、具体的な成果物としてはいままで作ったことがなかった曲とか音が生まれるじゃないですか。それを保存しておいて、その音色や技術を使って劇伴を作る。そうすることで、商業的なことを考えないagraphとちゃんと商業的にやらなきゃいけない劇伴がリンクする、という。そこはポジティブなスパイラルだなって思います。

——考えたり、思いついたことをやってみて、その結果が音として出るのが楽しい。

**牛尾**　楽しい。もちろん、新しい音を作るときも、自分の趣味志向でいいものにしようと思って作るわけで、それは自分が聞いたことがない何かの音色だったり、シークエンスだったりするんです。そういうものが生まれたときに「うわ～めっちゃかっけえ」「聴いたことがないぞ、コレ」ってなる。まあ、だいたいは夜中に「俺天才じゃん!!」ってなった後、翌朝聴き直して「死んだほうがいいかもしれない」っていうのを繰り返すんですけど。

——そういう新しい音のアイデアというのは、どういうふうに思いつくものなんでしょう。何かメソッド的なものがあるのか……。

**牛尾**　あるにはありますね。技術的な課題のときもあるし、もうちょっとイメージというか、ぼんやりと「古いピアノの練習室の西陽が入ってくる陽の中で、埃が舞っているような音」みたいなイメージ。そういう抽象的なものに対して「こういうふうにやればできるかな」って、考える。そういうのは常にあります。あとは他人の曲を聴いているときに「これはこうやってるのかな」って想像する。その想像は絶対に——特に電子音楽の場合は、勘違いであることが多いんですけど、でもそういう勘違いが自分にとって新しいものを生み出す原動力になるので。

——他の人の曲を聴いていて、触発される部分もあるんですね。

**牛尾**　全然ありますね。そこは同じジャンルじゃないことのほうが多いですけど。近現代以降のクラシックを聴くことが多いかなと思います。

——そういう意味では、ピアノの蓋を開けてガコガコやっていたときと、根本の部分は変わらないとも言える。

**牛尾**　本当に変わらないと思いますね。

——逆に一番変わったなと思うことって、何ですか？

**牛尾**　なんだろう……。デビューのときに憧れていたものが憧れじゃなくなったこと、ですかね。電気グルーヴのステージに立てば、実際に目の前にいるお客さんを踊らせないといけないので。憧れてる場合じゃない。そういう現場感を持つようになったのが、一番変わったところかもしれないです。ダンスミュージックって、要素が多すぎると成立しない音楽じゃないですか。

——それこそ1ループだけで延々、踊れたりしますよね。

**牛尾**　振り返って考えると、ダンスミュージックに憧れて家で作っていた頃って、踊らずに作ってるから、どこか構造が歌謡曲みたいになっちゃってたのかな、と思うんです。Aパートがあって B パートがあって、サビが来る、みたいな構造。でもそういう構造って、明け方まで踊る人たちには刺さらない。要素が多いと、どれを聴いていいかわからなくなるし、それがダンスミュージックの根本だと思うんですけど。

――そういうシンプルさこそが、ダンスミュージックの快楽ではありますね。

**牛尾**　たとえ音色がエレディスコだとしても、構造がトランスみたいに展開しちゃうと、できあがった曲はチグハグになっちゃう。石野さんはきっと覚えてないだろうと思うけど、20年前に渡したデモはきっとそういう感じだったんだろうなと思います。

――当時作っていた曲は、もうちょっと展開があった。

**牛尾**　たぶん。あとは、クラブで鳴る音域では鳴ってなかった、というのもあるのかもしれない。いまはもう、ボツになった曲を思い出せないので、なんとも言えないですけど。だから一番変わったのは、電気グルーヴでステージに立たせてもらったこと、ですね。

――ダンスミュージックがちゃんと、自分の血肉になったという。

**牛尾**　そうですね。自分がそもそも持っていたものや、技術的な部分でいえば、デビューしたばかりの頃と比べてよくなってると思うけど、それは単に桁が上がってるだけの話なので、根本的な変化じゃないですしね。0が1になったっていう意味では、やっぱり現場を知った、現場でライブをやって、お客さんを踊らせることを知ったのが大きかったと思います。

# TAKKYU ISHINO x KENSUKE USHIO CROSS TALK

# 対談
# 石野卓球×牛尾憲輔

電気グルーヴでの活動はもとより、
ミュージシャンとしてダンスミュージックの最前線を走り続ける石野卓球。
牛尾へのインタビューでも語られている通り、
石野は彼がプロとして音楽の世界に足を踏み入れるきっかけとなった人物でもある。
その出会いから現在まで、旧知の仲らしいユーモアを交えて話を聞いた。

## WOMBでの出会い、終電帰りのシンデレラボーイ

――牛尾さんにお話をうかがっていても、たびたび卓球さんのお名前が話題に上るので、ぜひお話をうかがわねば、と思っているんですけども。まず、おふたりが最初に出会ったのは……。

**牛尾**　WOMBですよね。2003年。たぶん、スヴェン・フェイトだったと思うんですけど。

**卓球**　よく覚えてるね。ちょうど自分のソロアルバムを作っている最中だったんですけど、そのときアシスタント的なことをやってもらっていたエンジニアが現場を離れてしまって。プロ・ツールスが使える人がいなくて、困っていたんです。ちょうどそのタイミングで、声をかけられて。しかも学生だけど、学校でプロ・ツールスを使ってるっていう話だった

ので、じゃあ、現場に来られる？　と。

――そういうことって、普通にあることなんですか？

**卓球**　いや、ないですよ（笑）。それだけこっちも切羽詰まっていたというか。あとそのとき、一緒にフランク（・ミュラー／ベロシマ）もいたでしょ？

**牛尾**　いましたね。

**卓球**　フランクも遊びに来てたんですけど、彼と話しているときに、牛尾がさらっと英語を話してて。ああ、英語ができるんだったら大丈夫だろうって。よくわからない理屈だけど、そう思ったのをいま、思い出しました。

**牛尾**　あと石野さんと一緒にＷＯＭＢのＶＩＰルームに行ったら、（佐藤）大さんと（渡辺）健吾さんがいらっしゃって。で、僕は大さんたちとすでに知り合いだったので、「この前はどうも」って挨拶をしたんです。

**卓球**　ああ、そうか。じゃあ、それもきっと、心のバリアを解くきっかけになったんだな。話をしていてだんだん思い出してきたんだけど、クラブ――しかもＷＯＭＢみたいなところって、やっぱりパリピみたいな人が圧倒的に多くて。その中だから、なおさら目立ったのかもしれない。周りがあまりにいい加減だから、ちゃんとして見えた。あと、自分のミックスＣＤを持ってきて「ＤＪをやらせてください」みたいなのはあったけど、「アシスタントを」っていうのはあまりなかったので。

**牛尾**　そうか。クラブで声をかけたっていうことは、クラブミュージックを知ってるっていう前提を、すでにクリアしているわけで。

**卓球**　そう。商業スタジオでアシスタントとして働いてるエンジニアの子って、忙しいのでインプットする時間がないんです。ましてやクラブに遊びに行く人なんて、すごく稀で。だからクラブに来てるっていうところで、予選クリアっていうのはありました。

――実際にアシスタントとして入ってもらっ

て、いかがでしたか？

**卓球**　そこに関しては特に問題なく、すぐ即戦力になってましたね。

**牛尾**　実は石野さんから声をかけてもらってから、実際にスタジオに入るまでの2〜3ヶ月間で猛勉強したんです。

**卓球**　そうなの？　初めて聞いた（笑）。

**牛尾**　もともとプロ・ツールスは使えたんですけど、スタジオのパッチング（機材同士をケーブルで接続すること）とかはわからないので、猛勉強して。当時、石野さんのマネージャーだった道下（善之）さんからスタジオの機材リストを送っていただいて、それを見ながらめっちゃ勉強したんです。

**卓球**　そうなんだ。全然、そんなそぶりを見せなかったね。

**牛尾**　見せなかったですね（笑）。20年越しに告白しますけど。

**卓球**　もう、知ってて当然みたいな感じでやってて。その点は心強かったですよ。

**牛尾**　勉強した甲斐がありました。

**卓球**　あと彼は当時まだ、実家に住んでたので、終電で帰ってたんですよ。だからシンデレラボーイって呼ばれていたんだよね。

**牛尾**　シンデレラボーイ（笑）。

**卓球**　しかも学校にも行ってたんで、スタジオのロビーで宿題をやってて。中華料理屋のカウンターで子どもが宿題をやってる、みたいな感じで（笑）。微笑ましい時代だよね。

**牛尾**　微笑ましい時代でした。

――それが『TITLE』のときですか？

**牛尾**　そうです。初めてクレジットされたCDだったので、たくさん買いました。

**卓球**　買ったの？

**牛尾**　買いましたよ（笑）。

**卓球**　それもいま、初めて聞いた（笑）。『TITLE』って、レコード会社から「ここまでに出せ」って言われてなかったのもあって、新しい体制になったのを楽しみながら作った、みたいなところがありましたね。いま思うと。

石野卓球
『TITLE#1』(2004年)

## 間近で見たプロの現場、ドイツ人アーティストたちの音作り

――牛尾さんから見て、プロの音作りを間近で見て、触発されるところはありました?

**牛尾**　いまだに覚えてるんですけど、出てくる音はもうプロの音、めちゃくちゃクオリティが高いんです。でも、それまでにやっていること――コンピューターを立ち上げて、ソフトを立ち上げて、シンセを使って……ってやってることは、自分がそれまで家でやっていたことと全然変わらなかった。要するに、技術的な秘密がまったくなかったのが、すごくショックで。新しい機材を買って、高い機材を揃えればプロになれるわけじゃないんだ、って思ったんです。

――やり方は同じなのに、クオリティが全然違うという。

**牛尾**　あと、それから2~3年くらい経った後のことですけど、石野さんは仕事が早いんですよ。ほとんど迷わない。「あれやって、これやって」って実験もするんだけど、「これ」って決めたら、そこからがすごく早い。それにはすごく影響を受けました。

**卓球**　とにかくせっかちなので「これをこうやって」って指示するんだけど、待てないわけですよ。「まだかな〜」って思っちゃう。あと、作業しているときは音を止めるなっていうのは言ってたよね。音を一回止めないで、流したままやって、って。

**牛尾**　当時「なんでだろう?」と思っていたんですけど、僕がいま、アシスタントさんやスタジオのアシスタント・エンジニアさんと一緒にやってると、その理由がよくわかるんです。音を一回止めると、気持ちにブレーキがかかるんですよね。

**卓球**　ポーズボタンを押されちゃう。次にポーズボタンを解除しても、元のペースに戻るまでにまた少し時間がかかったりするので。だったらそのままのノリで、音を止めずに行ってほしいってことなんだよね。

**牛尾**　当時、石野さんはスタジオに入ると、1日3曲とか4曲、ループをベースに曲を作るんですよ。「何曲作ったかわからないから、牛尾、メモを取っておいて」って言われるくらい、どんどん作っていく。実はあのときの石野さんのやり方が、僕の劇伴仕事のベースになっているんです。先にゴール地点を決めてどんどんやる。そうするとあのクオリティで1日3〜4曲作れるんだって。

**卓球**　実はあれって、ウエストバムとかマイク・ヴァン・ダイクの影響なんだよね。彼らはめちゃくちゃ早くて、迷ったり「うーん」って考えてる時間は無駄って感じで。迷う前に行動しろ、というか。それまでって、電気グルーヴのレコーディングにしても、やっぱり試行錯誤の時間が長かったんですよ。最初に方向を決めるまでに時間がかかって、決めた後も「はたしてこの方向は正しいのか」みたいなのがあった。だから1曲に何日もかかったりしていたんだけど、そうじゃなくて最

TAKKYU ISHINO x
KENSUKE USHIO
CROSS TALK

初に方向を決めてそこに向かってやる。で、ダメだったら次に行く、っていうね。そこはドイツ人のテクノのアーティストたちと一緒にやって衝撃を受けたところで。それから作り方が変わったんです。

**牛尾**　ああ、なるほど。

**卓球**　しかも、当時作ったものを10年ぐらい後に引っ張り出してきて、『LUNATIQUE』とか作っているので。だから、やっておくのは無駄じゃない（笑）。いまだに埋もれてる曲もいっぱいあるんですけど。

**牛尾**　「すごい好きなんだけど、リリースされないな」みたいなのが、いっぱいあります。

――あと当時というと、川辺ヒロシさんとInKをやったり、石野さんは他のアーティストとコラボレーションをする機会が多いタイミングでもありますよね。

**卓球**　そうですね。電気グルーヴ本体の活動が停止していた時期だったから。スチャダラパーのときはもういた？

**牛尾**　いました。なので、石野さんの現場を見た後に、ＳＨＩＮＣＯさんとか川辺さん、砂原（良徳）さんの作り方を見て。

**卓球**　みんな（作り方が）違うもんね。

**牛尾**　全然違う。ＳＨＩＮＣＯさんはハイハットの抜き差しだけでビートを成立させちゃうし、川辺さんはサンプリングのネタを探しながら、ずっとレコードを聴いてて。一方で砂原さんはめちゃくちゃ緻密に、ずっと作ってるしっていう。あと僕はその後、ナカコーさんたちとＬＡＭＡを始めるんですよ。

**卓球**　そうか、そうか。

**牛尾**　ＬＡＭＡで初めてバンドをやったんですけど、自分がスタジオにいない間に、曲の完成度が上がっていたりするじゃないですか。それが最初はすごく不安で。

**卓球**　でもそれは、そういうものとして受け入れるしかないよね。もしそれがイヤなら、ソロでやれよっていう話だから。最初の頃はアウトプットの数が限られてるから。ひとつひとつに慎重になっちゃうのはしょうがない。でもそれを緩く捉えられるようになったところから、また次の一歩というか、発展があるわけで。

## 「こういうことがやりたいんだな」ってできた作品から伝わってきた

**牛尾**　僕がセカンド（『equal』）を出したぐらいのときに、石野さんから「お前、毎打席ホームラン狙ってんな」って言われたことがあったんですよ。その必要はねえよって。

**卓球**　なぜ俺がそれを言えるかっていうと、ちょっと俺自身にもそういう気があるから（笑）。もっとヒドいのはまりんで、毎打席満塁ホームランを狙ってる（笑）。ただやっていくうちに、だんだんその人なりのやり方ができてくるものだから。いまはもう牛尾自身のやり方が確立してるんだろうけど、そこまでにいろんな人のやり方を見ておくっていうのは、大事だと思うし。

――話を戻すと、牛尾さんはその後、石野さんが監修したコンピレーション『Gathering Traxx Vol.1』でデビューしていますね。

**卓球**　当時、（レコードショップの）CISCOと組んでレーベル（Platik）をやりましょうという話があったんです。その流れで「まだ世に出ていない人を集めたコンピを出すのはどうだろう？」って言ったら、企画が通って。それで、一番そばにいる牛尾の曲を入れないわけにはいかないじゃないですか（笑）。

**牛尾**　「うぬぬぬ」ってなりますね（笑）。

**卓球**　いじめて伸ばすって、どんな戸塚ヨットスクール方式なんだっていう。

――あははは（笑）。

**卓球**　あれに関しては、こっちから「こんな曲をやってくれ」みたいなのはなくて、「君の好きな曲でいいよ」と。特に「フロア向けで」とかもなかったよね？

**牛尾**　何もなかったです。「いま、ある曲を送

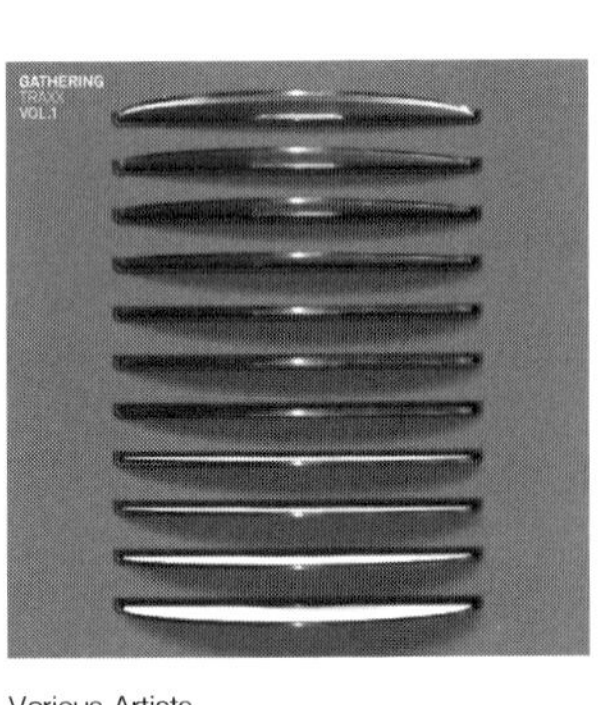
Various Artists
『Gathering Traxx Vol.1』(2007年)

って」っていう。ただ1曲、ボツを食らったんですよ、石野さんに。

**卓球**　そうだっけ?

**牛尾**　最初にイタロディスコに憧れたみたいな曲を作って渡したら、「これはないわ」って言われて。それが結構、ショックだったんです。

**卓球**　たぶんそれは、レーザーを抜け出しきれてなかったんだよ。

――レーザー?(笑)

**卓球**　これは説明しないといけないんだけど(笑)、最初にWOMBで会ったときに牛尾から渡されたCD-Rに「レーザー」って書いてあったんです(笑)。そこに入ってたのがイタロディスコ調の曲だったんですけど、そこから3年くらい経っても、まだレーザーが抜けてねえなって(笑)。

**牛尾**　まだ光ってた(笑)。

**卓球**　その後も、たまにデモを聴いたりするんですけど、「そこじゃないだろう」っていうのがあって。ただその後、ちゃんとレーザー返しをするんだよね。

**牛尾**　はい。レーザーは『聲の形』のサントラに入ってます（笑）。

**卓球**　カルマをそこで克服するという（笑）。

**牛尾**　話を戻すと、その時点で僕は22歳か23歳になってて。「これでダメだったら就職しよう」と思って作ったのが、いまのagraphの原型みたいな曲だったんです。で、それを聴いた石野さんが「これいいじゃん」と。

**卓球**　その頃には、もう借り物じゃなくなってたというか。「こういうことがやりたいんだな」っていうのが、できた作品から伝わってきた。これだけ自分の個性というか方向性がはっきりしてるんだったら、もっと多くの人に聴いてもらったほうがいいんじゃない？っていうね。

**牛尾**　当時、「俺らの界隈でこうなってるんだったら、お前、オモロいよ」って言ってもらったのを覚えてます。「これだけダンスミュージック界隈の現場にいて、こうなってるんだったら、お前は大丈夫だよ」と。

**卓球**　それはもう間違いなく、自分のやりたいことだからね。無理してハッピを着て踊ってるみたいな感じだったら、こっちも見てて心が痛むから（笑）。

## 牛尾なしでは電気グルーヴのライブは成り立たない

――そうやってソロ活動が始まって。それと並行して、電気グルーヴのライブサポートを担当するようになるのが……。

**牛尾**　２０１２年だと思います。

**卓球**　もともとはＫＡＧＡＭＩがやってくれてたんですけど、彼が亡くなって。

**牛尾**　そこから（ピエール）瀧さんとふたりで（ステージを）やられてた時期が少しありましたよね。

**卓球**　そうそう。

**牛尾**　後ろは石野さんひとりっていう時期があったんですけど。そうすると、石野さんが前に出て歌ってるときに、後ろで何もできなくなっちゃうのを見ていて。

**卓球**　踊ってる瀧と歌ってる俺（笑）。そうすると説得力がないじゃないですか。あと瀧とふたりでライブやってると、演奏の即興性みたいなものが、どうしても出てこないので。もうちょっとそういう即興性を入れたいなと思ってたときに「そういえば、そばにいるじゃないか」と気付いて。

**牛尾**　電気グルーヴファンとしては、やっぱり電気グルーヴのサポートメンバー史があるじゃないですか。ＤＪ ＴＡＳＡＫＡさんの時代があって、ＫＡＧＡＭＩさんの時代があって。そういうのに憧れもあったから、テンションが上がると同時に「そんな憧れだけでできる仕事じゃないぞ」というのもあって。だから、めちゃめちゃ緊張したのを覚えてます。現場も知ってたし、ライブもちょこちょこはやってましたけど、あそこまでガッツリ（観客を）踊らせるっていう経験はほとんどないので。どういうふうに組み立てればいいのか、リハーサルのときに一所懸命覚えて。

**卓球**　一度脱いだレーザーを、もう一回着て（笑）。

**牛尾**　預けてたクリーニング屋さんに「すいません、これなんですけど」と（笑）。思い返すと、電気グルーヴをカッコよくするために、後ろで何すればいいのか、一所懸命に考えてメモしてたのを覚えてます。「ここで歌が始まるから、その前にシンセサイザーを潜らせる」とか。

**卓球**　そんなメモ、書いてた？

**牛尾**　書いてたような気がします。あとふたりが歌詞を覚えないから、代わりに覚えたりとか（笑）。

**卓球**　それは覚える気がないから（笑）。

**牛尾**　一度、石野さんが「Shangri-La」の歌詞を全然覚えないから、「石野さん、こうですよ」って言ったら、怒られたんですよ。「じゃあ、お前が歌えよ！」って（笑）。

NEW ORDER
CEREMONY
IN A LONELY PLACE
FAC.33

**卓球**　もういまは歌ってないもん（笑）。最終的には歌わない。真理ですよ。

**牛尾**　あとは、出役としてステージに出る手前の段階で、テクニカルに解決しないといけない時間が長くて。やっぱり「90年代の曲をやろう」となると、データを引っ張り出してきて、よれているリズムを直して……みたいなことが多いので。

**卓球**　だから実はリハーサルにしても、実際に演奏するより仕込みの時間が圧倒的に長いんだよね。そこはもう、彼なくては成り立たないです。人目につかないところなんですけど。

**牛尾**　そうですね。ただそれはたぶん、20歳の頃にやってたこととベースは変わらないんですよ。テクニカルに解決するってことは、ずっとやっていることなので。オタクで良かったなと思うんですけど。

**卓球**　いや、オタクとしての知識の経験だけじゃなくて、牛尾とは共通言語が多いんです。音楽って抽象的なものですけど、それを言葉にして伝えて、彼が具現化する。そのときに、ちゃんと伝わるかどうかってすごく大事で。そこの共通言語の多さは、ちょっと他の人とは比べ物にならない。

**牛尾**　音ひとつ作るときの、抽象的な「こういう感じ」っていうのが、お互いにわかる。

**卓球**　「こんなイメージ」っていうときに、そこであまり齟齬がない。あとは美味しいものを食べたら「ハードミニマル」とかね（笑）。

**牛尾**　「ハードミニマル」（笑）。いまは「ビニール本」になりましたけど。

**卓球**　わかんないでしょ？（笑）。わかんなくていいんです。もはや隠語に近い（笑）。それ以外にも山ほどあって。

**牛尾**　石野さんの前でこんなことを言うのは恥ずかしいんですけど、めちゃくちゃファンだったので。ムックとかインタビューを山ほど読んできてるから、石野さんが言ってることがわかるじゃないですか。

——すでにインストール済なんですね（笑）。20年近く一緒にいて、パッと思い出す出来事とかってありますか？

**牛尾**　いやもう、そんなことだらけで、どこから話していいやらですけど……。以前、石野さんに『聲の形』のサントラを送ったときに、電話かメールで「お前はこの業界で大成する」って言っていただいたんですよ。

**卓球**　牛尾の才能に、真っ先に気付いたのは俺ですから（笑）。まあ、その前に起用してる山田（尚子）のほうが先だけど。

**牛尾**　いやいや（笑）。でも「それを実現させたらオモロいぞ」って、頑張る目標にはなりました。何をもって「大成」なのかはわかんないですけど。

**卓球**　そう言ったのは別に、嘘でもお世辞でもなんでもなくて。あと牛尾との関わり方でいうと、さっきも話したように、牛尾は俺が持ってるイメージを音楽で具現化することに、すごく長けてるんです。それって、サントラにも不可欠なものじゃないですか。だからきっと上手く行くだろうな、と。

## 『地面師たち』と劇伴仕事ロボット社会への警告

——石野さんはいかがですか？　牛尾さんとの思い出というと……。

**卓球**　うーん……（しばし沈黙の後、宙を見つめる）。

（2時間後）

**卓球**　特にないです。

——えーっ！　2時間も待ったのに（笑）。そんな石野さんも『地面師たち』で劇伴を担当されましたけど。

**卓球**　牛尾は毎回、こんな大変なことやってんのかって思いました。『地面師たち』は、監督の大根（仁）さんと親しい仲だったので、大根さんから言われたイメージとこっちが受けたイメージにさほど誤差がなかったからよかったんですけど、たぶんそういう現場ばっかりじゃないよなと思うし。そこをすり合わせていく我慢強さと切なさと……あと、部屋とワイシャツと私（笑）。そこはすごいなと。

――『地面師たち』は映像が先にある状態で、曲を書いていったんですか？

**卓球**　箇所によりますけど、そうですね。大根さんのほうから「ここはきっちり時間に合わせてくれ」っていうときもあれば、シーンの長さに関係なく「これは何分くらいで」ってオファーに合わせたものを作って渡して、向こうが編集して使うって感じだったんで。でも、秒単位で合わせたりもするわけでしょ？

**牛尾**　します、します。

**卓球**　狂ってますよ（笑）。しかもそれを何本も並行して作ってるわけでしょ？　もう金の亡者ですよ。

**牛尾**　お金がほしいので（笑）。石野さんはサントラの仕事を続けられるんですか？

**卓球**　オファーがあれば。とはいえ、ラブストーリーとかはやりたくないし。まあ、ホラーとかはやりたいけど。

**牛尾**　いや、まあ、出る杭は打たないとと思って、聞いたんですけど。

**卓球**　ホラーは被らないだろ（笑）。アニメは、オファーが来ても断るようにするから。

**牛尾**　じゃあ、アニメのオファーは僕に回していただいて（笑）。

――なんの談合なんですか（笑）。牛尾さんが石野さんから直接影響を受けたことって、何かありますか？

**牛尾**　直接影響を受けたことしかないですね。

**卓球**　間接的には？

**牛尾**　間接的に？　何かあるかな……。あっ、学生時代にインタビューを読んで、しゃべり方を真似しました。

**卓球**　なんだろう、俺が恥ずかしい（笑）。

**牛尾**　すみません（笑）。いやでも、さっきも話した通り、僕は石野さんがめちゃくちゃ曲を作ってた頃のやり方を踏襲してるっちゃ踏襲しているだけなので……。しかもライブの制作でご一緒するとなると、使っている楽器の音色とかパレットが重なってたりもするんです。だから、石野さんの権利を浸食しないギリギリで電気グルーヴのコピーをやろうと思えば、できちゃう（笑）。やんないですけど。

**卓球**　なので、牛尾は俺のＡＩです。

**牛尾**　ＡＩです。ロボット社会への警告なんです。こういうところですよね、話が早いっていうのは（笑）。

**卓球**　でも、それで言ったら『地面師たち』のときに相談したじゃん。「こんな厄介な仕事が来ちゃったんだけど、なんかいい音源ない？」みたいな。

**牛尾**　それに対して「石野さん、とりあえず、これだけ買っといてください」って（笑）。

**卓球**　それはすごくためになりました。

――石野さんが、牛尾さんの仕事に触発される部分はあるんでしょうか？

**卓球**　やっぱり、さっき言った機材の情報とか、あとはトラブルシューティング。基本的に俺はコンピューターが嫌いなんで、そのあたりでよく相談に乗ってもらったり。

**牛尾**　石野さんのコンピューターのセッティングもそうですけど、あとは瀧さんの家のＷｉ-Ｆｉの設定とか。なので、電気グルーヴの電気屋さんとして暮らしを支えている……という自負はあります（笑）。

**卓球**　そのうち、水のトラブルもお願いするよ（笑）。そういえば、劇伴の仕事ってもう何本くらいやってるの？

**牛尾**　たぶんトータルで30本くらいですかね。1作品30曲としたら、もう1000曲近くなってると思います。ただ、いまは仕事で時間が埋まってる状況ですけど、ソロをやりたいとも思っていて。作曲仕事で忙しい、でもソロとか電気グルーヴをやりたい、みたいなとき、石野さんのマインド的にはどうだったんですか？

**卓球**　いや、俺はそんなに忙しかったことがないもん。

**牛尾**　そんなことないですよ。

**卓球**　いやいや、スタジオ仕事でびっちり埋まってるってことはないから。DJだったり人前に出る仕事があると、それが結構、気分転換になる。でも牛尾は2週間、座りっぱなしとかあるでしょ？

**牛尾**　全然あります。全然あるし、これ、どうなっていくんだろうと思います（笑）。

**卓球**　でも、まあ、そのうち作るんでしょう、ソロ。いまは空き時間を、他人のために奉仕してるじゃん。そこで、自分のために作りためていくのがいいと思うよ。

**牛尾**　そうですね。

——では最後に。そんな牛尾さんに、石野さんからエールをお願いします。

**卓球**　フリエ〜！　フリエ〜！　U・SHI・O！

——あははは（笑）。

**牛尾**　やると思いました（笑）。

PROFILE

石野卓球

1967年生まれ。1989年にピエール瀧らと電気グルーヴを結成。1995年にはソロアルバム『DOVE LOVES DUB』をリリース。この頃よりDJとしての活動を本格的にスタート、1999年から2013年には国内最大の大型屋内レイヴ・WIREを開催。2018年にはそれまでのソロワークを8枚組にまとめた『Takkyu Ishino Works 1983〜2017』リリースした。現在、DJ／プロデューサー、リミキサーとして多彩な活動を行っている。

# 牛尾のこと

白井嘉一郎



ヤバい。定年が近い。

「定年が近い」と書いてからその一節に含まれる情報量が多いことに気付いたがその通り私は定年を控えたサラリーマンだしかもレコード会社の。昨今レコードなんぞ作ってませんよねオホホと数年前まで自嘲気味に話す社員も多かったが最近はヴァイナル市場もある程度復調傾向にあり名と実が再び一致してきた不思議な会社に勤めている。1991年に就職した頃は音楽産業は豆腐産業と同程度の規模と言われていたものだがそれから30年以上が経過しいまや官民挙げて日本復活はここからやコンテンツを輸出産業にするんやと意気軒昂な人々も増えてきた界隈の、昔で言うところのギョーカイ人。

だが定年が近い。

確か私は石野卓球やピエール瀧と同い年で彼らは生涯現役だが私には定年があり仕事がすぱっとなくなりレゾンデートルを失ってぼけえと畳表の藁の目を数えながら下手したら残り30年近く

ある余生を過ごす未来が待ち構えている。また私以外に電気グルーヴに関わっていたスタッフもここ数年で次々と60歳を迎える上に、よく考えたら日本の音楽産業がスパークした1990年代を支えてきた世代の業界人がぞろぞろとリタイアを迎えようとしているではないか。やれCDが200万枚売れただのドームには収まらないだの皮脂で額をぎとぎと光らせていた諸先輩方が活躍していた90年代の私はレコード会社のディレクターとしては暗黒時代だったのだが、2000年代になって突然結果が出始めてそんな中で初めてagraphこと牛尾憲輔と会ったのは確か石野卓球の2004年発売のソロアルバムのレコーディング中に彼が機材周りのアシスタントとして入っていたON AIR麻布スタジオのB1で、現場も現場なのでシンセの機能をメタファーとして使ったぱっとしない軽口を私が叩いていたところ何でそんなこと知っているんですかと聞かれたのが最初の会話だった気がする。

もう20年も前か。定年も近い。記憶が曖昧になりはじめている。

労働環境という意味ではブラック企業どころかブラックホール企業と言っても過言ではない当時の制作現場で毎晩へとへとになって家に向かう車中で電気グルーヴのマネージャーに渡されたagraphという名前すらついてない時代の彼のデモトラックを聴き、あの礼儀正しく温厚そうな青年がそもそもテクノ鉄火場でアシスタントをしていること自体が不思議な上に何故かように繊細な音楽を作ろうとしているのかも推測すらもできなかったがこれは世に送り出す価値のあるものだと判断できる程度にはまだ私は疲れ切ってはいなかったし職権濫用で好きなものを好きにデビューさせても誰からも文句は言われないぐらいには私もキューンというレーベルも会社に貢献していたそんな２００８年にagraphの『a day, phases』はリリースされた。

２００８年と言えばリーマンショックがあり秋葉原事件があり電気グルーヴが8年ぶりにアルバム『J-POP』をリリースした年で世間のチャートはＥＸＩＬＥのパーフェクトイヤーと嵐のオリコン年間シングルワンツーフィニッシュに沸いていたが光が飲み込まれるブラックホール側からはとてもそんな眩しい景色が見えるわけもなく、お馴染みのクリスマスソングが街に響く季節に世に出た『a day, phase』はセールス的には成功とは言い難い結果だったのだが誰に止められることもなく2年後には２ｎｄも発売することができてそれはレーベルが寛容だったからとも言えるがしばらく後に部下をつかまえお前○○とか担当しているけど本当は何が好きなんだよと詰問するといや実はキューンで一番なのはagraphでというような回答が来ることがちょいちょいあり敢えて言うなら当時の会社の集合的無意識が背中を押していたからなのだが、それにしても先に言ってくれていたら何百枚かＣＤの初動は増えていたかもしれんね坂本くん。

レコード会社のディレクターて何ですかと数十年にわたり聞かれ続けてきたものだが、それこそスタジオで弁当を頼むだけの給料泥棒からちょっとお前の歌詞じゃあかん俺が書いちゃると作品そのものに馬乗りになる山賊みたいなおっさんまで色々といたもので、私の芸風はその中間地点よりちょびっと山賊寄りだったのでその気になればagraphの作品にも何のかんのとちょっかいを出せたのかもしれなかったが、与太話には色々付き合いこそすれデモの段階でアルバムの曲順が決まっていると言ったときの突然ぴしっとした表情になった牛尾を見てああこれは他人が触ったらあかんものなのねと気付いた。なので馬乗りにはならず間接的な支援として円城塔の小説をブックレットに起用したり当時としてはおそらく珍しかったエレクトロニカにしてアニメ好きというパブリック・イメージのカタパルトに牛尾を乗せちょっとは仕事になったかなと思ったあたりで私はサラリーマンの宿命である人事異動でキューンを離れた。離れて以降の活躍は皆さんご存知のとおり。

あのアーティストはひょっとして俺が担当じゃなかったらもう少し売れていたのかな恨みとか買ってるんだろうな思念はおそらくすべてのレコード会社スタッフの精神の底のほうに沈殿していて上がるも下がるもいずれにせよ修羅場を越えて何年経過しようとも永遠に寝覚めの悪さを誘発し続けるもので、その後の活躍を考えれば当時の体たらくと比較してもう少し邪険に扱われても仕方ないはずだが牛尾は引き続き心優しくいまでもときおり声をかけてくれあまつさえ「そろそろ定年ですね会社辞めたらまた仕事しましょうよ」とまで言ってくれるなんていい奴なんだ。

そう、ヤバい。定年が近い。

PROFILE

白井嘉一郎
1967年生まれ。キューンミュージックにて電気グルーヴ、POLYSICS、ASIAN KUNG-FU GENERATIONなどを担当。2008年にはagraphのデビューに携わる。現在はソニー・ミュージックエンタテインメントに所属。

# 牛尾憲輔の「聴取の詩学」

PROFILE

佐々木敦（思考家／批評家）
１９６４年生まれ。音楽レーベルHEADZ主宰。映画美学校言語表現コース「ことばの学校」主任講師。芸術文化の複数の分野で批評活動などを行う。著書に『「教授」と呼ばれた男――坂本龍一とその時代』（筑摩書房）、『成熟の喪失――庵野秀明と〝父〟の崩壊』（朝日新書）、『増補・決定版ニッポンの音楽』（扶桑社文庫）、『ニッポンの思想 増補新版』（ちくま文庫）など多数。

agraphとしての３rdアルバム『the shader』のリリース時（２０１６年2月）なのでもうかなり昔のことになるが、牛尾憲輔にインタビューしたことがある（アルバムのオフィシャル取材だった）。原稿データが残っていたので、この文章を書き出すにあたって久々に読み直してみたのだが、彼の音楽観の根幹にある複数の思考が垣間見えるようで、非常に興味深かった。そして、これはほんとうにまったくの偶然なのだが（原稿依頼を受けた直後に登壇の依頼があった）、２０２４年11月23日、牛尾と私はＴＡＭＡ映画フォーラムの坂本龍一特集上映のトークゲストとして約9年ぶりに再会し、客前の短い時間ではあるが、密度の濃い対話を交わした。テーマは「坂本龍一の映画音楽」だったが、ちょうど11月20日に恵比寿のリキッドルームで彼のソロライヴを体験したばかりだったこともあり、自然と話題は彼自身の音楽にも向かった。あくまで私の感覚ではあるが、周知のように、このほぼひと昔の間に牛尾は音楽家として大きな飛躍を遂げたわけだが、驚くべきことに彼の印象はまったくと言っていいほど変わっていなかった。本稿ではこの二度の対話を想起しつつ、牛尾憲輔という存在の特質に迫ってみたいと思う。

２０１６年のインタビューにおいては、これは他の機会にもたびたび語っているのだと思うが、牛尾が大学の卒論を「聴取」をテーマに書いたという話にいささか驚かされた。彼は２００５年に亡くなったフランスの作曲家リュック・フェラーリにかんする映画を観たことが刺激になったと述べたうえで、こう続けた。「そもそも僕は大学時代にジョン・ケージやピエール・ブーレーズ、ミュージック・コンクレートを論じたり、庄野進さんの『聴取の詩学』を題材に大学の卒論を書いたりしていて。ですから、佐々木さんの著書『「4分33秒」論』（引用者注：２０１４年刊）も楽しく拝読させてもらったのですが」。これはかなり珍しい種類の人間だぞ、と私は思った。

「青春時代を思い出しながら、あらためて、なるほどなあと思うことが多々ありました。というのも学生時代は友人からミュージック・コンクレートは非常に難しいものだと聞かされていたんですよ。でも、フェラーリの映画を観たことで、難解な理論だけでなく〝快楽性〟が存在していることに気づき、純粋に音楽そのものの気持ち良さを感じたんです。卒論の話に戻りますが、当時は書面に綴った詩と頭の中で想像する詩とでは、どのような違いがあるのか？　ということをまとめていました。つまり、視覚で捕えるとモノフォニックで、意識の中で認識するとポリフォニックであるという論点。『ほとんど何もない』（引用者注：「Presque rien No.1 'Le Lever du jour au bord de la mer'」。フェラーリの代表作。ミュージック・コンクレートの手法で作曲された21分ほどのテープ音楽）でいえば、遠くに聞こえるポンポン船の音や近くで鳴いている蝉の音、それら色々な音像が記憶の中で重なり合ってポリフォニックになる」

再読してみると、ここではかなり複雑なことが語られていたことがわかる。牛尾はこの2年前に『ピンポン THE ANIMATION』（2014年）でアニメーションの「劇伴音楽家」としてデビューを果たしており、こう語った半年後には映画『聲の形』（2016年）、『リズと青い鳥』（2018年）、『きみの色』（2024年）と、現在まで続くアニメーション作家山田尚子との長いコラボレーションが始まるのだが、視覚と聴覚の関係、言語とイメージの関係、映像と音像の関係、経験と記憶の関係が、モノフォニーとポリフォニーという二項対立によって鮮やかに整理されており、直接触れられてはいないが、アニメの「劇伴」のことも牛尾の頭にはあったのだろうと思われる。

牛尾はagraphの『the shader』の制作にあたり、もともと好みだったイタロ・ディスコ、ロバート・フッド、フェラーリ、カールステン・ニコライ（アルヴァ・ノト）、ワンオートリックス・ポイント・ネヴァーに加えて、アンディ・ストットやベーシック・チャンネル、そしてヴェイパーウェイヴを集中的に聴いた。

「そこで出した僕の結論というのが、しっかりしたメロディがあって複雑なポリフォニーでコード進行もしているしタイトなリズムを刻んでいるけれど、実際はそういう要素を聴いているわけじゃない。それら複数の音要素や構成の上に立ち昇っている水蒸気のようなものを聴いて、その部分に魅力を感じているんじゃないかということ。つまり、その水蒸気のように立ち昇るテクスチャーや世界観が反映された音楽こそが、agraphとして作りたい音楽であることを再確認したんです。そこから、ポエティックでリリカルなコンセプトから逸脱して、機能的に音楽を作れるようになりましたね」。現時点から顧みると、これはagraphのみならず牛尾憲輔というコンポーザーの総体について語られていることだと思う。リスナーは音楽をコンポーザーのように聴いているわけではない。これは言われてみれば当たり前のようだが、卓見である。リスナーは作曲と編曲と演奏と音響という一連のプロセスが現在形の聴取の中で綯い交ぜに溶け合って生じる脳内イメージ（音像）を体験しているのだ。そしてそれは記憶に不完全なかたちで装着され、意識的あるいは無意識的に幾度となく想起され反芻されることで、もともとの物理的振動現象から隔絶されて、曖昧ではあるが甘美なるイメージそのものと化していく。だが牛尾はこのような音楽聴取の本質を「ポエティックでリリカル」ではなく、あくまでも「機能的」だと言うのである。

「実はこの5年間、作業場の液晶モニターに『Rhythm ⇅ Melody』という標語を貼っていたんです。それぞれの要素を相対的に置き、そこにハーモニーが加わって曲が形になるんですが、結果的にはそれぞれの境界がどんどん無くなっていく。ピアノの右手と左手、つまり伴奏とメロディの境界線が無くなっていったことと同じように」

実は、ここでの「ピアノの右手と左手」の話を、牛尾は２０２４年11月のトークでも語っていた。直接的には坂本龍一のピアニズムについてだったのだが、非常に面白いのは、リズムとメロディがハーモニー（同期とレイヤー）を介して相互浸透していくという音楽の捉え方が、鍵盤に向かう右手と左手という具体的でシンプルなメタファーで明確に提示されているということである。そして、ここで話は現在に繋がるのだが、このような「右手」と「左手」の関係、すなわち「伴奏」と「メロディ」の関係は、「劇伴」と「劇」の関係、映画（アニメ）に付随する音楽とアニメ自体の関係にも言えることなのではないか？

長々と引用してきた２０１６年のインタビュ

ーの終わり近く、牛尾は「時代性を追ってしまうとその時点で過去のものになってしまう」と語った。「時代性とコミットした音楽はアニメの劇伴や別名義でやれていますから」と。唐突な告白だが、知っている人は知っている通り、私はアニメをほとんど観ない。だから正直に言えば牛尾の「劇伴音楽」をアニメ作品の内容や監督の作風と関連づけて論じることは手に余る。だが、そうしたことは本書で別の方たちがしているだろう。2024年11月20日は牛尾の「劇伴音楽家」としての初のソロ・ライヴだった。超満員のリキッドの最後方の壁に凭れて私はステージのど真ん中に設えられた演奏卓に一人立つ牛尾を観ていた。彼の背後には曲ごとにアニメからの映像の抜粋が矢継ぎ早に流れていた。もちろん知っている作品も多かったが原作マンガしか読んでなかったりまったくの未知のアニメもあった。つまり私はスクリーンに映し出されるアニメーションとスピーカーから発されるサウンド／ミュージックを紐づけて聴くことがほとんど（出来）なかったのだ。だがそれでも、というかそれゆえに（？）、私は牛尾の「劇伴」に圧倒されていた。少なくともそこでは完全に主客が逆転していた。彼のライヴなのだからそれはそうだろうということではない。ひょっとしたら私はあの空間で唯一、動く絵への感性や記憶の発動なしに純粋に音楽（のみ）を聴いていた人間だったのではないか？　この日のMCでも牛尾は「劇伴」という語をかなり自嘲的に繰り返していたが、それは自負と自信の裏返しでもあるだろう。それは「伴奏とメロディの境界線」と「アニメ」の「境界線」などなくなること、つまり「劇伴」と「アニメ」の「境界線」など存在しない、という宣言なのだ。これも正直に告白するが、この日、私は牛尾の「劇伴音楽」の多くをはじめて聴いた。それらは途方もなく素晴らしかった。そこにはもちろんagraphも居たし、彼が聴いてきたさまざまな先行者たちや、坂本龍一も居た。しかしそれ以上に「牛尾憲輔」という極めてスケールの大きな独創的な音楽家が敢然と存在していた。

TAMA映画フォーラムの壇上で久々に話した牛尾は、数日前のリキッドでの輝かしき勇姿とは打って変わってオーラを（いい意味で）発さない好青年（というにはもうそれなりの年齢ではあるが）ぶりで、ああこんな人だったなと2016年のことを思い出したりもした。こちらは記事化などがされていないので記憶に頼って書くが、彼はこの日に上映された『Opus』と『戦場のメリークリスマス』についてだけでなく、坂本龍一が最初のがんからの回復過程で手掛けたアレハンドロ・ゴンサレス・イニャリトゥ監督の『レヴェナント：蘇えりし者』（2015年）について多くを語った。この映画の日本公開は2016年4月である。だが、先のインタビューの「複数の音要素や構成の上に立ち昇っている水蒸気のようなもの」という表現は、まさにあの作品の坂本の音楽を端的に言い当てていると思える。『戦メリ』の普遍的な魅力を持ったメインテーマと『レヴェナント』のドローニッシュな音響の振り幅（そこには時間の流れも介在しているが）こそが坂本龍一のユニークネスだったのだと思うが、その意味で牛尾は坂本の正統な後継者である。

だが、これはリキッドのライヴを聴きながら考えていたことだが、牛尾と坂本には当然ながらさまざまな違いもある。やや胡乱な言い方になってしまうが、坂本龍一の音楽は（特に晩年は）SpritualではあってもHolyではなかった。坂本は宗教的な感覚を持ち合わせても信じてもいなかったし嫌悪していたと私は思う。だがそれとは逆に牛尾憲輔の音楽は、まったくSpritualではないが、時折、強烈にHolyな空気を感じたのである。むろんこれは彼が実際に何かの宗教を信じているかどうかということではない。ここで思い出すべきはむしろ、agraphとして語っていた「機能的」という言葉である。牛尾は「劇伴」としての「機能」のひとつとしてHolyな要素を検出したのだと私は思う。それは坂本龍一にはまったく存在しないものだ。そもそも坂本には自分の音楽を「機能的」なものとして志向するベクトルがほとんどなかったと思う（そしてそれゆえの苦難もあった）。だが、自ら「劇伴」という言葉をアイロニカルにたびたび口にする牛尾は「機能的」を極めることによってこそ、アーティスティックな自己実現を果たしたのである。

さて、取りとめもなく記してきたが、これもほんとうにまったくの偶然なのだが、ごく最近、牛尾が卒論で取り上げたという庄野進の『聴取の詩学』（1991年）が『聴取の詩学——枠と出来事　庄野進音楽美学論集』として増補復刊された。同書は前半に『聴取の詩学』が丸ごと収録されているのだが、「J・ケージから」と副題の付された「序」に、こんな一節がある。

> 子供の頃、眠りに落ちる直前や醒め際に、通りの騒めきの響きと戯れたりしたことがなかったであろうか。貝殻に耳をつけ、いつもとは違った響きに驚くという体験をしたことがなかったであろうか。初めて意識的に耳にする音響に時間を忘れて聴き入るということをしなかったであろうか。ケージの設定する「音楽」を聴く体験にはそれらと似たようなところがある。（中略）それはまた我々が子供の日にもっていたものとも関係している。勿論今日の子供たちが、牧歌的な「自然の」音響ではなく、周囲に散らばる電子の音と戯れるように、ケージもまた、そうした「都市」の原初的で、未分化な音響とも戯れる。
>
> （『聴取の詩学——枠と出来事　庄野進音楽美学論集』）

庄野進がこう書いてから30数年が経過している。「聴取の詩学」は、もともと、そして今やますます、子供たちだけのものではない。「通りの騒めきの響き」は、あの日のリキッドルームにも間違いなく響いていた。

KOJI NAKAMURA
INTERVIEW

# 中村弘二

音楽家。1995年にバンド・スーパーカーを結成。解散後にソロデビュー。楽曲提供や、CM、アニメ、映画などのサウンドクリエーターとしても活躍。またアンビエントに特化したプロジェクト「HARDCORE AMBIENCE」も主宰。音楽、映像、ライブなどを発表し美術館や芸術家と多くコラボしている。

# 自分が全然気にしてないところを、牛尾くんはめちゃくちゃ気にしてたりする。そこはやっぱり面白いなって思います。

——牛尾さんと初めて出会ったときのことを覚えていらっしゃいますか？

**中村**　ＫＡＧＡＭＩくんがソロアルバム（『SPARK ARTS』）を作るにあたって、私に歌を唄ってほしいと連絡をもらったんです。正確な場所は覚えてないんですけど、町のスタジオに入って「こんな感じかな」とか、打ち合わせをしてたんですけど、ＫＡＧＡＭＩくんがそのスタジオの機材のセッティングがわからない、という話になって。そこで呼ばれたのが、牛尾くんだったと思います。当時、牛尾くんはすでに電気グルーヴの手伝いをしていたので、その繋がりで呼ばれたんだと思うんですけど。

——そのときの第一印象は？

**中村**　第一印象も何も、自分は現場の状況がよくわからないし、ＫＡＧＡＭＩくんもテンパってるしで、とりあえず「あ、どうも」みたいな感じで（笑）。それ以降も、彼は電気グルーヴ周りだったり、いろいろやっていて……。あっ、そうだ。（フルカワ）ミキちゃんのアルバムでもコンピューター周りに強い人っていうことで、現場の手伝いをしてもらったりしましたね。

——ということは、がっつり一緒に仕事をしたのはＬＡＭＡになるんですか？

**中村**　そうですね。

——そもそもＬＡＭＡは、どんなふうに始まったんでしょうか。

**中村**　よく覚えてはいないんですけど、自分の認識では、まず最初にミキちゃんと田渕（ひさ子）さんが一緒に制作物を作りましょう、という話があって。自分も手伝うことになったんですけど、音楽の方向性をどうしようかっていうときに、田渕さんもミキちゃんもドラムがいてどうこうするって形式はやったことがある。じゃあ、ドラムのいない音楽はいいかも、という話になったんです。自分としては当時、コールド・ウェイブとかミニマル・ウェイブと呼ばれていたものをやりたかったんだけど、日本のメジャーフィールドでそんなことを言っても、わかってもらえない（笑）。そのあたりで悩みつつも、ドラムのない音楽を目指してて。

——なるほど。そこからコンピューター周りがわかる人を入れたほうがいいだろう、という話になるわけですね。

**中村**　そうですね。自分がやってもいいんだけど、結構負担が大きいんですよ。自分はライブで、コンピューター周りのことをやるのがすごくイヤで（笑）。同期とかが大嫌いで、自分で作った素材に自分で合わせているうちに、俺はいったい何なんだ、と思ってしまう。でも、別の人が作ったトラックに合わせるんなら、まだ許せるんじゃないかと思ったんです。それで、誰かいないかなって考えたときに——そのときにはもうすでに牛尾くんとも仕事をしていたし、人柄も知っていったので、彼がいいんじゃないかと。

——当時のインタビューを読むと、ＬＡＭＡ

は結構、民主的に運営しているバンドだという話が出てくるんですが、中村さんから見て、4人の役割分担というのはどういうふうに見えていたんでしょうか？

**中村**　1枚目（『New!』）は「初めまして」な部分が大きかったので、お互いに「何ができるんだろう」と思いながら、やっていたと思います。あと、作っている最中に東日本大震災があったのが大きくて、冷静に「あれやって、これやって」というメンタルにはなれなかったんですよ。だから、その次のアルバム（『Modanica』）から、この人はこういうことが得意――というか、やろうとしている音楽に溶け込むところが、だんだん見えてきたというか。それで牛尾くんの役割もだんだんクリアになってきた、という感じがあります。ざっくり「コンピューター周りをやる人」っていうところから、「バンドに対してこういうアプローチができる」というところがわかってきた。

――一緒にやってみて、牛尾さんの面白いところって、どんなところにありましたか？

LAMA
『New!』（2011年）

LAMA
『Modanica』（2012年）

**中村**　いろいろありましたけど……。思ったのは、ああ、オタクなんだなと。

――あははは（笑）。

**中村**　自分の感覚からすると、この仕事をしていてここまでアニメ好きな人に会ったのは牛尾くんが初めてなんじゃないかな。当時仕事をしていた人のなかで、アニメの話をする人はほぼいなかったんですけど、彼はアニメとかネット文化の話をしてくる。なので、そういう人たちが、音楽の世界に入ってくるようになったんだなと思いました。

――ナチュラルにアニメの話をする世代というか。

**中村**　そうそう、世代なんでしょうね。すごく、いまどきだなと思ったんです。計画もしっかり練っているし、野心もあれば、どうやって生き抜くかも考えてる。若いのにしっかりしてるな、と思いました。自分たちの若い頃はめちゃくちゃというか（笑）、無軌道な世界だったんですけど、僕らより下の世代は無軌道じゃいけない、というか。すごく人生設計を考えてるんだな、と。そこはすごく面白かったです。アニメ好きでオタクで、ネット文化に詳しくてロジカルで……っていうと、キャラクターがわかりやすいじゃないですか(笑)。なので、それをネタにして、「ちょっとこの小難しいところはやっておいて」ってお願いするとか。

——なるほど(笑)。

**中村**　やっぱり、自分にない要素を持っているのは面白いんですよ。自分が全然気にしてないところを、牛尾くんはめちゃくちゃ気にしてたりする。「そんなこと、考えなくてもいいんじゃない?」っていうところを考えてるんですけど、「どうしてそんなところに引っかかってるんだろう」って探っていくと、ああ、そういう理由で考えてるんだ、とわかるんです。それは自分にない感性だし、やっぱり面白いなって思います。

——考え方とかアプローチの違いが面白い。

**中村**　そこはやっぱり、ルーツ的なものなんじゃないかと思います。彼はやっぱり、テクノ的な発想から来てると思うので。テクノ的発想というか、テクノ的な感性、機能ですかね。牛尾くんは、そういう機能的感覚を持ってる人だなって。そこは自分が体感してきた音楽の歴史とは、またちょっと違う歴史だし。

——もう少し詳しくうかがえますか?

**中村**　テクノって、地道にテクニックを磨き上げていく世界だと思うんですよ。その地道なところには、やっぱりいろんな理屈とか情報が必要になってきて。言い換えると、テクノミュージシャンって「このキックの後、どうしてこの音の感じになってるか」を、説明しなきゃいけない——いけないわけじゃないけど、それができるミュージシャンなんだと思うんです。「どうしてこうなってるの」って聞かれたら、「いや、これにはこういう歴史があって……」って説明できる。そこは、僕みたいにテクノを聴いて、ただ「カッコいいな」と思ってる人とは違う、というか。僕が「カッコいいな」と感じてるキックの音ひとつに対しても、これは誰が始めて、誰それがやったことです、って知っている。そこは大きな違いかなと思います。

――牛尾さんのその後の活躍をご覧になって、触発されるところはありますか？

**中村**　単純に「頑張ってるな」って。そこが一番触発されるので。「ああ、元気なんだな頑張ってるな」って思うと、自分も頑張ろう、曲を書こうと思えるので。そこが一番ですね。

――ちなみに、ＬＡＭＡは解散してはいないんですよね？

**中村**　してないです。というか、曲を書かなきゃいけないんですけど（笑）。みんなそれぞれ忙しいから、書いてもしかたないかもというのもある。牛尾くんは劇伴で忙しくなるし、田渕さんもナンバーガールがあったしで。忙しいじゃん、って。

――なかなか４人のタイミングが……。

**中村**　合わないし。とはいえ、みんなに余裕ができたタイミングでやるのが、一番いいんです。

――では最後に、牛尾さんの今後について、エール的なものをお願いできますか？

**中村**　ひとつは自分の作品を作る作業、ソロアルバムとかを作るのがいいんじゃないかなって思います。劇伴はずっとやってるから、それとはまた少し違う自分の作品を、そろそろまとめとして出すのはいいんじゃないかな。もちろん、劇伴も自分の作品なんだとは思いますけど、それとは違う、「牛尾憲輔とは何なのか」という作品を出してくれることを期待しています。

# ミト(クラムボン)

東京都生まれ。1995年に原田郁子、伊藤大助とクラムボンを結成し、1999年にメジャーデビュー。バンドマスター、ベース、ギター、キーボード他を担当。バンド活動のみならず、映画やアニメ音楽制作・プロデュースなど多岐にわたる活動で音楽ファンのみならず、プロミュージシャンの間でも高い評価を得ているサウンドクリエイターである。

## 彼がやっていることって
## じつはすごく斬新で、
## ある意味、パイオニアなんだと思う。

――牛尾さんとはかなり長い付き合いになるかと思うんですが、まずはいつ頃、お知り合いになったんでしょうか。

**ミト**　記憶が確かならば、最初は篠原ともえちゃんとご飯を食べに行ったのかな。彼が電気グルーヴの手伝いを始めて、2~3年くらい経った頃だと思うんですけど。その席に牛尾くんもいて、あとともえちゃんのお兄さんもいたのかな。そのときに、何かの話の流れでアニメの話になったんですよ。

――初対面で、いきなりアニメの話になったんですね（笑）。

**ミト**　しかも私と牛尾くんとともえちゃんのお兄さんが、あまりにもアニメの話で盛り上がるので、ともえちゃんが席を離れるという事態になったんです（笑）。そのとき、牛尾くんが学生時代の夏休みに、『銀河英雄伝説』を第1話から外伝まで全部観返すということを、毎年やってた、という話をしてて。それを聞いた瞬間に「なんて愛おしいヤツなんだ！」と思ったんですよね。

――あははは！（笑）

**ミト**　毎年、夏休みの課題で『銀英伝』を全部観直すなんて、そんなできすぎたオタクはなかなかいないだろう、と（笑）。いわゆるＪポップ、Ｊロックのシーン周りで、そこまで深くアニメの話ができる人と会ったことがなかったし、そのまま連絡交換をして、という。

——おふたりはミュージシャン同士ではあるけれども、本当にアニメが接点だったわけですね。

**ミト**　しかも牛尾くんたちがどっぷりアニメを観てた頃って、私は自分のバンドが忙しくて、気になったものを観る、くらいの感じで。そこから少し経って、またアニメを観るようになったタイミングで、現役でアニメオタクをやってる牛尾くんと会って、話が盛り上がったというのもある気がします。

——なるほど、なるほど。

**ミト**　それからちょこちょこ会う機会があったんですけど、大きかったのは牛尾くんのアルバム（『equal』）で1曲、私がミックスをすることになって、そこからまた、頻繁にやり取りするようになるんです。しかも、そのタイミングで「沖縄でアニソンＤＪをやりませんか」って誘われたんですよね。２０１０年の11月かな。音楽ナタリーでニュースになって、プチバズりしたんですけど（笑）。

——そこから、2 ANIMEny DJsとしての活動が始まったわけですね。

**ミト**　牛尾くんも私も、それぞれアニメ業界の人たちとコミットし始めた頃だったんですけど、私たちみたいな人が「アニソンめっちゃ聴いてて、ＤＪやります」ってカミングアウトすることって、それまでほとんどなかったんですね。そういう意味では、たまたまパイオニアだったというか（笑）。そこからあれよあれよという間に、あちこちのアニクライベントからお誘いを受けるようになって。

——リスアニを初め、当時はアニメ系のクラブイベントが一気に盛り上がってきた印象があります。

郵便はがき

お手数ですが
切手を
お貼りください

160-8571

東京都新宿区愛住町22
第3山田ビル 4F

(株)太田出版
読者はがき係 行

お買い上げになった本のタイトル：

お名前　　性別　　年齢　　歳

ご住所　〒

お電話

e-mail

ご職業
1. 会社員　2. マスコミ関係者
3. 学生　4. 自営業
5. アルバイト　6. 公務員
7. 無職　8. その他（　　）

記入していただいた個人情報は、アンケート収集ほか、太田出版からお客様宛ての情報発信に使わせていただきます。

太田出版からの情報を希望されない方は以下にチェックを入れてください。

□ 太田出版からの情報を希望しない。

本書をお買い求めの書店

本書をお買い求めになったきっかけ

本書をお読みになってのご意見・ご感想をご記入ください。

＊ご投稿いただいた感想は、宣伝・広告の目的で使用させていただくことがございます。あらかじめご了承ください。
＊太田出版公式HP（https://www.ohtabooks.com/）でもご意見を募集しております。

ミト　私たち的には、めちゃくちゃ盛り上がってる流れの中に、土足で上がり込んじゃって申し訳ないな、っていう気持ちもあったんですけど。ただ振り返ってみると、結構はちゃめちゃなユニットだったなと思いますね。当時、アニクラＤＪというとオリジナルではなくて、リミックスとかマッシュアップでアイデンティティを出そうというのが主流だったと思うのですけど、僕はそれとは真逆の発想で。声優さんとか歌い手さんの声をピッチで変えるのは、アニオタ的に「ちょっとどうなんだ」みたいなところがあって（笑）。なので、基本的にマスターテンポは一度も変えずにやる。そうすると、普通と比べてセットリストがめちゃくちゃ長くなるんですよ。しかも新旧織り交ぜて、80年代から最近のものまでかけるので、当時は「焦土作戦」って言われてました（笑）。2 ANIMEny DJsの次はめちゃくちゃやりづらい、と。

――あははは（笑）、たしかに。

ミト　あと私たちはＢｔｏＢスタイルだったので、ＤＪをやってないほうはアジテーターに回れたんです。当時のアニクラＤＪって、基本的に洋楽のＤＪスタイルみたいなものに準拠していた感じがあるんですけど、私たちは片方がＤＪをやってたら、もう片方は舞台の袖から袖まで走っていって、なんならフリを覚えてペンライトを振り回す。もう本当にひどい有様で（笑）。ある意味、お客さんとほとんど同じ目線で「アニメが好き」っていう気持ちを体現するというか。だからこそ余計に盛り上がってくれたんだと思うし、それがすごく面白かったなって。

――自然発生的にああいうＤＪスタイルになっていったという。ミトさんからご覧になって、牛尾さんの面白いところというのはどんなところだと思いますか？

ミト　なんというか、懐に入るのが上手いイメージがあります。どんなシーンでも、決して斜に構えているように見えないし、相手の懐にスッと入っていく。私もわりとそういうのは得意なほうだと思うんですけど、牛尾くんはいつの間にか自然とそこに溶け込んでいるというか。彼が作っている音楽にも、ちょっと似た印象を受けるんです。

――彼自身の人柄と音楽が似ている。

**ミト**　聴いた感じ、アカデミックで内省的だったり、クールなイメージがあるんですけど、なぜかその場にきれいに溶け込んでいるんですよね。agraphもそうですけど、存在自体がアンビエントというか。たとえばアニメで言えば、キャラクターソングとか歌モノに対しては、あまり効果的じゃない場合が多いんですけど、その一方で風景や景色に合わせるにはちょうど良かったりする。本来なら、背景に感じられるようなものが、逆にいまは個性になってしまうというのも、すごく特殊だなと思うんですよね。

――いわゆる劇伴作家さんが書く、映像に合わせたサウンドのあり方とも、キャラソン的なあり方とも違う、という。

**ミト**　そうですね。2ANIMEny DJsの活動がストップしてから、もう7～8年ぐらい経ってるんですけど、その前くらいから、牛尾くんはＤＪに自分が関わった作品の劇伴を組み込みたがるようになっていて。「君がそういうモードなら、全然いいよー」と言ってたんですけど、たぶん牛尾くんはアニソンらしい強いメロディみたいなものを、自分の中で内包できてないと思ったんじゃないか。そんな気がするんです。一方で僕は、もともとメロの強さだったり、いいリリックを聴きたい人間で。それが理由でアニメに戻ってきたところがあったんですよね。

――なるほど、なるほど。

**ミト**　だから、ベクトル的には真逆の方向を向いていて。2ANIMEny DJsをやっていた何年間かっていうのは、同じ世界を観ていながらも、全然向いている方向は違っていて、それでいながらふたりで楽しんでいた。そういうことだったのかな、と思ったりします。

——いま、こうしてうかがうとすごく貴重なタイミングだったんだなと思いますね。

**ミト**　この前、牛尾くんが出演したSONICMANIAのステージを——私は当日、行けなかったので、SNSで動画を少し観ただけなんですけど、でもそれを観たときに「あっ、なるほど、こういうことがやりたかったのかな」と思ったんです。自分が参加した作品の曲をかけながら、映像も流して、しかもフロアライクなダンスミュージックとしてプレゼンする、というか。たしかに衝撃的ですよね。普通の人からすれば意外に思われるかもしれませんけど、自分が参加しているからといって、好き勝手に映像を流せるわけじゃないので。

——たしかに、その通りですね。

**ミト**　それは、アニメーションの制作をしている人たちと一緒に作品を作っているからこそ、できることで。彼がやっていることってじつはすごく斬新で、ある意味、彼はパイオニアになったのかもと思うんです。意外とみなさん、気付いてないかもしれないですけど。

——では最後に、これからの牛尾さんに期待することをうかがえますか？

**ミト**　映画やアニメの世界でハイクオリティな作品をリリースしてくれるのが前提ではあるんですけど。さっきもお話した通り、牛尾くんの活動を見ていると、これまでできなかったようなことを、現場に積極的にコミットすることで実現していく。しかも、そこから何か新しいエンターテインメントを作る、みたいなことができるんじゃないか。彼の活動が、そんな変化のきっかけになってくれると嬉しいなと思うんです。もちろん、最初に作品を作った人にちゃんとペイされるべきですけど、その上で作品がどんどん開かれていって、クリエイターもユーザーもどちらも豊かになれる。そういう世界が、彼のいる間にできてくれたらいいなと思います。

# 永井聖一

1983年生まれ。音楽家。相対性理論のギタリストとして活躍を続ける。山下智久やDaokoに楽曲提供したほか、Spangle Call Lilli Line、バレーボウイズなどのプロデュース、moonriders、Buffalo Daughterなどのリミックスを担当。プレーヤーとしても高橋幸宏、GREAT3など様々なミュージシャンと共演。2023年からTESTSET、QUBITのメンバーとしても活動している。

## 彼の音楽制作プロセスに光が当たれば、同業者にとってもいい刺激になると思う。

──永井さんは、牛尾さんとほぼ同い年ですよね。

**永井**　そうですね。彼が3月生まれで、僕が4月生まれなので、学年は違うんですけど、ほぼ同じです。

──おふたりがデビューされたのも、ほぼ同じタイミングですよね。

**永井**　相対性理論の最初のCD（『シフォン主義』）が出たのが2007年で……。

──牛尾さんが『Gathering Traxx Vol.1』に参加したのが、同じ2007年なので。

**永井**　そうなんですね。じゃあ、ほとんど一緒って感じですね。

──最初に顔を会わせたのは、いつ頃のことになるんでしょうか？

**永井**　2010年くらいに渋谷にあったSHIBUYA-AXで、相対性理論とかLAMAとか、いろんなバンドが出るイベントがあったんです。そのときは初対面ですね。もちろん、彼はその前から雑誌で出ていたりしたので、名前は知っていたはずなんですけど、そのイベントのときに、自分のCDを丁寧に渡してくれたんですよ。もともと僕自身、agraphのようなエレクトロニカが好きだったこともあって、そのときの印象はすごく強く残ってます。

――じゃあ、それをきっかけにおふたりの交流が始まって……。

**永井**　いや、そこからしばらく会ってなかったんです。僕と彼の共通の知人に、フェアチャイルドの戸田誠司さんがいらっしゃるんですけど、その戸田さんから「SHIBUYA-AXのイベントで挨拶したときに、サラッと流されたのを、牛尾が根に持ってる」という話を、たぶん冗談で言ってて（笑）。「いやいや、全然そんなことないよ。あのとき、牛尾くんからもらったCD、すごい聴いてたし。誤解を解きたいんで、どこかで会わせてくださいよ」って。それで数年前に、3人で久しぶりに会うことになったんです。

――そんなことがあったんですか！　それって、10年ぶりくらいですよね。

**永井**　うん、そうですね、それくらい経ってると思います。で、実際に会ってみたら、牛尾くんも「そんなこと、全然言ってない」みたいな話で。結局は、みんなが戸田さんに化かされたっていうだけのことだったんですけど（笑）。でも、戸田さんがそこで引き合わせてくれたおかげで、どんな音楽が好きなのかとか、最近ハマってる機材のことだったりとか、いろいろ話をするようになったんです。

――そこから交流が始まって、最近のお仕事に繋がってるわけですね。

**永井**　そうですね。最初のきっかけが何だったか、ちょっと覚えてないんですけど、もしかしたら『セーラームーン』ですかね。

――劇場版『美少女戦士セーラームーンCosmos』の主題歌（「月の花」）。

**永井**　Daokoちゃんが歌っている曲のアレンジをお願いして。それが初めて、一緒にやった仕事じゃないかな。その前があったら、申し訳ないんですけど。

――「月の花」は、永井さんのほうから牛尾さんに声をかけたんですか？

牛尾　そうですね。映画における曲の効果というか、持って行き方かな。アニメーションが持っているダイナミクスを音楽を結びつけることに関しては、僕よりも彼のほうが得意だと思うので。そこを実際にアレンジに落とし込んでもらおう、という。

――一緒に作業されて、いかがでしたか？

**永井**　やっぱり牛尾くんは、僕にはできないものを持っているので。やってもらって良かったなと思います。サウンドの細かなテクスチャとか音色の作り込みとか、彼のほうが全然優れていると思うので。『きみの色』のときも感じたんですけど、生楽器とその後ろにあるトラックとの匙加減というか、配合のバランスがすごく良くて。ギターが小さすぎるとか、キックが大きすぎる、みたいなのがまったくない。そこは僕と彼が同世代で、同じようなものを聴いて育ってるからなのかもしれないですけど。

――最終的な完成イメージが共有しやすい。で、その次がいま、話題に出た『きみの色』ですね。

**永井**　牛尾くんが山田（尚子）監督とタッグを組んで、いろいろやってるのは知っていたんです。で、今度、また新しい映画をやるんだけど、それがバンド物というか学園物で。その高校生が演奏する曲が何曲かあるから、ギターを入れてくんない？と連絡をもらって。その後、デモをもらったんですけど「いつも通りの僕っぽい感じで弾いてもらって構わない」という話だったので、それにギターを乗っけて……。

――そのやり取りが何度かあって、という。

**永井**　そうですね。牛尾くんはこちらの個性をよくわかってるので、何もストレスなく作業ができたって感じでした。あと『きみの色』は少し特殊で、曲の収録の後に（劇中のキャラクターの）モーションも収録することになったんです。ギターの手元のモーションだったり、立って弾いているところとか、チューニングしている姿とか。細かく見せてほしいというオーダーがあったので、結局、濃密なやり取りができたし、普通に頼まれてギターを弾くよりは、チームプレイが映画に反映できたんじゃないかなって思ってます。

——ちなみに、牛尾さんと共通で盛り上がる話題みたいなものというと……。

**永井**　なんだろう……。TM NETWORKですかね。やっぱりTM NETWORKの『シティハンター』って、僕らの世代にとってはアニソンの正解のひとつの形、という感じがあるんです。いろんなところで言ってるんですけど、歌詞もわりと重要だと思っていて。アニメの内容をダイレクトに唄っているわけじゃないし、曲単体としてもいい曲なんだけど、アニメの側から見ると、唄っている内容はもう完全に『シティハンター』という作品について唄っているように聴こえる。その絶妙な距離感が合致したときに、神曲になるんだなっていう。

——あははは（笑）。そういう共通認識がある。

**永井**　そこまで突っ込んだ話をしたことはないですけど（笑）、そのバランス感覚については、なんとなく同じベクトルを向いてるんじゃないかなと思いますね。

——牛尾さんの活動をご覧になって、触発されるところはどこですか？

**永井**　少し前に、牛尾くんが僕の母校（早稲田大学）で講義をやったんですけど、僕の恩師から「せっかくだから来ませんか」と連絡をもらって、それで聴きに行ったんですよ。その講義で、彼がどんなふうに劇伴を作っているのかを改めて知って。それこそ『リズと青い鳥』では、ロールシャッハ・テストみたいなことをやって、出てきた図形を楽譜に落とし込む、とか。酒の席とか一緒にご飯食べてるときには全然聞いたことがない、ディテールの作り込み方、みたいなのを知って。そんなことまで考えてたのか！と（笑）。

――驚かされた、という。

**永井**　あの多忙ななかで、それを成し遂げる意気込みやファイティングスタイルは、簡単に真似しようとしてもできないものなので。作家としてすごく尊敬してます。

――なるほど。

**永井**　バンドの場合は、降ってきたものをパッと投げたら、いきなり神がかったイントロが返ってきたりして、そのまま3分に仕上げたら、1000万枚売れる曲が作れるかもしれない。そういう、宝くじみたいな世界だと僕はなんとなく思ってるんです。だって今度、オアシスが再結成しますけど、あれって100億ビジネスだと思うんですね。この間、ちょっと計算してみたんですけど。

――永井さん、なんでそんな計算してるんですか（笑）。

**永井**　いや、ウェンブリー・アリーナを10万人5日間やって、1人2万円だったとしても、ものすごい大金が入ってくるわけじゃないですか（笑）。でも、牛尾くんはそういうところとはまったく違うやり方で勝負していて。そのきめ細やかな作品性というのは、ただ観ているだけじゃ、なかなか伝わらない。だから、もう少しそのプロセスの部分に光が当たれば、きっと同業者にとってもいい刺激になると思う。そんなことを、この間の講義を聴いたときに感じました。

――では最後に、牛尾さんに向けてメッセージをお願いします。

**永井**　がっつりふたりでやりたいねっていう話はずっとしてるんですけど。なかなかタイミングが合わないんですよね（笑）。40歳を過ぎると、時間はどんどん加速していくばかりなので、ちょっと一度、腰を据えて。アニメとか特定のテーマみたいなものから少し切り離して、ふたりで純粋に音楽だけで、何か作れるといいなと思っています。ぜひご期待ください！

# 砂原良徳

1969年生まれ。北海道出身。サウンドプロデューサー/エンジニア。

1991年から1999年まで電気グルーヴのメンバーとして活動。

電気グルーヴ在籍時より平行してソロ活動を始め、5枚のアルバムとベストアルバムをリリース。

2015年よりMETAFIVEのメンバーを経て、現在はTESTSETとしてもライブ活動も行っている。

# 「結局、誰に頼むことにしたの?」って聞いたら、「砂原さんにお願いします」「えっ、俺がやんの!?」って(笑)。

——最初に、牛尾さんとお会いになったのはいつ頃のことになるんでしょうか?

**砂原**　最初はいつだろうな……。彼が電気グルーヴのテクニカルのサポートみたいなことを始めたのも結構、前のことですよね。

——そうですね。2003年頃だと思います。

**砂原**　そのとき、現場で顔を会わせたんだと思います。そのときにはもう、僕は電気グルーヴを脱退してるんですけど(笑)、とはいえ付き合いは結構あって。プロ・ツールスを自在に操れる若いヤツがいるっていうことで、紹介されたのが最初だと思うんですけど。

——そのとき、砂原さんは電気グルーヴのレコーディングには……。

**砂原**　いや、直接関わっていたわけでもなんでもなくて(笑)、ただふらっとそこにいた感じだったと思います。なので、彼が仕事をしているところを、ちゃんと見ていたわけでもなかった気がしますね(笑)。

——そのときの第一印象というのは、どんなものでしたか?

**砂原**　「自分はこういうことができます」とか

「使ってください」っていうアピールが、ちゃんとできるというんですかね。自分から進んで仕事をやってくれる子なのかな、と。その後も、プライベートでご飯に行ったりすることはほとんどなくて、みんなと一緒にいるときに顔を会わせる、みたいな感じで。あとは僕がちょっと電気グルーヴの手伝いをするときに、データを送ってもらったり。

――なるほど。

**砂原**　だから、彼と一緒にやった仕事というと、やっぱりagraphの『equal』が一番大きいかなと思います。

――2010年発売のセカンドアルバム。

**砂原**　そのときに、彼から「マスタリングをやってください」と頼まれたんです。とはいえ僕はそれまで、仕事としてマスタリング・エンジニアをやったことはなかったんです。最初、彼から「マスタリング・エンジニアを探しているんですけど、どんな人がいいですか」って相談を受けたんですけど、やっぱり大切なのは「誰がいいか」というより「どんなふうに仕上げたいか」じゃないですか。なので、とりあえず僕が一度、ラフでやってあげるから、何か送ってみなって話をして。それで送ってもらったものをやり取りする、みたいな流れになったんですけど、「結局、誰に頼むことにしたの？」って聞いたら、「砂原さんにお願いします」「えっ、俺がやんの!?」という（笑）。コーネリアス（『FANTASMA』のリマスター盤）とどっちが先だったかはっきり覚えてないんですけど、agraphのアルバムとほぼ同時で。それがきっかけになって、以降、マスタリングのオファーが来るようになったというのはあります。

――牛尾さんの音楽を聴いてみて、どんなふうに感じられましたか？

**砂原**　もう15年前になるので、いまとはだいぶ違うと思うんですけど……。当時はちょっと音楽に入り込みすぎている印象があったんですね。いわゆるパッド系というか、フワーッとした音がメインで構成されていて、基準になるものがないというか。それだけを聴いていても、どうやって聴けばいいのか、僕はよくわかんないなって思ったんです。被写体というか、音楽からもう一歩離れて聴ければ、ちょっと幅が広がるのにな、って。

——あははは（笑）、なるほど。

**砂原**　それで、ベースやドラムのキックの音をところどころに入れて「こういうふうになっていれば、もっと聴きやすくなると思うんだけど」って、ラフを返したんです。で、彼もその後考えて、そういう音を自分でプラスして、最終的なあの形になった、という。よく僕にマスタリングを頼んだら、勝手にキックの音を足してきた、っていう話になってているんですけど（笑）、正確に言えば、彼が最終的に決断しているので。

——それはそうですね（笑）。素人からすると、マスタリングというのはどんな作業工程なのか、いまいちわからないところが多いんですけども……。

**砂原**　レコーディングというのは、1曲ずつ作っていくので、どうしても音質の基準みたいなものがバラついてしまうことがあるんです。たとえば、低域が大きすぎたり、逆に小さすぎたり、レベルが低すぎたりする。そこを調整するというのが、ひとつあります。あとはその時代に合った音質の特性みたいなものを、すべての曲に施して、エンドユーザーの再生装置で再生したときに、その音楽のポテンシャルがしっかり引き出されるような形に整える。そういう仕事になります。

——いわゆるプロデュースとは、またちょっと次元が違う仕事なんですね。

**砂原**　だいぶ違いますね。プロデュースというのは、音楽の内容に対してコミットしますし、人によっては予算の話にまで踏み込んだりする。でもマスタリングというのは、あくまでも音質の調整なので。物理的な作業のみになります。

——牛尾さんに取材すると、ライブをしたりするより、機材を触っていろいろと音を試しているときが一番楽しい、という話をされていて。個人的には、砂原さんの活動にも似たような印象を持っていたりするんですけども。

**砂原**　僕の場合は、機材を触っているのが好きというわけではなくて（笑）。ある欲求があって、機材に触らないとその欲求が満たされないから、仕方なく触っている……というのが近いですね。何か自分のほしいもの——ほしい音とかほしいエフェクトがあって、それをひたすら探している、というか。その探している行為自体が楽しいかというと、それはまたちょっと別かな、と思うんですけど。

——機材を触るのは、あくまでもほしい音を手に入れるための手段、というか。

**砂原**　音色とかエフェクトに関しては、わりと強欲なところがたぶんあって。曲だったりコード進行、メロディーみたいなものよりも、もっと物理現象としての「音」に対する欲求が強いので。だから、そういうものに費やしている時間は多いです。

——機材を触りながら探すというよりは、何となくイメージしているものが先行して存在している。

**砂原**　そうですね。ぼんやりとはあります。ただその欲求を満たしてくれることは、そう簡単にはなくて。たとえばシンセサイザーのソフトウェアには、プリセットと言われる音が何千何百と入ってますけど、その中で自分が「使ってもいいな」と思う音って、本当に1％もないんですよ。だから、どうやれば自分の欲求が満たされるのかなと思いつつ、機材を触ったりしている時間は長いですね。

——マスタリングのお仕事以降も、それこそ電気グルーヴの現場であったり、あるいはイベントのDJだったりで、牛尾さんと顔を合わせる機会があると思うんですけども。彼の活動を見ていて、面白いと感じるところはどんなところですか？

**砂原**　面白いというか、たぶん彼がいる現場って、一緒に仕事をしているのが年上の人が多いんじゃないかなって思うんですよ。牛尾って、いま、何歳くらいなんですか？

――41歳ですかね。

**砂原**　そうか。永井（聖一）氏と同じくらいだもんね。

――永井さんとは、ほぼ同級生ですかね。

**砂原**　その、10歳ぐらい下みたいな感じが出てて、面白いっていうか（笑）。すごくエゴイストな感じとは違いますよね。「俺はこうだから、絶対にこうする」というよりは、周りにアジャストするのが、わりと上手なふうに見えます。……まあ、それもわかんないですけどね。年下ばっかりの現場になったら、「俺がこうするって言ったら、こうするんだ！」っていうふうになるのかもしれないし。そこはちょっとわかんないんですけど、いま見てる現状ではそういうふうに見えます（笑）。

――砂原さんからご覧になって、この先の牛尾さんに期待していることは、何かあったりしますか？

**砂原**　期待も何も、周りの人の話を聞いていても、彼は大きな仕事をたくさんやっていて……。それこそこういう本が出るくらい、注目されているわけで。僕が何か言うのもおこがましいくらいですけど、ただ、いまのところは本人発のものがそんなに多くはないですよね。もちろん、「自分はこれから劇伴をやっていくんだ」と決めてやっているんであれば、それはそれでいいと思うんですけど。そうじゃなくて、何か本人発のもので「うおっ！」と思わされるものがあれば、それはぜひ聴いてみたいなとは思います。それこそ、agraphのソロアルバムって、誰かから注文を受けて作ったわけではなくて、100％自分の中から出てきたものなわけで。『equal』から15年経って、「いまだったらこうなる」という感じのものがあるとしたら、それはやっぱり聴いてみたいなと思います。

イラストレーター、ＤＪ。２０１７年、ロサンゼルスを拠点にしてアーティスト活動を開始。様々なカルチャーをミックスさせたイラストが好評を博す。２０１９年に帰国、個展開催やビリー・アイリッシュのツアー衣装デザインなどで注目を集める。２０２３年には原案を務めるテレビアニメ『魔法少女マジカルデストロイヤーズ』が放送された。

MASAAKI YUASA x
KENSUKE USHIO
CROSS TALK

# 湯浅政明×牛尾憲輔
## 対談

初めての長編監督作『マインド・ゲーム』から最新作『犬王』まで、唯一無二の映像世界を作り続ける監督・湯浅政明。彼は『ピンポン』で牛尾を劇伴音楽の世界へと導いた人物でもある。制作現場の舞台裏からがっちりとタッグを組んだふたりだからこそ感じるお互いの素顔、そしてアニメーションの未来まで、話題は多岐にわたった。

### とにかく真面目に、本気でやりたかった

——おふたりが直接、顔を合わせるのは久しぶりですか？

**湯浅**　そうでもないですよね。

**牛尾**　ですね。2～3ヶ月に一度、牛尾召集によるご飯会があって（笑）、湯浅さんとか吉田玲子さん、あとは山田尚子さんを誘って、ご飯を食べに行くんです。

**湯浅**　秘密の館みたいなところで。

——そうなんですね（笑）。そもそも牛尾さんが湯浅監督のことを知ったのは、どれくらい前まで遡るんでしょうか。

**牛尾**　最初は『ちびまる子ちゃん わたしの好きな歌』かなあ。ウチにあった2台目のビデオデッキがジョグダイヤル付きのデッキだったんですよ。それで『わたしの好きな歌』を——いまで言う作画厨みたいな感じで、コマ

送りしながら観た記憶があります（笑）。でも一番印象的だったのは『マインド・ゲーム』かもしれないですね。

――2004年公開の劇場作品。湯浅さんが本格的に手掛けた初めての長編作ですね。

**牛尾**　僕の中では、音楽やそれにまつわるサブカルチャー的なものからの影響と、アニメ好きっていうのがパッキリわかれているんです。アニメのほうはそれこそ『新世紀エヴァンゲリオン』が大好きだったり、いわゆるオタクっぽい感じなんですけど、そちらではないサブカルチャーのほうにアニメ的なものが入ってくることがたまにあって。それはケン・イシイさんのPV（森本晃司監督「EXTRA」）だったり、石野卓球さんが音楽をやったゲーム『攻殻機動隊』だったりするんですけど、『マインド・ゲーム』はまさにその枠にズバッと入ってきた感じでした。ビジュアルもこれまで観たことがない感じのビジュアルだったし、山本精一さんがやられてた音楽もフリージャズみたいというか。アニメだ何だと考えるより前に「やばい！」。そこが一番の衝撃だったと思います。

――湯浅監督が牛尾さんのことを知ったのは、『ピンポン』のときですか？

**湯浅**　そうですね。失礼ながら、僕は牛尾さんのことを存じ上げてなくて。アニプレックスのプロデューサーだった新宅（洋平）さんから「この人でやってみたい」と教えてもらったんです。しかも最初の打ち合わせの時点で、牛尾さんはすでに曲を作って持ってきていて。

**牛尾**　本当にすみません（笑）。

**湯浅**　ほかにも、何かあるといろいろ提案をもらったり、制作途中でも「ここは何か曲がいるんじゃないですか」って、追加で曲を作ってきてもらったり。「こんなにやってもらっていいのかな」って思うくらい、主体的にやってきてくださいました。

**牛尾**　『ピンポン』のときは毎週、ダビングに

『ピンポン THE ANIMATION』（2014年）©松本大洋／小学館 ©松本大洋・小学館／アニメ「ピンポン」製作委員会

行ってましたからね。たぶん、ダビングに作曲家が立ち合うのって、かなり珍しいことだと思うんですけど、それはやっぱり初めてアニメの仕事ができて嬉しかったんです。しかもその最初の作品が『ピンポン』で、監督が湯浅さん。正直、最初に話をいただいたときには、我ながら「カッコよすぎる！」と思いました（笑）。

——たしかに、最初が『ピンポン』だと気合いが入りますよね（笑）。

**牛尾**　あと『ピンポン』がオンエアされた２０１４年頃って、アニメが商業的に大きなブームになっていく、ちょうど真っ只中の時期だったような印象があって。僕はもともとアニメが好きで、それこそ10代の頃はよく話しているようにアニメオタクだったんですけど、昔のアニメのオープニングとかエンディングってアニメとはまったく関係のない、中堅どころのアーティストのタイアップ先という印象があって。それがファンとしてすごくイヤだったんです。だから、自分がやるんだったらとにかく真面目に、本気でやりたかったんです。

――当時はもう、ソロアーティストとしてデビューした後ですよね。

**牛尾**　そうですね。でも、決して偉そうに行くのではなくて、湯浅組の木村（絵里子）音響監督率いる音響チームの一番下っ端に入りたい。そこでちゃんと「湯浅組」って書いてあるハッピを着て、「ウチの大将は……」っていうところからやりたかったんです（笑）。そういえばダビングの前日、さっき話に出てきた新宅くんが僕のところに来て「牛尾さんの好きなようにはできないですよ」って、すごくマイルドに伝えてくれたんですよ。でも、それに対して僕は「なめるなよ」と。アニメファンとして、どれだけここまで苦汁をなめたと思ってるんだ、俺はあくまで音響チームの下っ端なんだ、と思ってて（笑）。実際、ダビングの初日は座らずにずっと壁際に立っていて、湯浅監督と木村さんがおっしゃったことを全部メモする。それくらい気合いが入ってました。

――丁稚奉公みたいな感じで（笑）。

**湯浅**　牛尾さんはたとえば「ラストシーンはいままでの曲じゃ足りないですよね」みたいなことを先回りして考えてくれるんです。ダビングに原作者や脚本家さんがいらっしゃると、やっぱりちょっと現場はピリッとするんですけど（笑）、牛尾さんはすごく低姿勢だったんですよね。しかも『ピンポン』の後も牛尾さんはいろんな現場で経験を積まれて……。アフレコのときにアドバイスをもらったこともありましたよね？

**牛尾**　ありましたね。『DEVILMAN crybaby（以下、DEVILMAN）』で。

**湯浅**　ライブ会場って声が通りにくいから、相手の耳のところに手を持っていきながら口を近付けて、こんなふうにしゃべるんです、とか。それからこっちも気軽にいろいろと聞くようになりました。

**牛尾**　それこそ、我が意を得たりでした。

**湯浅**　聞けば教えてくれるかもしれないっていう感じで「ＤＪってどんな感じでやってるんですか」とか。そうしたら、実際にスタジオに来て、説明してもらったんですよね。

**牛尾**　『日本沈没２０２０（以下、日本沈没）』のときですね。カイトがＤＪをやる場面で、ヘッドホンをマイク代わりにして話すシーンがあるんですけど、ああいうことって実際にできるんですか、と。

**湯浅**　本当に、協力的なスタッフに徹していただいてるという感じがありました。作曲家として振る舞うというより、作品のためにはこうしたほうがいいんじゃないかって、自発的に参加してもらっている印象が、牛尾さんにはあります。

## 『ピンポン』から『DEVILMAN』へ 湯浅作品の音楽の現場

――牛尾さんに音楽をお願いする際、湯浅監督からはどういうふうにオーダーされているんでしょうか。

**湯浅**　ルーチンでメニュー表を作って、それぞれの曲調みたいなものは提案してみたりはするんですけど、それ以前に牛尾さんはこの曲調で最初からここから入りたいっていう自分の入り口を持っていて、作曲全体のテーマを「結局はこういうことですね」って解釈されてその入り口から繋げて作ってもらっている印象です。『DEVILMAN』のとき、牛尾さんは飛鳥了のテーマから入りながら、「これは大河ですね」とおっしゃっていたんですけど、「この作品のテーマは××である」と自分で設定して、全体の構成をひとつのテーマに束ねていくというか。自分のやり方に当てはめ直して、曲を作られているようなイメージがあります。

**牛尾**　『ピンポン』のときに――湯浅さんには本当に申し訳ないんですけど、僕はこういう

『DEVILMAN crybaby』（2018年）©Go Nagai-Devilman Crybaby Project

質なので、嘘をつきたくないんです、という話をしたんです。自分が影響を受けた音楽しか書けません、と。実際、『ピンポン』では湯浅さんからメタルの曲を作ってほしい、と言われたんですよ。たしかアクマの曲だったと思うんですけど、僕はメタルを聴いたことがないし、まったくわからない。で、湯浅さんに相談をして、その曲で何を表現したいのか

――メタルの音の大きさ、激しさ、衝動的なところ、破壊的なところ……っていうふうに、要素に分解していって、こういう要素を含んだ曲であれば僕のルーツにあるので、そこで作らせてください、と。

――話し合ったうえで、必要な要素をあぶり出していったわけですね。

**牛尾**　だから湯浅さんには本当にご不便をおかけしちゃったんですけど、でも逆に『ピンポン』の現場でああいうやり取りができたことが、いまの僕の自信に繋がっているんだと思います。たとえ自分にできないことがあっ

ても解決策はあるんだな、と。

——なるほど。

**牛尾**　あと『ピンポン』のときには湯浅さんから「卓球はサッカーのように、どちらがどちらに攻め込んでいるか、映像的にわからないから、音楽でそれを表現してほしい」と言われたんです。なので、いわゆるバトル曲的なものは勝っている雰囲気の曲から負けている雰囲気の曲まで、すべて同じテンポで作って。しかもステム（曲をパーツごとに分けた状態）で渡して、ダビング時に組み替えられるようにしておいたんです。

——DJミックスのように、負けているところから勝っているところまで、自然と繋げられるように。

**牛尾**　そうですね。実際にはそこまで細かいことをダビングではやっていないんですけど、でも一応、そういう想定で作っています。あのときに、自分から能動的に作らせてもらえたからこそ、そのあとも前のめりに作品に参加できているのかなと思いますね。

**湯浅**　いま、いろいろと話を聞いていて思い出したんですけど、やっぱり作曲家さんが作ってくれた曲をこちらでいじるのって、すごく気を遣うんです。でも牛尾さんは、いまおっしゃったみたいな形で準備してくれて、すごくありがたかった。むしろ現場が忙しすぎて、そのパーツを充分に使いこなせなかった感じがありました（笑）。

**牛尾**　いえいえ、全然オッケーですよ。

——『DEVILMAN』でも、再び牛尾さんに音楽をお願いしていますが、何かきっかけはあったんでしょうか。

**湯浅**　『ピンポン』の後、牛尾さんとまたやりたいなって気持ちはずっとあって……。

**牛尾**　やったー！（笑）

**湯浅**　とはいえ、牛尾さんがどういうものをやりたいのか、気にしていたんですよね。この作品は牛尾さんがやりたいものなのか、やりたくないのか。想像と全然違うものをお願いしても、牛尾さんは上手くやってくれるんですけど（笑）。

**牛尾**　僕は、僕にできることしかできないので（笑）。

**湯浅**　でも、いま放送している『チ。』を観ても、表現の幅がまたすごく広がっているなと感じます。

**牛尾**　本当ですか！　とはいえ僕からすると、やっていることは変わらないんですよ。同じようにコンピューターの前に座って、同じソフトを使って作っているだけなので。作り方にしても『ピンポン』のときから変わらず、最初にテーマを設定して、そこから枝葉を作っていくようなやり方だし。仮に僕がコーヒーフィルターみたいなものだとすると、そこにどういう豆を入れるか、という話だと思うんですね。『チ。』をやりながら『ダンダダン』をやって、『DEVILMAN』をやってから『聲の形』をやっていると、周りから「幅が広いね」って言われるんですけど、僕自身はやっていることにあまり差がないんです。

**湯浅**　いろんなジャンルの作品をやるとなると、新しい作品が来たときにスッと入れるものなんですか？　それとも、新しいからこそ楽しめるのか。

**牛尾**　スッと入っていける部分もあるし、逆にこれまでやったことがないことに挑戦するのは——ある意味、自分の作曲能力の埒外に行けるので、それもまた面白いんです。

**湯浅**　話を聞いていると、発注された音楽を作っているというより、音楽監督とかプロデューサーみたいな雰囲気ですね。

**牛尾**　なかなか「そうなんですよ」とは言えないですけど（笑）。

**湯浅**　自分の枠から離れなくても、それだけたくさん引き出しがあるってことなんでしょうけど。

**牛尾**　たとえばオーケストラの曲を作るときは、オーケストレーションを担当するアレンジャーの方と一緒にやるんですけど……。たしかに、テクノとはかけ離れたジャンルの音楽をやっているのに、どうして同じような気持ちでできるのか、わからないですね。オーケストラは自分のルーツにあるし、好きだからできるというのはあるんですけど。

## やったことがないことができるのは、やっぱり楽しい

**湯浅**　新しいチャレンジをするときも比較的、自然体ですか？

**牛尾**　そうですね。むしろ緊張するのは、作品の幹を作るときです。湯浅さんはご存知ですけど、幹を作るのは──たとえばダジャレでもいいんですよ。『日本沈没』は最初、駒沢公園から物語が始まりますよね。要するに、リアルな実景に近いものが崩壊して、それが壊れた後で再構成していく。そこが物語の大きな幹になっている作品です。と同時に『日本沈没』は「家であること」がすごく大事だ

『日本沈没2020』（2020年）© "JAPAN SINKS : 2020" Project Partners

と思っていて。物語の最後まで「家庭」と「家」の話であることが貫かれていて、そこから「ハウス・ミュージックにしよう」と思いついたんです。

——めちゃくちゃダジャレですね（笑）。

**牛尾**　そうなんです（笑）。でも、大切なのはキャンバスを狭めることで。その幹さえ見つけることができれば、そこから先はすごく楽しい。

——湯浅監督も原作モノからオリジナルまで、いろんなタイプの作品を手掛けられていますけど……。

**湯浅**　やったことがないことができるのは、やっぱり楽しいですね。自分がどれだけできるのかというのも楽しみだし、現場とか予算、スケジュールとか、さまざまな条件の中で、どうやればそれが成り立つのかを考えるのも楽しい。

**牛尾**　傍から見ていると、湯浅さんはすごくプロデューサー視点が強い気がするんですよ。監督というのがそういうものなのか、それともサイエンスＳＡＲＵでの経験から来てるのか、ちょっとわからないんですけど。

**湯浅**　たぶん、もともとそうなんだと思います。プロデューサーからは「もっといい作品を作ることに集中してほしい」と言われるんですけど（笑）、現状対応して締め切りまでに上手く作るのも監督の仕事だと思うので。上手く進行していないと思えば、監督が先回りしていろいろ手を打たないといけない場合があるし、後々もちゃんと進行しているか確認しないと、結局作品が上手くいかなければ監督の責任になりますから。

**牛尾**　たとえば、プロデューサーをやってみようとは思わないですか？

**湯浅**　やったほうが良いとは思うんですけど、実際たくさんいろんな方と連絡のやり取りして、スケジュール立てて、お金の算段や契約、人を集めて配置したり、その後も上手くいってるか確認、様子うかがって手を打ったりしてると、慣れてないのでとても時間がかかりますね。知識も足りないかもしれない。それぞれのスタッフに気遣いも必要だと思うし。監督を同時にやっているとそっちが疎かになってしまう。逆に作るほうに別の方がいて監督に良い現場を作ってサポートする形ならできるかもしれないし、仲間がいればいいと思うんですけど。

――湯浅さんはもともとアニメーターですし、現場でガリガリ手を動かすのが好きなのかなという先入観があったんですが……。

**湯浅**　手を動かすのは好きですし、伝えるには一番良い方法だと思うんですけど、行き先さえ合ってればたどり着き方は幅があったほうが良いと思うほうだし、参加された方が自分の力をより良く発揮できる作品作りがコスパも良いと思うんですね。それには最初に地図を引いてその道順通りに運ぼうとするだけではダメで、行き先は皆が把握していながら、実際行き詰まったら抜け道見つけたり、歩道橋作ったり、トンネル掘ったり、飛べるヤツがいたら飛んでもらったり、臨機応変に柔軟に動いていく必要があるんです。それに協力してもらうには頭からお尻まで行き先を共有していることがやはり必要で。違う道通るときにその都度変更を把握する必要もあるんです。それが机に張りついてるだけじゃ伝わらなくなってきて、だんだん現場全体を有機的に動かしたいって欲求が出て来たんだと思います。僕も感覚派みたいな感じでやってきたんですけど、芯は太いほうが理想ですし、実は理屈で考えていることが多いんです。牛尾さんのお仕事を拝見していても、音楽ってもっと感覚的なものだと思っていたら、実はこんなに考えてるんだ、みたいなところがありましたし、実際どうなんですか？

**牛尾**　僕の場合、最初の幹を作るところまではすごく考えるんです。でもそこから先はめちゃくちゃ感覚ですね。本当はもっと音楽理論的に厳密にやったほうがいいのかもしれな

いけれど、そこを僕は一切合切、忘れることにしたので。最初の幹を作った後は自由にやりたい。

**湯浅** 幹さえ作っておけば、遊んでも外れない感じがある。

**牛尾** そうですね。まずは画角とかキャンバスを決めるっていうことですよね。

**湯浅** それが、たとえばダジャレでもいい。

**牛尾** ダジャレでもいいんです。

――先ほど『日本沈没』にDJが出てくるという話がありましたが、湯浅さんの作品には、ダンスが重要なポイントになることが多い印象があります。あれは意図的なものなんでしょうか。

**湯浅** たぶん好きなんです。アニメーターを始めて最初の頃、わりと音楽に絵をつけるみたいな仕事から入ってきたところがあって。しかも、それが想像していた以上に反応がいい（笑）。

**牛尾** みんな、こういうのが好きなんだなと（笑）。でも湯浅さんはマジで、パーティーアニマルだと思いますよ。『ピンポン』の打ち上げが終わった後の二次会で、クラブに行こうっていう話になって、みんなで渋谷のビジョン（サウンド・ミュージアム・ビジョン）に行ったんですけど、その日は打ち上げで散々騒いだ後だったんで、僕はヘロヘロになってて寝ちゃって。朝方5時くらいになってパッと目を覚ましたら、湯浅さんが汗だくになりながらガンガンに踊ってたんです。湯浅さん、マジですごいなって（笑）。

**湯浅**　リズムに身体を合わせるのが、すごく好きなんです。スタジオにも音楽が好きな人がいて、「ちょっとこれからクラブに行こう」って誘われて、サンダルで行ったら朝まで帰れない、みたいなこともありましたし。

## 湯浅作品の根底に流れる快楽性と気持ち良さ

**湯浅**　ある意味、コンテもリズムなんですよね。すでに音楽がある状態だったら、それに当てハメて（コンテを）考えていくこともあるし、会話にもリズムがあって音楽がある。『ピンポン』のダビングなんかでも、木村さんがセリフと音をリズムよく調整していくと、だんだん気持ち良くなっていくんですよ。編集が上手いと、自分の中でうまくリズムが取れていく感覚がある。

**牛尾**　アニメって、きっとそういうものなんですよね。よく湯浅さんはXに、走ってたり踊ってるアニメをアップしてますけど、あれもそういうことですよね。

**湯浅**　そうそう。『マインド・ゲーム』をやったとき、自分は自信がなかったんですけど、編集の人から「あなたはきっと大丈夫よ、テンポがいいから」って言われたんです。カット割のテンポがいい、と。……いまのはちょっと自慢です（笑）。

**牛尾**　僕の素人意見ではあるんですけど、湯浅さんの作品ってすごく快楽的だと思うんです。「気持ちいい」とか「楽しい」というのがすごく大事。

**湯浅**　それで言うと、音楽家が音響監督をやるのが一番いいんじゃないかと思っているんですよ。『リンダはチキンが食べたい』って作品がありますけど、音が全編を通して気持ち良く流れていく作品で。あれは先に音を録って、そこに画をつけていったらしい。そういう作り方があってもいいんですよね。

**牛尾**　なるほど。ハリウッド映画には、ミュージックスーパーバイザーとかミュージックエディターみたいな役職がありますけど、あれが日本でもできたら面白いのかもしれない。

――牛尾さんは湯浅監督と3作品やられてみて、共通する部分はどこにあると思われますか？

**牛尾**　湯浅さんは仕事しているのが楽しそうなんです。言い方を変えると、一緒に肩を組んでやってくれる感じがある。『日本沈没』では湯浅監督とふたりで選曲作業をしたんですけど――ダビングの待ち時間に毎回、空いているアフレコブースにコンピューターと機材を持ち込んで、次の回の選曲をふたりでやったんです。そのときの感じが放課後、部室に集まって楽器を鳴らしてみる、みたいな感じに近くて。まさにモノ作りの原点というか、スタート地点みたいな感覚があったんです。

――そんなことがあったんですか！

**牛尾**　しかも湯浅さんは「めっちゃ楽しいよね」「いいよね」っていうところで、肩を組んでくれる。もちろんさっきも話したように、湯浅さんはプロデューサー的な視点も強いから、厳しいところもあるんです。でもその一方で、一緒に作っているのが楽しくて、仕事であることを忘れさせてくれる。そこは僕が湯浅さんの作品に感じている快楽性と地続きなんじゃないかなって思います。

――では逆に、湯浅監督からご覧になって、牛尾さんが関わっている作品の共通点は、どんなところにあると思いますか？

**湯浅**　そこは『ピンポン』で初めてご一緒したときから、ずっと変わらないですね。この作品にどんな音楽をつければ一番いいのかを突き詰めて考えて、自分で納得できるところに落とし込んでいく。しかもできるだけ参加してくれようとするので、むしろこちらから止めているところがあったりもするんですけど（笑）。

**牛尾**　図々しいってことですよね（笑）。

**湯浅**　何か思いを遂げたいところがあるのかなって思います。だからもっと牛尾さんがガッツリと関われるようなアニメーション作りができるといいんだろうな、と思いますね。それこそ監督をやる、とか。

**牛尾**　いやいや、無理！　無理ですよ！　脚本家さんが監督をするケースはありますけど、音楽家がやることはほとんどないですよね。

——でも、最近だと少し前に亡くなったヨハン・ヨハンソンが映像作品を作ってますし。

**湯浅**　牛尾さんがやりたい部分とかできる部分はやってもらって、できないところは他人に手伝ってもらう、みたいな形もありえるだろうし。この先、1時間とか30分とか、短い尺の作品がだんだん増えていくような感触があるので、ない話じゃないと思う。

**牛尾**　可能性があるのかな。なんかドキドキしちゃいますけど（笑）。

**湯浅**　たとえば、原作者の方が完成した作品を観たときの様子で「もっとこうしてほしかったんじゃないかな」と感じることがあるんです。それと同じように「音楽家の人もこの曲を使うなら、もっとこうなってほしかったんじゃないか」と思うことがある。あとやっぱり、曲を作っているときに、この人はどんな絵が思い浮かんでいたんだろう、と思うんですよ。

**牛尾**　じゃあ、ぜひ僕が監督をすることがあったら、その作品を湯浅さんがプロデュースしてください（笑）。

PROFILE

湯浅政明

1965年生まれ。九州産業大学芸術学部美術学科を卒業後、亜細亜堂でアニメーターとして活動。2004年『マインド・ゲーム』で初の映画監督作を発表。日本国内のみならず、海外でも高い評価を得ている。主な監督作に『ピンポン THE ANIMATION』『日本沈没2020』『DEVILMAN crybaby』『映像研には手を出すな！』『犬王』など。2021年には紫綬褒章を受章。

YOUHEI SHINTAKU
INTERVIEW

# 新宅洋平

１９８７年生まれ。プロデューサー。

２０１０年、アニプレックスに入社。

２０１４年にプロデューサーとして『ピンポン THE ANIMETION』の音楽を牛尾憲輔に依頼、劇伴作曲家デビューのきっかけを作る。

その後、２０１８年には『DEVILMAN crybaby』のプロデュースを担当、同作の音楽を牛尾憲輔が務めている。

## 「同じ釜の飯を食ってる」牛尾さんのアニメ音響チームの立ち上げに立ち会えて、すごく楽しかったです。

――『ピンポン THE ANIMATION（以下、ピンポン）』は牛尾さんの記念すべき劇伴作曲家デビュー作になりますけど、新宅さんにとっても初プロデュース作品になりますか？

**新宅**　厳密には初プロデューサーではないんですけど、自分自身がやりたいと思って担当した企画としては最初になりますね。『ピンポン』は、「ノイタミナの枠で『ピンポン』を湯浅（政明）さんでやりたい」「アニプレックスとして参加しませんか？」っていうお話で、「これは絶対にヤバい！」「もう最高じゃん！」って（笑）。僕、実家が藤沢で、実写映画の「アイ・キャン・フライ！」のところから歩いて5分の場所に住んでたんで、あそこら辺が大好きだし。中学生のときに映画の『ピンポン』を観て、松本大洋さんの原作もそうだし、音楽もカッコいいし、ファッションだったりとか、いろんなカルチャーに接続してる作品じゃないですか？　それを、アニメでリメイクすることには意味があるんじゃないかと思って、初めて「この企画をやりたい」と自分なりの企画書を作って、当時の制作部長に提出しました。そのときに決まってたのは監督の湯浅さんだけだったので、「音楽は、こういう風にやりたいです」って提案に牛尾さんの名前を書きました。

——新宅さんは音楽家としての牛尾さんを、どのあたりから認識されてたんですか？

**新宅**　電気グルーヴのサポート参加されているのもちろん認識してたんですけど、agraphのアルバムをよく聴いていました。松本大洋さんの原作が持つカルチャー性だったり、実写映画とは別物ではありつつ、そこに連続性を作るのはプロデューサーの仕事だと思っていて。そう考えたとき牛尾さんとご一緒してみたいな、と思って提案しました。

——確かに映画の『ピンポン』って主題歌がスーパーカーの「YUMEGIWA LAST BOY」ですし、サントラには石野卓球さんも参加されていて、牛尾さんと繋がりのある方々が多いですもんね。牛尾さんと初めてお会いになったときの印象って覚えてますか？

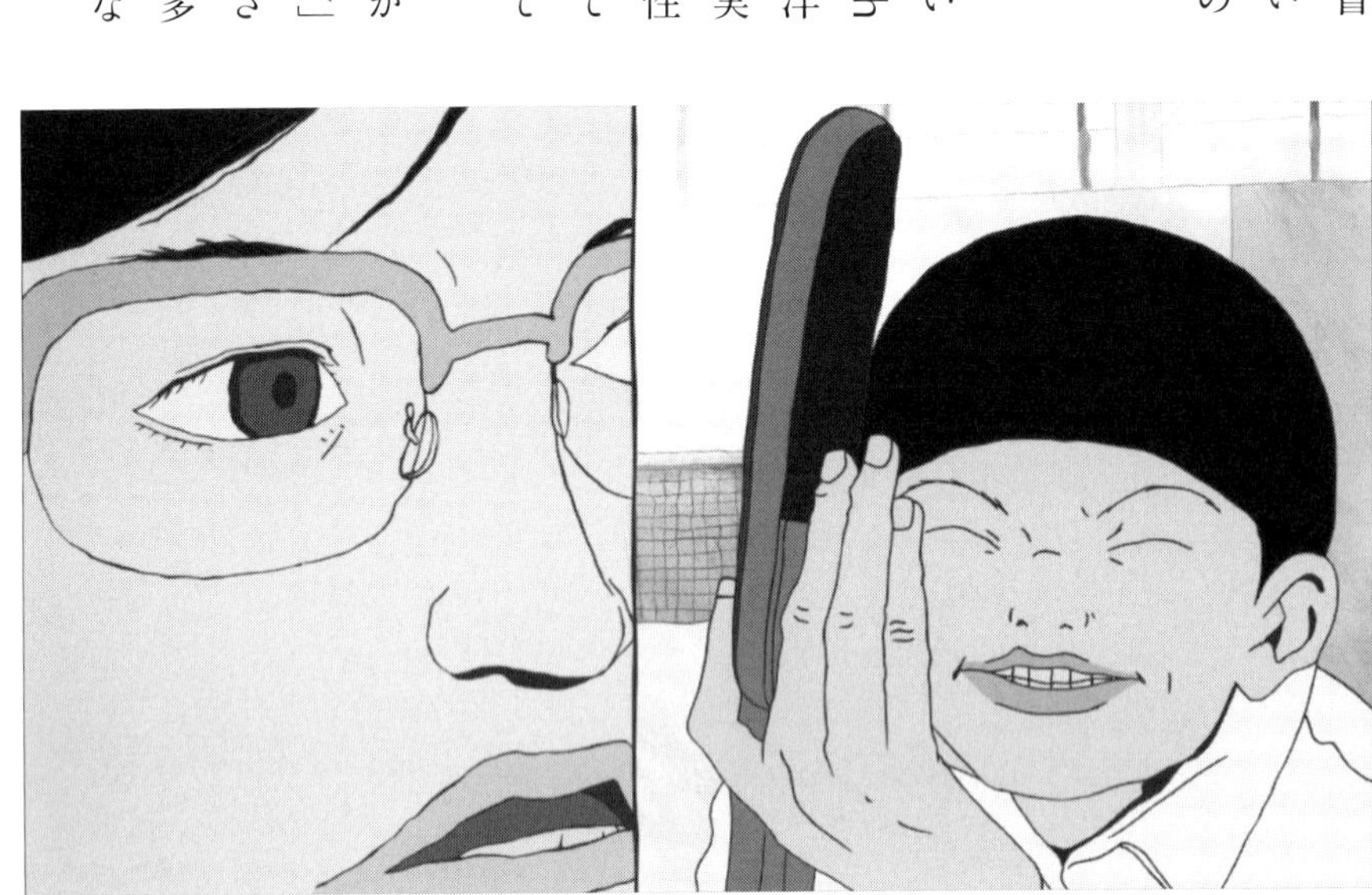

『ピンポン THE ANIMATION』（2014年）©松本大洋／小学館 ©松本大洋・小学館／アニメ「ピンポン」製作委員会

# 『ピンポン』サウンドトラック全曲解説

｜Part 1｜ 解説：牛尾憲輔　初出：『ピンポン COMPLETE BOX（完全生産限定版）』（2014年）

## ｜Original Soundtrack｜

｜Hero Theme｜
最初に作った曲です。負けている場面から反撃して勝ち上がり、最後にはパーンと世界が開ける。「ヒーローテーマ」として監督には印象的に使っていただきました。とてもパワーのある曲です。

｜Hero Appears｜
『ヒーロー見参』用に作りました。「Hero Theme」をサンプリングして作り直した曲です。

｜A Day of Peco｜
ペコの日常。「Lost」と同じく、よく聞くとペコのメロディーになってます。スマイルの鼻歌も一緒です。オオルさんの曲をサンプリングして作っています。

｜Katase High School Ping Pong Club｜
「Ultra Super Knuckle Sinker Ball」とは違うものということで、参考に挙げられた映画『フルモンティ』に僕が曲を当てるなら、というイメージで作りました。

｜Obaba Tamura｜
この曲を納品して監督から帰ってきたのが「イメージと違いましたけど、行けそうです！」（笑）。よかったのか悪かったのか未だにわかりません。大丈夫だったでしょうか湯浅さん？（笑）

｜China｜
学生時代に作った曲です。当時カッコつけてた僕と孔がなんだかダブります（笑）。

｜Old Joe｜
監督からもやり過ぎていいと言われたので甘いパリのエスプリ風にしました。恋するおじいさん。

｜Butterfly Joe｜
1曲を通してジョーの選手生命を描いています。

｜Smile Monster｜
スマイルロボットがドラゴンと対峙しうる規模を持つ曲として書きました。最近のドイツ・ベルリン音響系の楽曲がモチーフです。

｜Ping Pong Phase｜
初期の曲です。卓球の卓球音を使っています。スティーヴ・ライヒの“クラップミュージック”や“ドラミング”という音楽をイメージしながら作りました。

｜Four-Eyes Attacks｜
「こうやってアレンジしていけばいいのか！」と曲数が増える要因になった曲です。「Akuma」がハーフテンポになると重くどっしりとした構えになるんですよね。

｜Rivals｜
海王高校卓球部。使っている素材はドラゴンと一緒だけど、ホーミーなどの怪しく危険な部分を削ぐ形で構成しています。

｜Akuma｜
「ヘビメタ」と言われて困った曲です（笑）。「激して砕け散っていくイメージ」と監督に言っていただいたので、僕の中のすごくカッコいいジャンルを持ってきました。“ドリルンベース”風です。

｜Out of Control｜
スマイルの悪いところが出てくる曲です。古くてギシギシ鳴るようなロボットのイメージ。

｜Dragon｜
ドラゴンの曲。雷は監督のオーダーです。

｜Nothing_Happens｜
日常曲です。何も考えずにシンセを弾いて心地よい感じをキープすることだけ考えて作りました。

｜Yurie｜
監督からのオーダーは「おきゃん」。意味を辞書で調べました（笑）。軽やかな感じです。

｜Poseidon CF｜
テレビのエフェクトがついたバージョンです。

｜The Melancholy of Dragon｜
ドラゴンの孤独や寂しさを表現したくて女子修道士に歌わせました。

｜Wish Upon A Star｜
アクマの切なさがよく出せたと思います。「Akuma」と同じメロディーなのですが、どうしても新しい曲に聞かせたくてアレンジを駆使したので確認してもらえるとうれしいです。

｜His Noise｜
深いところに一人閉じ込められる月本ですね。メロディーというよりノイズ、と監督がおっしゃっていたのでノイズを際立たせています。

｜Tenderness｜
負けた孔とコーチのやり取りなどの優しさ溢れるシーンとして書いてます。

｜A Recipe of Hero｜
ヒーローを作るためのレシピ。リズムは僕がフライパンやフォークを叩いて構成してます。仮タイトルはモンタージュ。ジャッキー・チェンとかの映画の特訓シーンを連想したからです。

｜China's Kitchen｜
チャイナのお母さんの曲ですね。鉄琴風の音がクリスマスに合いました。

｜Sweet Pain｜
青春の甘い挫折。小泉がスマイルに自分の過去を話す時に走る甘い痛みのようなもの。

｜Night Crusing｜
走るスマイルの横顔。夜まで走り続けるけど、どこにも行けない。イメージが浮かんで、どうしても書きたかった1曲です。

｜Sanada｜
テーマは「やくざ」。有名な実録任侠のあのフレーズからどう脱却するかで苦労しました。

｜My Home,China｜
挫折を知るチャイナという感じです。格好つけているんだけど、負けてしまうという切なさ。

新宅　僕が最初にお会いしたのってBlu-ray/DVD-BOXのブックレットでは「湯浅さんと（音響監督の）木村絵理子さんと牛尾さんで打ち合せをしたとき」「そのときに牛尾さんが4曲持って来られた」って話があるんですけど、その前に企画の提案でお会いしてます。

――じゃないと、いきなり曲を書けないですもんね。

新宅　湯浅さんを交えてお会いしたときに思ったのは、アニメに対してとてもリスペクトを持たれていて「僕は道具職人なんです」ということをおっしゃってたんですね。クリエーターにも、アニメの作り方にも、ものすごく気を遣ってくださって、その上で最初の打ち合わせで4曲も作るほどの熱意をお持ちなんだから「これは、とんでもないことになりそうだ」っていうのがありましたね。

――『ピンポン』の制作中に印象的だったエピソードとかありますか？

新宅　ダビングがすごく楽しかった印象がありますね。牛尾さんの音楽って、こう、ダビング会場でも揺れていられるというか（笑）。作業をしてる間、ずっと最高の音楽が流れていて、音楽にノリながら観てるのは普通のダビング会場とは明らかに違って、すごく心地良かった記憶があります。その後、音響監督の木村絵理子さんは牛尾さんと長くご一緒されていますけど、すごくいいチームだったと思います。それを牛尾さんは「同じ釜の飯を食ってる」って表現をされていて、そこに最初に立ち会えて、すごく嬉しかったですね。

――木村絵理子さんとは『ダンダダン』（2024年）でもご一緒されてますもんね。その次に新宅さんが牛尾さんと組まれたのが2018年の『DEVILMAN crybaby』。監督は同じ湯浅さんになりますね。

新宅　企画の発端としては、やっぱり『ピンポン』がすごく手応えがあって。昔の作品をいまの時代にリメイクする意味も含めて上手くできたような手応えがあったんで、湯浅さ

# 『ピンポン』サウンドトラック全曲解説

| Part 2 | 解説：牛尾憲輔　初出：『ピンポン COMPLETE BOX（完全生産限定版）』（2014年）

## | Original Soundtrack |

| Child hood |
甘くほろ苦く切なく、アンバーのかかった感じです。

| The Other Side of Dragon |
ドラゴンの曲から激しい調子を抜いて、ホーミーみたいなものを残しました。トイレにこもるドラゴン。深い情景、覗いちゃいけない精神性のイメージです。

| Peco |
オオルタイチさんの作曲。天真爛漫で朗らかで明るい曲です。

| Ping Pong Phase2 |
第３話のダビングが終わった夜に勢いで作った曲です。「1」の方はピンポンの音がどんどんモアレを描いてズレていくんですが、こちらはピンポンの音が楽音に変わっていくスタイルで作っています。「1」はたくさんの卓球台へと拡散していく感じで、今回は１つの台に収束していくというイメージです。

| 手のひらを太陽に |
甘いだけでも酸っぱいだけでもない青春の終わり、というイメージでアレンジしました。合唱団の指揮もやらせていただきました。

| Tenderness(5 years after) |
「Tenderness」の５年後リミックスです。スマイルの「あの頃に戻りたいとは思わない。でももう一度会いたい」というナレーションの感じをイメージして作りました。

| Farewell Song |
最初に書いた敗者のための曲です。全てを出し切って笑顔で前向きに倒れていく人たち、ペコ以外の全員のための曲です。最後、ドイツにいるペコのシーンで流れているというのは、逆説的ですごくいいですね。彼に関わる人たちの笑顔がその先に見えるようです。

| Hero Appears(Reprise) |
「Hero Appears」の５年後バージョン。再び訪れるヒーローへの期待。それはペコではないのかもしれない。スマイルとドラゴンは最後の海岸のシーンでそのことを予感している。監督からのオーダーは、「最後に期待が高まってどんどん盛り上がっていくように」。「Hero Appears」をサンプリングして作り直した曲です。

| Game Analyst | | The Heat |
| Say My Name |
| Say My Name (Full_Ver.) |
| Dunkel | | Moon Base |
| Moon Base (Full Ver.) |
| Like A Dance | | In Mirrors |
| In My Room (Full ver.) | | B03 |
試合シーン用音楽シリーズ。リズムのみ、ベースのみと音単位で渡して、音響チームが自由に試合を彩れるように作った曲です。

## | Extra Soundtrack |

| Afraid |
壊れる膝、どんどんボロボロになっていくというのをやりたくて、細かくエディットしました。ノイズが一度放送コードにひっかかったので（笑）、気を付けて使っています。残念ながら本編では流れなかったので、原作を読みながら聞いていただければ。

| Stand On Her Own Feets |
独り立ちする百合枝。メロディーが百合枝のCMと一緒で成長を感じさせます。

| Lost |
アンニュイな落ち込んでいるペコ。だだっ広いところに一人、というイメージで作りました。

| Alone In The_Dark |
誰も助けの来ない辛い孤独です。

| Farewell Song (Cello Short Ver) |
チェロの独奏バージョン「Joy」から「FarewellSong」への繋ぎにも使えます。

| Trick Star |
おちゃらけてふざけている子どもっぽいペコというイメージ。オオルさんのメロディーを使ってます。

| Smile Monster Theme (GAMEver.) |
スマイルモンスターの携帯ゲームのテーマ。RPGゲームをイメージしたんですけど本編を見たらシューティングゲームでしたね（笑）。

| Ultra Super Knuckle Sinker Ball |
打てるか!?　俺のウルトラスーパーナックルシンカーボォォル！

| Poseidon Original |
90年代初頭の車のCMを作ってくれと言われて頑張りました。

| Farewell Song (Variation) |
バンドバージョンで、小さなスピーカーから鳴っているような感じです。

| A Wile |
海王学園理事長が「ポセイドン」の展開で悪だくみをしている時の曲です。

| Sadness |
悲しみや挫折の曲。

| Unrest |
不安。閉ざされた雪山みたいな少しホラーな感じです。

| China (Variation) |
チャイナの切なさ。

| Joy |
スローモーションの中ですべてがキラキラして見える、という雰囲気ものです。実は僕の勝手な野望で、負けていく人たちの笑顔とあわせるため「FarewellSong」とつながるように作っています。

| Farewell Song (Cello Full Ver) |
チェロのような生音は編集したくないんです。使い勝手のために作りました。今回の僕の道具職人としての携わり方が一番現れた曲。

んと「ぜひ、もう1作やらせてください」というお話をしていました。同時並行でNetflixさんから「Netflixオリジナルで作品をやらないか?」という話があったんですね。それでネットで世界配信であれば湯浅さんの『ケモノヅメ』のような要素も描けますよね、と。そこで映像化不可能と言われていた永井豪さんの『デビルマン』を最後までやりましょうと話がまとまると同時に、音楽は牛尾さんにお願いしたいですねっていう。『デビルマン』って壮大なドラマじゃないですか? 「人類とは?」みたいな。

——「人間とは? 神とは?」という壮大なストーリーですよね。

**新宅**　そういう大河ドラマのような曲をお願いしたいってお話を湯浅さんがされたとき、牛尾さんが「これを俺がやるのか?」みたいな顔をされたのは、僕としてはよかったなと思って。牛尾さんにビックリしてほしかった。

——「いけるいける」っていうよりはハードル上げる感じというか。

**新宅**　牛尾さんも、『DEVILMAN crybaby』までの間に様々な作品をやられていて、『ピンポン』とも、他の作品とも違う一面が見たいと思いました。『ピンポン』は全部で60曲書いてもらってるんですけど、オーダー表は38曲だったんですよ。11話で38曲っていうのも結構多いんですけど、その38曲に加えて牛尾さんはダビングに来られるんで、そのとき、音楽が「あのシーンから1年後だったら、音楽はこう変わるよね」などバリエーションがどんどん増えていくんです。曲数が決まっていて、それを使い回すのが普通なんですけど、牛尾さんは話数ごと、シーンごとに曲をつけてくれた。そういうオートクチュールみたいな形で作っていただいて、『DEVILMAN crybaby』でもそれをやっていただけるんじゃないかな、と。案の定曲数が増えました(笑)。特に好きなのは、シレーヌとの戦いのところで流れる「Judgement」って曲で、途中にブレイクが入って、そこからドーンと盛り上がるんですよ。それをみんなで一斉にタイミングとって、踊りながら聴いてました。

——それもダビングのときですか？

**新宅**　そうですね。あれも楽しかったな……って、さっきから「楽しかった」しか言ってない気がしますけど（笑）。あと、『DEVILMAN crybaby』の配信開始直前（２０１７月12月28日）にＷＯＭＢで「DEVILMAN NIGHT」っていうプロモーションイベントをやったんですよ。「サバト（『DEVILMAN crybaby』の第1話に登場する悪魔を呼び出すためのパーティー）を再現したいですよね」っていうところから始まって、メインで牛尾さんに劇伴ライブをやっていただいて。（石野）卓球さんにＤＪをしていただいて、会場のあちこちにドラァグクイーンがいて、豪華でしたね。あれは、人生で一番楽しかった。絶対死ぬ前に思い出すやつです（笑）。あのときに牛尾さんに言われて、恥ずかしいけど誇らしいことでいうと「一番盛り上がってるヤツがいて『誰だ？』と思って見たら新宅だった」っていう（笑）。

——それは、いい話だ（笑）。牛尾さんからしたら嬉しいんじゃないですかね。自分の曲に一番反応してくれる人は嬉しいわけだし、しかも、それがよく知ってる人っていう。では、最後に劇伴作曲家生活10周年を迎えた牛尾さんにメッセージをいただけますか？

**新宅**　思えば『ピンポン』からご一緒して、もう10年なんですよね。牛尾さんの作品は全部チェックしてますし、ライブも欠かさず行くほど、結構強火のファンなんです（笑）。まずは、10周年おめでとうございますが一番ですね。今後ご一緒する予定の企画もあるので、今後とも牛尾さんの仕事を近くで見れるよう、そして「こう来たか」と思ってもらえる企画が作れるよう、自分自身も精進したいと思います。牛尾さんの音楽が世界中の人を揺らすことを、今後も楽しみにしています。

ILLUSTRATION
TAKANONNO

# タカノンノ

2018年『くらげバンチ』にて「カッコヨリグレット」でデビュー。

2020年にはSNSで発表した作品をまとめた『ショートショートショートショートさん』を発売。

現在は『くらげバンチ』にて『推し殺す』を連載している。

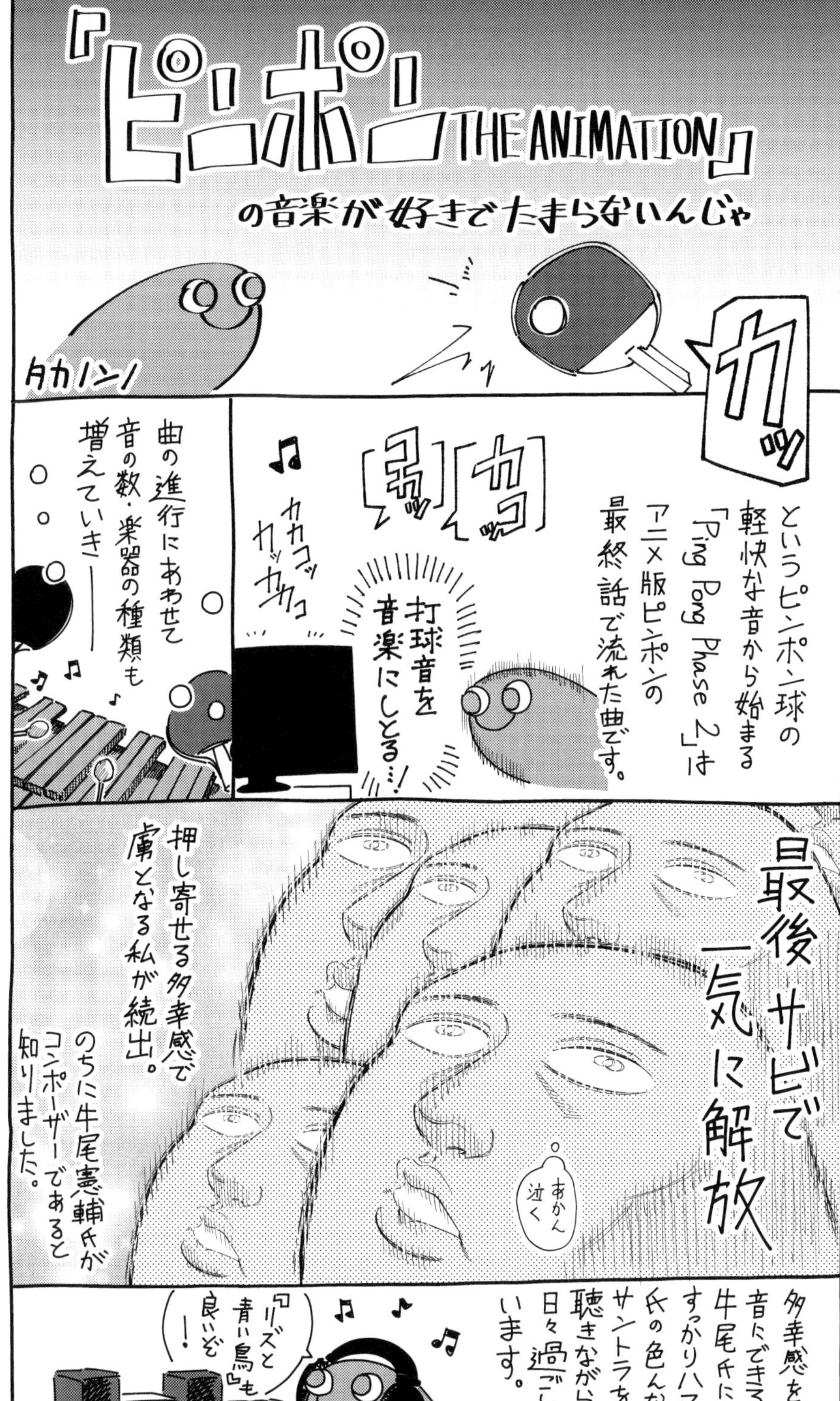
『ピンポンTHE ANIMATION』
の音楽が好きでたまらないんじゃ
タカノンノ
カッ
というピンポン球の軽快な音から始まる「Ping Pong Phase 2」はアニメ版ピンポンの最終話で流れた曲です。
カッ
カコ
カカコッ
カッカカコ
打球音を音楽にしとる…！
曲の進行にあわせて音の数・楽器の種類も増えていき――
最後サビで一気に解放
押し寄せる多幸感で虜となる私が続出。
あかん泣く
のちに牛尾憲輔氏がコンポーザーであると知りました。
多幸感を音にできる牛尾氏にすっかりハマり氏の色んなサントラを聴きながら日々過ごしています。
『リズと青い鳥』も良いぞ！

NAOKO YANADA x
KENSUKE USHIO
CROSS TALK

# 対談
# 山田尚子×牛尾憲輔

他にないユニークな個性で世界から評価を受ける山田監督と音楽家・牛尾憲輔は、いかにしてその制作スタイルを深化させていったのか? 映画『聲の形』から最新作『きみの色』までの舞台裏をうかがいつつ、このふたりだからこそできる「音と画のマリアージュ」の秘密に迫る——。

初出:『CONTINUE』Vol.84(太田出版/2024年8月)

## 「色即是空、空即是色」

——まずは山田監督の最新作『きみの色』のことから、おふたりにおうかがいしようと思います。制作当初、山田監督から牛尾さんに、どんなお願いをしたんでしょうか?

**山田** もしかしたら、自分の中で勝手にストーリーを作ってしまっているかもしれないので、違ったら「違う」って言ってほしいんですけど……。

**牛尾** それは、僕もそうなんですよ。勝手にストーリーを作ってる気がする。

**山田** あははは(笑)。

**牛尾** たぶん今回の『きみの色』は、最初のオファーから時間がかかったほうで。インタビューとかでも、よく「どうやって始まったんですか」って聞かれるんだけど、まったく覚えてないんです。

**山田** そうですね。まず映画が作れることになって、サイエンスSARUさんから「吉田玲子さんが脚本で、牛尾さんが音楽で」と提案をいただいたのが始まりだったと思います。音楽をモチーフにした映画、バンドを組む子たちの話をやりたいな、というのがあって……。完成した安心感で、大事ないろいろなものを忘れているような気がしますけど（笑）。

**牛尾**　その気持ちはよくわかる。作ってる最中に、なにか置いてきちゃったよね（笑）。

**山田**　牛尾さんへのオファーは毎回、作品に関する具体的な話というよりは、連想ゲームのようなコンセプトワークから始まるんですけど、それに加えて『きみの色』は（劇中で演奏される）バンド曲を作らなければいけない、という課題があって。どちらかというと、そっちのほうを覚えてるんですよね。

**牛尾**　バンド曲に関しては、僕が普段、歌モノを作ったりしないので、山田さんがすごく気を遣ってくださったんです。当初「他の人にお願いしてもええんやで」っておっしゃってくださってて。

**山田**　私は牛尾さんの作家性を——彼が思っている以上に、すごく大事にしていて。それこそ、インタビューで「歌詞をのせるような音楽は作りません」って話していたのも知っているので、歌モノを牛尾さんに発注するなんて……というハードルは感じてました。

**牛尾**　ただ「水金地火木土天アーメン」ってフレーズは、すでにそのタイミングでありましたよね？

**山田**　言葉としてはそうですね。

——「水金地火木土天アーメン」というのは、劇中でトツ子が作る曲のことですね。

**山田**　あのフレーズって、最初に書いた企画書の中にすでにあったんです。

**牛尾**　あれって、もともとは歌詞として考えてたの？

**山田**　いや、曲名ですね。トツ子は曲にこういうタイトルをつけそうな子です、っていう。

——キャラクターの説明として、書かれていたフレーズなんですね。

**牛尾**　山田さんからは「水金地火木土天アーメン」か「色即是空、空即是色」なんよ、って言われたんですけど、そこで「ガッテンだ！」となったんですよ。そこは、僕と山田さんの特殊な関係性ゆえなんですけど（笑）、ほとんどその場で「水金地火木土天アーメン」の原型になる曲を作って、という。

**山田**　早かったですよね。あと、余談ですが「色即是空≠空即是色」です。

**牛尾**　次の会議のときには「こういう歌なんです」って持って行きました。僕の頭の中では完成形が鳴ってるから「水金地火木土天アーメン♪」って（アカペラで）歌ったんだけど、いきなり歌い始められてもって、全員ぽか〜んとしてて（笑）。

**山田**　たしか倍速だったんですよ。テンテンテケテケ、テンテンテンって。

**牛尾**　あとリズムが跳ねてなかった。なので、ヘンなことをずっと早口でまくしたてる人みたくなって、僕のほうは僕のほうで「何でわかってくれないんだ！」って（笑）。その会議はよく覚えています。

――すごく不思議議な光景が（笑）。

**牛尾**　で、いつの間にか「色即是空、空即是色」のほうは忘れてたんですけど。この前、オリジナル・サウンドトラックのタイトルを「all is colour within」に決めたんですね。で、英語がヘンじゃないか、とネイティブの人に確認してもらったら、「これ、色即是空って意味があるんだね」って言われて（笑）。

**山田**　こわっ！

**牛尾**　もう『恐怖新聞』みたいな（笑）。もちろん「色即是空、空即是色」には他にちゃんとした英訳があるんだけど、「all is colour within」って「色即是空」という意味にもなるよと言われて、ギャー！っとなりました。すべてはお釈迦様の手のひらの上だった、みたいな。

**山田**　お釈迦様の指には「牛尾」って書いて

あるんだろうな。

——孫悟空ですか（笑）。ふたりのタッグは『きみの色』で4作目になるわけですが、そもそも山田監督が牛尾さんのことを知ったのは、どのタイミングだったんでしょうか。

**牛尾**　電気グルーヴのサポートのほうが先ですか？

**山田**　どっちだっただろう。

**牛尾**　僕が電気グルーヴのサポートメンバーとしてステージに立つのは2012年あたりなんですけど、agraphはそれより前なんですよね。

**山田**　たぶん、agraphのことを先に知ってから「電気グルーヴのサポートしてる人なんだ」と思った気がします。でも、なぜ私はagraphを聴こうと思ったんでしょうか？

**牛尾**　私に聞かれてもわからないです（笑）。

**山田**　私はそれまで、あまり日本のアーティストの音楽を聴いてなかったんですよ。それこそ日本人アーティストを聴くようになったのは、agraphさんを聴いてからな気がするので。

**牛尾**　当時、エレクトロニカっぽいアーティストの人たちはみんな、日本人なのか海外の人なのか、よくわからなかったっていうのもあるんですかね。

**山田**　かもしれないです。ただ聴いたら、とても良くて。

**牛尾**　ありがとうございます（笑）。

**山田**　めちゃくちゃカッコいいなって思って。

## インターナショナル・ディージェイ・ジゴロで意気投合!?

——逆に、牛尾さんが山田監督のことを意識されたのはいつですか？

**牛尾**　やっぱり『けいおん！』じゃないですか。たぶん、2009年に『けいおん！』で山田尚子を知って、そこから京都アニメーションに深くハマっていくので。……正確には

『フルメタル・パニック？　ふもっふ』からですけど。『ふもっふ』のほうが後ですか？

**山田**　前ですね。『ふもっふ』のとき、私はまだアニメーターではなかったです。

**牛尾**　ともかく、そこで山田尚子を知って、それから遡って山田さんが担当したエピソードだけ観る、みたいな時期があったと思います。そこからは全部追いかけてましたね。

**山田**　私は、東京の人たちがアニメで盛り上がっているのを横目で見ながら、京都の片隅で作品を作っていたんですけど……。

**牛尾**　あなた、よくその話をしますよね（笑）。「みんな好きなんでしょ」みたいな。

**山田**　大きな会場でクラブイベントがあったりとか。

**牛尾**　あなたは『けいおん！』のことを話すとき、そういう流行りとは無縁の世界にいたっていうスタンスだよね（笑）。

**山田**　そう。牛尾さんは消費する側だったでしょう。

**牛尾**　ゴリゴリに消費する側でした（笑）。

**山田**　2 ANIMEny DJs名義の牛尾さんがステージ上で宙吊りになってるのをネットで見て、世界の広さを感じました。

**牛尾**　本当、すみませんでした。

——なんで謝るんですか（笑）。確かにそういうムーブメントではありましたね。

**山田**　京都は京都で、メトロ（1990年にオープンした京都の老舗クラブ）でそういうイベントをずっとやってたりするんですけど。でも、東京と京都ではすこしちょっと毛色が違うように感じていて。

**牛尾**　ちょっと湿度が高い。

**山田**　そう。よりパーソナルな「好き」の空間という感じがするというか……。私は大好きな文化なんですけど。東京はもうすこしコントラストが強い印象で。なので東京の牛尾さんがとてもイケイケに見えてましてて。誤解があったらすみません。

**牛尾**　イケイケじゃないですよ、ド陰キャですよ。むしろ、それまでアニメ業界の人に会って傷つくことが多かったので、「これで山田尚子も嫌な人だったら、もう作品が楽しめなくなる」と思ってて。だから挨拶して、すぐに逃げたんです（笑）。

**山田**　「初めまして」って頭を下げて、次にパッと顔を上げた瞬間には、もうその場にはいなくて。

**牛尾**　バーッと。

**山田**　やっぱり東京のイケイケの人は、こんな田舎モンには挨拶すらしてくれないんだなって思いました。

――あははは（笑）。そんなことはないと思うんですけど。

**山田**　その後に、お話をする機会があって、自分が好きなレコードレーベルがあるって話をしたときに「僕もです」と。そこから仲良くなった感じですね。

**牛尾**　インターナショナル・ディージェイ・ジゴロ（DJ／プロデューサーのDJヘルが1996年に設立したベルリンのレーベル）。じゃあ、あれもこれも……っていう話になって。

**山田**　Gigolosがなかったら、いまのこの関係はなかったかもしれないですね。なんだったらちょっと嫌いくらいのままだったかも。

**牛尾**　DJヘルに感謝です（笑）。

――その後、おふたりは映画『聲の形』で初めて一緒にお仕事をされるわけですけど、これは山田さんからのオファーだったんですよね。

**山田**　そうです、ダメ元でお願いして。当時の牛尾さんは『ピンポン』の音楽を担当されていたくらいで、他にほとんど劇伴のお仕事をやられていなかったんです。いわゆる劇伴作家さんじゃない方、アーティストの方にお願いするというのも、じつはハードルが高くて。断られるかもしれないし、本当にダメ元っていう感じで。

――製作的にNGの可能性もあった。

**山田**　はい。なので風邪をひいて、めちゃくちゃしんどくて、熱も高くて、もうこれ以上傷つくこともないわっていうときに、音楽プロデューサーの方に「agraphさんにお願いしたいんです」って言いました（笑）。元気なときに言って、傷つくのが嫌だったので。

**牛尾**　朦朧としてるタイミングで。そのときなら「なんでダメなんですか」って言えるし（笑）。

**山田**　そういう勇気の振り絞り方。

**牛尾**　ありがたい話です、本当に。

## 音楽が作りたくて、演出している

――牛尾さんとしては、願ったり叶ったりという感じだったんですか？

**牛尾**　願ったり叶ったりというより、話が大きすぎて怖い！という感じでした。こちらとしては、山田さんは時代の旗手だと思っているので、果たして（自分が）やってええんかなというのもあったし、あと自分の能力的に映画なんてやったことがないので。とはいえ、監督にそう言っていただけたのはすごく光栄なことだし、頑張るぞー！と。あと当時からよく話していたんですけれど、同期っぽいんですよ、僕と山田さんって。

**山田**　仕事歴がほぼ一緒なんですよね。

**牛尾**　僕がだいたい、２００７年とか２００８年くらいにデビューで。

**山田**　私も演出デビューがそれくらい。

**牛尾**　で、山田さんは『けいおん！』の後に『たまこまーけっと』があって、僕もセカンドを出して、みたいな。だから応援したい気持ちもあったし、頑張りたいっていう気持ちがすごく強くかったので、踏み込んでみようと思ったんです。

――実際に『聲の形』の作業を始めてみて、いかがでしたか？

**牛尾**　『聲の形』のときは、いきなりコンセプトワークをやらせてもらえたんですよね。

映画『聲の形』(2016年)


**山田**　顔合わせで作品の説明したときにたぶん、いきなりグラフの話が出たんだと思う。
**牛尾**　極限の話をしたんだよね、たしか。
**山田**　そう。石田将太と西宮硝子のふたりの関係値を極限値で、「極限」をお題にして描いていきたいですっていう話をしたときに、牛尾さんが「なぬっ!?」となって。
**牛尾**　で、こっちもべらべらってしゃべり始めてっていう。
**山田**　そこで仲良くなった感じかな。
**牛尾**　次の打ち合わせには、画集を持っていって「あぁだこうだ」ってふたりで話して。で、そうこうしているうちに、スタッフさんの出席率が下がっていって……。
**山田**　議事録も取ってくれない(笑)。
**牛尾**　途中から明らかに、違う仕事をするようになったんですよね。あれ、絶対にメールを打ってるよなって(笑)。
――じゃあ、わりとすぐにカチッとハマった感じがあったわけですね。

**山田**　そうですね。目指すところがすごく明確に共有できた、というのはありました。

——演出家と音楽家というのは、わりと距離があるのが普通なのかな、と思ったりするんですけど……。

**牛尾**　僕も山田さんも、音楽から大きな影響を受けているっていうのはあると思います。山田さんはずっと音楽のことを演出してる人だし。だから、こっち（山田監督）が普通の演出家じゃなかったんだと思いますよ。ミュージシャン気質だったんだと思うんですけど、そんなことないですか？

**山田**　どうなんでしょう。私は「こういうもんだ」と思ってるというか、演出と音はニコイチだと思っています。

**牛尾**　演出のほうが偉くて、音楽がそれに従属している、みたいなのはないんですか。

**山田**　まったくないですね。むしろ、音を作るために演出してるっていうイメージ。音楽が作りたくて、演出しているくらいのイメージです。

**牛尾**　演出する人って、映画をめっちゃ観てるわけじゃないですか。それこそストーリーがどうとか、イマジナリーラインがどう、とか。そういうのって、山田さんの中にもあるんですかね。

**山田**　文法と言われてるものはひと通り勉強しました。

**牛尾**　それは若いときに？

**山田**　演出をするようになってからですけど。

**牛尾**　じゃあ、もともとのルーツにあるわけじゃないんですね。

**山田**　たぶん映画とか映像の観方が、そこにはなかったんですよね。やっぱり、音楽を聴くような気持ちで映画を観ていたので。

**牛尾**　山田さんって、映画の話をしていても、結末の話をしても怒らないんですよ。それこそ「最後、自由の女神やってん！」って言っても、全然怒らない。

——なんでそこで『猿の惑星』なんですか

（笑）。

**牛尾**　でも「ここで振り返ったときの画がすごく綺麗でさ」っていうと、ものすごく怒るんです。要するに、演出のネタバレをしてほしくないんですよね。

**山田**　演出のネタバレはめちゃめちゃイヤです。

**牛尾**　だから視点が違うというか、山田さんはこっち側なんだなって思います。意味とかお話のストーリーを追うことよりも、別のところに視点がある。

**山田**　私は楽器もできないし、音楽も作れないんですよ。なので映像を作ることで、音楽を作りたいっていう憧れを、消化しているところがあるのかもしれません。

## 選曲作業を通して「間口の広い映画」を作る

――おふたりの作品を追いかけていて、ひとつ重要だなと思っているのが「選曲」という工程なんです。牛尾さんが作ってきた曲を、絵に当てはめていく作業なわけですけど、おふたりはその選曲作業を共同で手掛けられていますよね。『きみの色』も、おふたりで一緒に選曲されたそうですけど、実際、現場ではどんなふうに作業を進めているんでしょうか？

**牛尾**　そこは、ケース・バイ・ケースじゃないですかね。基本的にはある程度、曲が何十曲かあって。それを「どうする？」って言いながら、当てていって。

**山田**　お互いに「ここにこの曲を当ててみたい」っていうのを提案しあうときもあるし、先が見えなくて白目を剥きながら「とりあえず乗せてみましょうか」みたいなときもあるし。

**牛尾**　放っておくと、お菓子ばっかり食べちゃうからね（笑）。ただ、ちょっと話は戻っちゃいますけど、『きみの色』は個人的に、選曲の発見が結構あったんです。序盤ではポップに（曲を）当ててみて、そこからだんだん映画が進むにつれて深くなっていく……っていう作り方を、選曲でやっていて。これまでの映画って結構、入口が難しい感じだったじゃないですか。でも『きみの色』はわかりやすく、ワクワクする曲から始まる。トツ子の顔面にガーンとボールが当たる瞬間がリズムに乗ってて、「ギャー、楽しい！」っていう（笑）。

――これまでとは、音楽のつけ方が明確に違っているわけですね。

**牛尾**　山田さんは「（観客の）間口を広くとりたい」とおっしゃっていたんですけど、選曲でそこに挑戦できたのは、めっけもんだったなって、振り返ってみて思います。

**山田**　『きみの色』は、より観やすい作品にしたくて。なるべく間口を広げておきたいなというのがあったんですよね。毎度、作品ごとに「この作品をどうするべきか」って考えるわけですけど、『きみの色』は観ていて「楽しい」の気持ちが一番に来る作品を目指したい

『きみの色』（2024年）

と考えていました。

**牛尾**　しかも選曲したプロジェクトファイルを見てみると、本当にラッパ型みたいになっているのがわかるんです。最初は間口が広くなってて、奥に進んでいくにつれて、どんどん沈んで深くなっていく。そういう構造が（プロジェクト上だと）俯瞰で見える。そこは発見だったなと思います。結構、前半はわざとらしく（音楽を）切ったりしていて、たとえばきみちゃんが働いている古本屋をトツ子が探しているカットに、コミカルな曲がかかっていて、その間にルイくんのシークエンスが入ってくると同時に、パッパッと切り替わる、とか。これまで、そういうふうにわかりやすく音を当てていたことってあまりなかったんですけど、『きみの色』ではそういう試みをやっていて。最初の打ち合わせで、山田さんが言ってた「間口を広く」っていう目標を、選曲で実現できたのは良かったなと思いました。

——なるほど。

**牛尾**　選曲って、作曲でもないし編曲でもないし、純粋な絵の演出でもない。特殊技能じゃないですか。だからすごく大変だし、難しい作業なんだけど、これまで勉強してきてよかったなと思います。

**山田**　本当に勉強になりますね。実際、たっぷり時間をかけて、曲を当てていくんですけど、もしかしたらこれは全部、真逆のほうが良かったかも、とか思う。いま、音楽がついてないところにつけて、逆に音楽をつけてないところにつけたほうがよかったんかも、とか。それこそ無限にできるわけです。

**牛尾**　楽しいですけどね、やってて。

**山田**　楽しいですけど。

**牛尾**　あと、選曲やるようになってから、映画の観方が本当に変わったんです。手すりみたいな選曲をするのはよくないな、とか。むしろ、通路の照明みたいな選曲をせなあかんのだな、と。

——照明みたいな選曲、ですか？

**牛尾**　ほら、足元にライトが点いてて、お客さんをガイドする、みたいなのがあるじゃないですか。ああいう選曲がいいんだな、と思うようになって。むしろ手すりとか動く歩道みたいな曲のつけ方は全然よくないんだってことは、山田さんと一緒にやってて勉強になったし、面白かったところですね。

**山田**　音と映像と、全部のレイヤーが重なっていて、そのどれかが浮いていたら意味がないと思うので。そういうことを共有しながら、一緒にできるのはすごくありがたいなと思いますね。……たぶん、次に一緒にやるときは殴り合いになりそうな気がするんですけど。

**牛尾**　なんでよ（笑）。

## 「世界は美しい」という視座、そして音楽的なフィルム

——山田監督は、牛尾さん以外にも『たまこまーけっと』の片岡知子さんや「彼が奏でるふたりの調べ」（オムニバス『モダンラブ・東京～さまざまな愛の形～』の一編）のパソコン音楽クラブのように、たびたびアーティストの方を作品に起用されていますね。監督は、音楽に何を求めているんでしょうか？

**山田**　難しいですけど、やっぱり私は音楽って鼓動だと思っていて。音楽というか、音ですね。それがフィルムの持っている息遣いだったり、作品が生きている音を表現していると思うんです。そういった感覚を共有できる方とお仕事ができるとすごくいいなと思っています。……私、この答えで合ってます？

**牛尾**　合ってない。正しくは「次も牛尾さんとやりたい」。

**山田**　（笑）。（船場）吉兆の女将さんみたいだな。

**牛尾**　（そっと耳打ちで）「次も！」。

——船場吉兆のことなんて、もうほとんど覚えてないですよ（笑）。そんな牛尾さんから見て、山田監督の魅力はどこにありますか？

**牛尾**　魅力というと、やっぱり作家性になっていくと思うんですけれど。山田さんは一貫して変わっていなくて、それは「世界は美しい」という視座をずっと持ち続けていることと、あと音楽的であるということ。そこはずっと変わらないし、すごくいいなと思っているところです。普通、フィルムを観終わった後って、なにかしら類型的な感想が出てくるじゃないですか。「すごい感動した」とか「あそこが泣けた」とか「バトルシーンがカッコよかった」とか。でも、山田尚子の映画のフォルダには「山田尚子映画」しか入っていない。それくらい山田さんの映画は、既存の物差しの中で測れなくて、観終わった後の感覚を、一般化した言葉では表現できない。すごくいいんだけど、なんて言っていいかわからない……みたいなことは、とてもカッコいいと思うし、そこがやっぱり山田尚子の魅力なんじゃないかなと思います。

**山田**　ああ……。私自身、作品に対して嘘はついていないんですけど、いま、牛尾さんがおっしゃったように、ともすれば「何だったんだ」と感じる人がいるかもしれない。そういう作り方をしている気はするんです。だから、緊張もするし、怖さもありますね。

――なるほど。

**山田**　なので、その信念に真っ直ぐ、真摯に向き合ってくれるチームが――牛尾さんはもちろん（脚本の）吉田玲子さんや、いまご一緒している小島崇史さん、サイエンスSARUさんたちと、チームが組めていることはとても心強いです。

――では最後に。山田監督から見た、牛尾さんの魅力とは？

**山田**　最初、牛尾さんに対して作品のプレゼンするときって、すごく緊張しそうな印象があったんです。でも、でも実際に話してみると――「僕は（視野が）狭いですよ」と言うわりには、受け皿がすごく広くて。相手の意見を肯定する幅がめちゃくちゃ広い。それって、モノづくりをしていくうえで、すごく重要だなと思うんです。モノを作るというのはやっぱり、自分の恥ずかしい部分を見せていく作業なので、そこに対して「ヘンじゃないですよ」と受け止めてもらえるのは、すごく貴重で。なので、自分の恥ずかしいところを恐れずにさらけ出せる人なのかな、と思います。

――なるほど。山田監督の映画が、なぜああいう形になっているのか、少し理解できたような気がします。

**山田**　しかも一緒に話して、こちらの意図を受け取った後、構築していく作業はコンピューターのように早い。受け取った瞬間にパッと0と1に切り替わるというか。柔らかい人間的な部分と機械的な部分が共存してる、不思議な人だなと思います。

**牛尾**　でも最近、「早い」とは言ってくれるけど、「いい」とは言ってくれないよね。

**山田**　最近は早くもなくなってきた（笑）。

**牛尾**　何もいいところがないじゃん！（笑）

**山田**　私自身も牛尾さんも、ちょっとキャッシュを消去したほうがいいんじゃないかなって、最近は思います（笑）。

PROFILE

山田尚子

２００９年にテレビアニメ『けいおん！』で初監督を務め、２０１１年には『映画けいおん！』で長編映画を初監督。その後も『映画 聲の形』『リズと青い鳥』『平家物語』などの監督を務め、国内外より高い評価を得る。２０２４年８月には５年ぶりとなる待望の長編映画監督作『きみの色』が公開となった。

# 吉田玲子

脚本家。1992年デビュー。その後、テレビアニメ『おじゃる丸』『おジャ魔女どれみ』シリーズなどに参加、
山田尚子監督とは2009年の『けいおん!』からコンビを組む。
アニメーションのみならず実写作品も数多く手掛け、
2024年8月には『きみの色』（監督：山田尚子／音楽監督：牛尾憲輔）も公開となった。

## 自分の想像と違った音楽が出て来ると新しい世界が開けた気がします。牛尾さんの音楽には、そういった魅力があるなと思います。

——牛尾さんと最初にお会いになったのは、やはり映画『聲の形』になるんでしょうか。

**吉田**　そうですね。試写でお目にかかったのが初めてだったと思います。『聲の形』は自分が想像をしていたよりも、もっと繊細な音楽がつけられていたという印象でした。牛尾さんの音楽のつけ方は、画面を邪魔しないというか、「音楽でわーっと盛り上げるぞ」というよりは、作品の奥底を捉えるような感じがするな……と感じました。それは山田（尚子）さんの作品だからというのもあると思うんですけど、そういう音楽の印象そのままの繊細な方だな、と思いました。

——続けて、山田監督の『リズと青い鳥（以下、リズ）』でもご一緒されていますね。

**吉田**　『リズ』は、これまで以上にグッと山田さんの色が濃くなった作品で、それこそ呼吸の音まで感じられるような画面になっていたんですが、それに合わせた音楽になっている感覚がありました。

——山田監督の色が濃くなったというのを、具体的に言うと……。

**吉田**　色彩や演出がよりストイックになったというか。いわゆるアニメーションの演出からは少し外れて、山田さん自身の色が濃くなった感じがありました。山田さん自身、会社の中で実績を積んで、だんだんとやりたいことができるような環境ができてきたのかな、と。それで山田さんが持っている演出スタイルみたいなものが、わりと明確になったのかなとも思います。『リズ』は『響け！ユーフォニアム』の本編から離れた、いわゆる番外編的な作品だったので、わりと自由に作っていいという空気が漂っていたのも、あるかもしれません。しかも脚本を書いているときは、そこまで映像が見えていなかったので、完成したものを観て驚きました。私としては、もう少し『響け！ユーフォニアム』の延長線上にあるものを想像していたんですけど。いろんなもののあわいを行くような作りになっていて、新鮮な感じがしました。

——そしてその次が、テレビシリーズの『平家物語』ですね。これまでインタビューなどでも、牛尾さんが脚本会議の現場にいらっしゃっていたという話題が出ているんですが、仕事でがっつり関わったのは、そのときが初めてになるんでしょうか。

**吉田**　そうですね。ちょうどコロナ禍で、リモート会議が多かったから参加しやすかった、というのもあったと思います。それ以来、山田さんも含めて、プライベートでご飯を食べに行ったりするようになって。そこからちょっと印象が変わってきました。当初は、あまりしゃべらないタイプの人なのかなと思っていたんですけど、むしろ一生懸命に場を盛り上げようとして、自滅していくタイプの人だったんだ、と。

——牛尾さん自身は、かなり社交的ですよね。

**吉田**　自分自身が、その場所の劇伴であろうとするというか（笑）。努力してその場を盛り上げようって、すごく気を遣われてる感じが見えるんですけど、あまり上手くいかないときもあり、ときどき自滅するっていう。そういう意味でもすごく人間的な方だし、パッションも感じました。『平家物語』のときは主人公が琵琶を弾くので、必然的に毎回、なにかしら琵琶の音楽が流れるという想定で、牛尾さんは（脚本会議に）入られたと思うんです。実際に琵琶をどう使うかですごく悩んでいらっしゃいましたし、私が簡単に「ここで笛を吹く」みたいに脚本で書くと、そのたびに牛尾さんが「ううむ……」と悩むという（笑）。

――音楽としては、頭を悩ませますよね。

**吉田**　ただ作品全体としては、やっぱり『リズ』に近いものを感じました。原作は古典なんですけど、『リズ』から引き継いだ「繊細さに寄せる」という感じなのかなと。だから音楽も、いわゆる時代劇っぽい音楽ではなくて、音楽だけ取り出すと現代劇としても通用する。それが作品とマッチしていたな、と。

――なるほど。そして最新作の『きみの色』。主人公たちがバンドを組むという、いわゆる音楽モノの側面もある作品なんですけど。

**吉田**　『きみの色』のときは、彼らがどういうバンドでどんな音楽をやるのかな？ と多少考えながら作ったところはあります。最初のほうに、山田さんから「テルミンが入った編成にしたい」という話があったんですが、ちょっと不思議な編成なので、プロデューサーから「これでいいのかな」という意見が出たんですけど、いままであまりないのでそこがいいなと。

――ニュー・ウェーブ感がある編成は、山田さんのアイデアがきっかけだったんですね。

**吉田**　私としては、むしろ他の作品と差がついて、面白いかなと思いました。普通の繊細な子たちがやる音楽として、そういう方向はありだな、と。ドラムのような力強いリズムセクションがないというのも、彼女たちに合ってるし。たとえば、ドラムの子だったら「イキのいい活発な子」もしくは「寡黙だけど情熱を秘めている」みたいな感じで、キャラクターと紐付けることもあります。でも、あの3人はちょっとふわっとしてる。

――たしかにそうですね。バンドの編成から、なんとなくドラマの雰囲気とか方向性みたいなものが見えてくるところもある。

**吉田**　意外にそうですね。『きみの色』の場合はオリジナルだったということもありますし、ゼロからキャラクターを作っていくときには、いろんなものが取っ掛かりになる。で、そこから決まったことがまた、キャラクターにフィードバックすることもあって。

――作品をご覧になって、いかがでしたか？

**吉田**　『リズ』よりも、さらにあわいを行くような、そんなフィルムになったなと思います。脚本の段階では、わりと主人公（トツ子）のバックグランドについてのエピソードがあったんですけど、そこがごっそりなくなったんですよね。トツ子がいろんな人の「色」が見えるようになった、そのきっかけのエピソードみたいなものが入っていたんですけど、なくなった結果、『けいおん！』の唯のような感覚型の子に近付いたのかなと思います。

――劇中、3人の曲が流れる場面があるんですが、あそこには吉田さんはどれくらい関与されているんでしょうか。

**吉田**　「水金地火木土天アーメン」に関しては、シナリオの段階ですでに、トツ子が作る歌としてストーリーに組み込まれていました。実際、できあがった曲を聴くと、わりと想像通りというか（笑）、いかにもトツ子が作りそうな曲だなと思いましたね。

――あははは（笑）、たしかに。

**吉田**　他の2曲にしても、やっぱり3人の持っている繊細さみたいなものが感じられる曲だなと思います。『きみの色』の劇中、彼ら彼女にとっては大きな出来事が起きるんですけども、それは何か決定的な転機だったりはしないんです。何かを選択する、とかではなくて、もうちょっとゆるやかに物語が進んでいく。牛尾さんが作られた音楽も、そこに寄り添った感じになっていましたね。

――『きみの色』を一緒に作ってみて、牛尾さんの変化を感じたところはありますか？

**吉田**　牛尾さんとは、山田さんの監督作品でしかご一緒したことがないこともあるんですが、より山田さんの好みに近付いていっている感じはします。わかりやすくドラマチックにしない、というか。『けいおん！』を作っていたときも、山田さんと（アドバイザーの）石原（立也）さんで、意見が分かれることがあって。石原さんがわりと「回想を入れて、バーっと盛り上げたい」みたいな意見なのに対して、山田さんは「いや、それはなしで」と（笑）。牛尾さんの音楽も、作を重ねるにつれて、そういう山田さんの志向性と一体化している感じがありますね。

――音楽家と脚本家は、同じ作品に参加していても現場で顔を合わせる機会は少ないのかなと思います。脚本家から見て、音楽に期待しているのはどんなものなんでしょうか？

**吉田**　どちらかといえば「こういう作り方をしたんだ！」とか「ここでこんな音楽がかかるのか！」とか、自分の想像と違ったものが出てくると、新しい世界が開けた気がします。新鮮な感じがします。もちろん、ベタな音楽も好きですが、「ここはぐわっと盛り上がる音楽が鳴ってたな」という箇所で、すっと繊細な音楽が流れてくると「ああ、こっちの方向もあるんだ」と思う。牛尾さんの音楽はわりとそちら側かなと思うし、また違った魅力があるなと思います。

――では最後に、これからの牛尾さんに期待していることをうかがえますか？

**吉田**　牛尾さんもわりとアニメだったり、物語を考えるのがお好きで。ときどき「こういうストーリーを考えてみたんだけど、どうですか？」って、提案されたりもするんです。実際、牛尾さん原案の企画をひとつお預かりしているので、ぜひ実現したいなと思っていますね。

# 曖昧な。ひんやりとポカポカのあいだ、とか

風間太樹

映像作品において、物語やキャラクターの内省をどれだけ音楽に託すのか、ということにいつも頭を悩ませます。音楽が乗ることで、むしろ作品にある気分や余白を狭めたものにしてしまう嫌いと、思いがけず視界を開いてくれる可能性を秘めているからです。音楽家にいつ・どのタイミングで音楽制作に入っていただくかによっても、音楽に委ねるものの大きさが変わるように思います。シナリオ執筆の過程と並走するように進行するときもあれば、撮影を終え、編集された映像を観ながら制作していただくこともあります。そのジャッジは作品の性質によることが大半だと思いますが、最近は、誰が音楽を作るのか、ということがそのタイミングを決めるのではないかと思うようになりました。

牛尾憲輔さんの映画音楽と出会ったのは『リズと青い鳥』で、公開当時新宿の劇場で拝見しました。映画の音には、キャラクターの発声、劇伴、環境音やアクションに合わせて鳴る音響効果などがありますが、『リズと青い鳥』における牛尾さんの音楽には、キャラクターの足音や水飲み場の水音、扉を解錠する音などの音響効果を音楽にリズムやエッセンスとして取り入れたユニークな曲「wind,glass,bluebird」があって、劇場の音響体験としてとても面白く、新鮮に感じたのを覚えています。本来独立して鳴るはずの音が音楽の旋律と密接に鳴ることで、キャラクターの

気分や情景の空気感を繊細に受け取った感覚があって、そのほかのトラックも、キャラクターの息遣いや、鼓動、仕草が大切に残るように設計された曲が多かったように思います。ひんやりとポカポカのあいだくらいの体温で、ゆったりと揺蕩う音楽は、イメージの膨らみとして映像に寄り添っていました。サウンドトラックだけを聴き直してみても、キャラクターのご機嫌まで伝わってくるようです。

今年の春先、牛尾さんにお会いする機会があって、どんな風に劇伴（主に「wind,glass,bluebird」）が作られたのかをうかがったのですが、お話から画と音楽と音響の点をフレーム単位で設計しながら作られたことがよくわかりました。それでいて硬さはまったくなく、体感としての早さや、伸びやかさにも意識を集めながら作られたのだろうなと感じました。映像制作、音楽制作に入る準備段階で（『リズと青い鳥』に限定した話ではなく）音楽のリファレンスのほかに、さまざまなアート作品のイメージを監督とともに持ち寄り、作品世界と音のイメージを定めていく時間を大切にしている、ともそのとき話していて。それは監督とのこれまでの共闘関係や蓄積があってこその親密さだと思いますが、作品世界の支柱になるエリアに自らも参加されていた、ということを知って、牛尾さんは作品とその距離感でいるからこそグルーヴにシームレスに入っていけるのだと感じました。アイデアの源泉を共有して、一緒に考えていけるのは非常に心強いし、とても素敵なことです……。

映画音楽には本当にさまざまな作られ方がありますが、僕なりに理想的だと思っているのは映像と音楽とが同時に影響し合える関係性であることです。それは多分、牛尾さんが実践されている取り組みに近いニュアンスなのではないかと思います。実写映画はアニメーションやCG作品と比べて、記録された映像にあとで変更を加えることが容易ではなく、映像と音楽をダビングする頃には、そのエネルギーのおおよそが映像に比重があることが多いような気がします。カメラを通した光景に、リズムや膨らみを付与する音楽と、映像との相互関係が親密であればあるほど作品はきっと飛躍していき、そのバランスの調和がとれないときに物語の気分や余白を殺すのだと思います。そう考えるからこそ、牛尾さんの作品への関わり方は理想的だと思っていて、時間のかかる取り組みであることは理解した上で、その構築の過程を自分も共に味わってみたいものだ、と切実に思います。

牛尾さんの作る音楽のなかで、特に日常曲が好きです。日常曲と表現して正しいのかはわかりませんが。感情が揺れるときも、静かにかがみ込んでしまうときも、それらはほとんど日常の断片のなかにあることを意識されているのではないでしょうか。あくまでキャラクターの内省から鳴りだす音楽は、どれもが曖昧さを持っていて、その音色はしなやかで、ときにくぐもっていて、キャラクターの感情の調子を窺うように弾んでみたり、悪戯な感じが可愛らしかったり。ドラスティックに、特別に語ることはほとんどしないのに、だからこそ、心情に優しく触れていて。サンプリングされた音が散りばめられて、自分の生活の一部である「音」に紐付くように、そこ彼処で細やかに鳴っている音がとても愛おしく思えます。牛尾さんの音楽には、日常の手触り感が詰まっていて、そしてその手触り感こそが、牛尾さんの音楽を好きな理由なのだと思います。

探求を続ける牛尾さんといつかご一緒したいと、心から願っています。

PROFILE

風間太樹

１９９１年生まれ。映画監督。東北芸術工科大学映像学科卒業後、AOI Pro.入社。初監督 映画『Halcyon days』が第9回山形国際ムービーフェスティバルにて入賞。２０１９年に映画『チア男子!!』で長編デビュー。その後もドラマ『30歳まで童貞だと魔法使いになれるらしい』『silent』『海のはじまり』、映画『バジーノイズ』など話題作を手掛けている。

SHINICHI NAKAMURA
MAIL INTERVIEW

# 中村伸一

1971年生まれ。ポニーキャニオンにて音楽プロデューサーとして『たまこまーけっと』『キルミーベイベー』などを担当。

その後、映画『聲の形』をはじめとして「監督・山田尚子」「音楽・牛尾憲輔」の黄金コンビによる作品に数多く参加している。

現在は株式会社connypunk代表。

# シンプルに、唯一無二。今後、牛尾さんに影響を受けたフォロワーが出てきたら、ますます説得力が増すと思います。

Q 中村さんが牛尾さんと初めてお仕事をご一緒されたのは映画『聲の形』ですが、映画『聲の形』以前には、どのようなお仕事をされていましたか?

学生の頃から音楽関係の仕事に就きたいと思っていて、大学卒業後にポニーキャニオンという会社に入社しました。最初に配属されたのが、音楽制作部の中でもアニメや声優関連を扱うセクションで、そこで2年間アシスタントを務めた後に、当時新設のアニメ制作部署に異動になりました。そこでビデオメーカーの立場でアニメ作品の企画制作に携わっていたのですが、特に京都アニメーションさんの作品には長年参加させていただき、音楽プロデューサーとして山田尚子監督の『たまこまーけっと』や、山川吉樹監督の『キルミーベイベー』などを担当していました。

Q 牛尾さんに映画『聲の形』の劇伴を依頼しようと思った経緯、理由を教えてください。

これはもう山田尚子監督の強いご希望です。劇伴作家の選定にあたって山田尚子監督と何度かお打ち合わせしたのですが、最終的にはどうしても決め打ちで牛尾さんにお願いしたいということでご依頼する流れになりました。牛尾さんがまだ劇伴作家としてやり始めの頃なのですが、音楽性だけではなくて、作品への向き合い方や思考の組み立て方といった部分まで見透していたのかと思うと、後になってあらためて山田尚子監督の慧眼にも驚かされました。

Q 初めて牛尾さんと実際にお会いになったときの印象、その際のエピソード、印象に残っている言葉などあれば教えてください。

初対面の第一印象はもの静かな方だと感じたのですが、その直後、山田尚子監督と顔合わせした途端にすごい勢いでしゃべり始めて面食らった記憶があります（笑）。会話自体もとても盛り上がって「ほんとはもともと友達だったんじゃない？」と疑ってしまうくらいでした（笑）。よくおふたりの関係をソウルメイトと表現されたりするのですが、そのときからすでになにか通じ合っているものがある感覚はありました。

**Q** 映画『聲の形』をきっかけに牛尾さんと山田尚子監督の素晴らしいお仕事が始まります。山田監督と牛尾さんのコラボレーションが、これほどまで上手くいくことを予想されていましたか？

先ほどお話ししたように、最初の顔合わせですでにめちゃめちゃお話が盛り上がったんです。その後、実作業に向けての打ち合わせをしたのですが、最初から「あたりまえのやり方」をなぞることは一切なくて、あのおふたりならではのオリジナルな作り方を手探りで実践していった形です。それは京都アニメーションさんだったり、鶴岡（陽太）音響監督だったり、周りの理解と後押しがあってできたことだと思いますし、むしろ「上手くいくことを予想」していたというより、なんとかしておふたりのコラボレーションを成功させたいと周りに思わせるだけの熱量と「すごいものが生まれるかも」と期待させる何かがおふたりにあったということだと思います。

**Q** 映画『聲の形』を制作される中で、牛尾さんに関して印象に残っているエピソードなどあれば教えてください。

どの現場でも、牛尾さんがいる場では牛尾さんが会話の中心にいることが多かったですね。その後の作品も含めて、一貫してアニメスタッフ、特に「音響チームの一員としての音楽担当」としての意識がとても強い方だと感じています。雑談をすごく大事にしたり、積極的に笑いを取っていく姿勢も、現場のコミュニケーションを円滑にするためにやられているように見えます。単におしゃべりが好きなだけなのかもしれませんが（笑）。あと、ある日スタジオにRoland TR-808、TR-909、TB-303といったテクノミュージックの名機といわれるビンテージ機材を持

映画『聲の形』（2016年）

ち込んできたことがあって、ちょっとした即興のスタジオライブみたいになったことがありました。結果本編には反映されなかったんですけど、普段はおひとりで黙々と波形を切り刻んだり、0.001秒単位のタイミングに何時間もかけたりしているのだと思うと、余計にスタジオのマジックとか偶然性みたいなものを大事にされているのかなあ、と感じたことがあります。思い返してみると、どの作品でもスタジオでそういう試みをされていて、形になったものとしては、『きみの色』のシングルカセットに収録されている「あるく(DEMO ver.)」があります。高石あかりさんの歌入れのときに、ふと、「自分がピアノを弾くからその場で歌ってみてください」と言われて。そのときは高石さんの色々な歌声を引き出す試みのひとつだったと思うのですが、本当の一発録りで録ったものがとても良くて……。形にして世の中に出そうということになりました。

Q 映画『聲の形』が完成した後、牛尾さんに関して印象に残っているエピソードなどあれば教えてください。

『聲の形』をBlu-ray化するにあたって音声特典として「inner silence」という新規の音声トラックを作っていただきました。これは本編全編にわたるセリフなし、効果音なしのアンビエント/ドローン音響で、もともとは牛尾さんがパイロット楽曲として作ったものでした。後になって「こんなの作ってたんですけど……」といって聴かせていただいたのが、特に鶴岡音響監督にどハマリして。「これは世に出さねばならん」ということで本制作することになりました。それなりにヒットした作品の特典として収録するにはあまりにも先鋭的なものだと思うのですが、ある意味で作品の原初の姿みたいなものを形にできたことは意味があったと思いますし、牛尾さんが持っている音楽性の中でも特にディープな部分を『聲の形』という作品の中で世に出せたことはエキサイティングな出来事でした。

Q 『リズと青い鳥』は映画『聲の形』に続く山田監督と牛尾さんの二度目のコラボレーションとなります。一作目である映画『聲の形』と二作目である『リズと青い鳥』で、中村さんから見て牛尾さん(あるいは山田監督とのコラボレーション)に何かしら変化、あるいは関係性が深まっている印象などはありましたか?

すでに『聲の形』を通して山田尚子監督と牛尾さんのおふたりの関係性はできあがっていたので、『リズと青い鳥』ではその信頼関係をベースに、より作り方が深化した印象です。通常、映像があってからの音楽という制作の流れなのですが、『リズと青い鳥』では映像と音楽がクロスしているというか、お互いに影響し合いながら制作が進んでいっている印象でした。

Q 『リズと青い鳥』が完成した後、牛尾さんに関して印象に残っているエピソードなどあれば教えてください。

『リズと青い鳥』の海外プロモーションでロスのアニメコンベンションに参加した際にアテンド係として同行させていただいたんですけれども、まったく英語がしゃべれない自分なんかより、むしろ牛尾さんのほうが現地の方とバリバリ英語でコミュニケーションを取られていて、どちらがアテンドされているかわからない状態でした（笑）。牛尾さんが英語で現地の取材を受けたり、ファンとコミュニケーションを取られている姿を見て「この人は近いうちに海外で活躍するようになるんだろうな」と感じました。距離の詰め方が日本にいるときと変わらないのがもはやネイティブだな、と。

『リズと青い鳥』(2018年)
©武田綾乃・宝島社／「響け！」製作委員会

Q その後、中村さんが牛尾さんとお仕事ご一緒されるのはテレビシリーズ『平家物語』と２０２４年に公開された映画『きみの色』になります。この２作に関連して印象に残っている牛尾さんのエピソードなどあれば教えてください。

『平家物語』は山田尚子監督が京都アニメーションを退社された後、初めての作品で、あらたにサイエンスＳＡＲＵさんと木村絵理子音響監督のチームとご一緒することになりました。牛尾さんご自身はＳＡＲＵさんや木村さんと何作かでご一緒されていてすでに関係性があったのですが、山田尚子監督にとっては初めての座組で監督をされるにあたって、牛尾さんの存在は心強かったのではないかと思います。実際の現場においても、積極的に場のムードメーカーとして、常に和やかな空気を作っておられた印象です。『平家物語』では牛尾さんのソロユニットであるagraphがＥＤテーマを担当しているんですけれども、山田尚子監督が「agraphにＥＤをお願いしたい」というお話をされたときに、「〝劇伴作家・牛尾憲輔〟としては作品に寄り添うけれども、agraphとしては譲れない部分があるので覚悟を持って依頼してほしい」というお話をされました。劇伴の仕事とは別に、agraphとしての表現をとても大切に考えられていて、我々としても身の引き締まる思いでした。最終的にテレビアニメとしてめちゃめちゃカッコいい先鋭的なＥＤになったのですが、作家としてだけではなく、アーティストとしての牛尾さんとも仕事ができた貴重な作品となりました。

『きみの色』では劇伴の他に、劇中のバンド曲も担当されました。普段はあまり歌モノを手掛けられている印象がなかったのでどうなるか楽しみだったのですが、あんなにキャッチーな曲が書ける引き出しがあったなんて本当に驚かされました。歌のレコーディングでは牛尾さんご自身がディレクションされたのですが、普段歌のディレクションをしているわけでもなく、牛尾さんご自身はボーカリストでもないし楽器のプレーヤーでもないのに、すごくボーカルディレクションがうまくて驚きました。歌い手に対しての指示がわかりやすくて的確だし、判断も早い。加えて歌い手が良い状態で歌えるようにあれやこれやと環境にも配慮されていて。牛尾さんのコミュニケーション能力と言語化能力がここでも活きているなと感じた次第です。

『平家物語』（2022年）
©「平家物語」製作委員会

Q｜『平家物語』には琵琶監修として後藤幸浩さんが参加されるなど、これまでとは異なるテストの作品だったと思いますが、中村さんから見て、牛尾さんのお仕事や作品に変化などはありましたか?

作り方という部分でいうと、「コンセプトに基づく」「一緒に作る」という基本姿勢は変わっていなかったのですが、初めてのテレビシリーズということでこれまでの劇場作品とは大きく制作の流れが違いました。これまでの劇場作品ではシーンに対してそれぞれ音楽をつけていくフィルムスコアリングというやり方で作っていました。対して『平家物語』ではテレビシリーズということもあって、あらかじめ作られた何十曲という楽曲をシーンにはめていくという、劇場作品とは逆の音楽のつけ方をしました。いわゆる選曲と言われる作業で、一般的には音響監督や専門の選曲家が担うのですが、『平家物語』では各話ごとに山田監督と牛尾さんが毎週顔を突き合わせて、実際にその場で映像に合わせて楽曲をエディットしながら選曲作業をして、その場で出た課題を牛尾さんが持ち帰ってさらに作り込むというとても手間のかかるやり方で作っていました。テレビシリーズの劇伴は納品して終わり、後は音響スタッフにお任せというのが一般的な形なのですが、テレビシリーズの音楽において作家自身がここまで手をかけることはあまりないことですし、山田尚子×牛尾憲輔のもの作りに対して、その意気に応えようとする周りのスタッフの覚悟というのもあった現場だったと思います。

音楽的なことでいうと、やはり後藤さんの琵琶をはじめとする和楽器をフィーチャーしたことで、これまでになかった音色的な拡がりがあったと思います。加えて、音色の拡がりだけでなく、琵琶語りとガッツリ向き合う中でグリッド的なタイミングや西洋的なカッチリとした音階から離れて、フリーハンド的なゆらぎのある表現というのも自分は新鮮に聴きました。

Q｜これまでのお仕事を通じて「音楽家・牛尾憲輔の魅力」は何だと思われますか?

シンプルに、唯一無二なところだと思います。劇伴作家って器用さを求められるところもあったりもするのですが、そういう価値観では一切勝負していないし、あくまで音楽家としてのオリジナリティ、強度でお仕事をされていると思います。その上で、作品第一主義というというところに劇伴作家としての矜持があって、それがアニメスタッフからも信頼される所以かと思います。おそらく今後、牛尾さんに影響を受けたフォロワーが出てくるようになると思うのですが、表面的な音楽性を真似ても牛尾さんの表現の根源にある知識の積み上げや発想の鍛錬はそう簡単に真似できるものではないと思いますし、牛尾フォロワーが出てきたら出てきたで、ますます「牛尾さんであるべき理由」の説得力が増すのではないかと思っています。

Q｜現在のお仕事、近況についてお聞かせください。

アニメを中心に、テレビや劇場作品の劇伴や主題歌の制作をしています。牛尾さん関連で言えば、牛尾さんが音楽を手掛けられるテレビアニメーション『違国日記』の音楽プロデュースを担当します。実作業自体はもう間もなく始まるのですが、初めて山田尚子監督作品以外で牛尾さんとご一緒するので、それはそれでとても楽しみにしています。

Q｜最後に、劇伴作曲家生活10周年を迎えられた牛尾さんへのメッセージと、今後の牛尾さんに期待することを教えてください。

『聲の形』以来、牛尾憲輔という唯一無二の音楽家と仕事させていただけていることは自分の人生でもとても大きなことです。劇伴作家としてはとても特殊な立ち位置にいて他にはない存在だと思いますし、今後はあらゆる媒体でワールドワイドに活躍されていくのだろうと思います。自分もその現場にいられるように、誠心誠意尽くしていきたいと思います。「世界のウシオ」になっても飲んで馬鹿話できたら嬉しいです!(笑)

ILLUSTRATION
FUMIKO TAKANO

# 高野文子

１９７９年、漫画家デビュー。

リリカルで独創的な作風で知られ、『るきさん』『黄色い本』『ドミトリーともきんす』などの作品がある。

２０２２年にはテレビアニメ『平家物語』（監督：山田尚子／音楽：牛尾憲輔）のキャラクター原案を務めた。

「平家物語」の思い出
高野文子
安産の神さまで有名な水天宮は、もとは安徳天皇をお祀りしていた神社さんだそうです。
平家一門のみなさーん。「赤」は我らの旗印ですよね。
赤色
ビーーッ
クラフトテープ
牛尾憲輔さん
二〇二〇年の十月、平家チームの皆さんとご祈祷をいただきにあがりました。
動く平安装束
お神酒の注がれた盃を持つみんなの腕には、赤い腕章がくるりと。これは牛尾さんがご用意くださったものなのですよ。
ラニョンさん
山田さん
たかの
ズンズク ズンズク ズンズク
わたしはこの音が好きです。小太鼓かしら？
第5話「橋合戦」

# 「ノイズ的なもの」を調整する

PROFILE

灰街 令（作曲家）
Windows95と同年生まれ。2020年に国立音楽大学大学院修士課程を修了、現在は同大学院博士課程に在籍中。音が音楽として現象する、または音楽が音へと還元される瞬間の時間経験に関心を持ち、「断片性／潜在性」を特徴とする作曲を行っている。

牛尾憲輔はアニメーション映画『聲の形』の劇伴音楽を担当した際、絵コンテが上がるよりも前から、監督山田尚子との打ち合わせを行っていたという。「オーディオスケッチ」によるコンセプトワークをもとに作業を進めていたという。『聲の形』は聴覚障害を持つ西宮硝子を中心に様々なディスコミュニケーションの在り方を扱った作品であり、牛尾は、彼女の補聴器という極小のアンプ越しの世界や主人公の石田将也が目を背ける将也の外側にある世界を表現しようとしたという。そのなかで取られた方法は、アップライトピアノの内部にマイキングを行い、「押された鍵盤によって木製のハンマーが動く音、消音ペダルを踏んだときのフェルトが擦れる音、弦が鳴ったときの共鳴板がきしむ音」など、様々なノイズ成分を含んだ音を録音するというものだった【※1】。

この文章では、牛尾の劇伴にみられるこのような「ノイズ的なもの」について、映画『聲の形』と『リズと青い鳥』を対象に論じたいと思う。劇伴という仕事において、電子音楽出身の牛尾の存在の特異性が、「ノイズ的なもの」の扱いにこそあらわれているとわたしは考えている。

『聲の形』についてみてみよう。物語序盤には小学生の登場人物たちが音楽の授業を受けるシーンがある。耳の不自由な西宮は、歌い始めのタイミングや音程を上手くつかめず、合唱を崩してしまう。そこで歌われているのは合唱曲「怪獣のバラード」である。その後、西宮への虐めが本格的に始まるが、繰り返される毎日のなかの虐めの光景は、ミュージックビデオのように「怪獣のバラード」の音楽と共に描かれる。このような、よく知られた楽曲をグロテスクに異化するような、ある種わかりやすい表現として音楽が使われている例がある一方で、牛尾の音楽の「ノイズ的なもの」は曖昧で多義的である。たとえば西宮が初めて登場するシーンでは、オープニングのThe Who「My Generation」がフェードアウトし、テンポを落とした間歇的なピアノが流れ始める。その音は西宮の存在を特定の印象へと導くことなく、ただその速度の変化やマイクの近さ、録音の際の微かなノイズの質感が印象の深度だけを与える。それは感傷的なピアノの楽音でありながら、雑多な日常音のようにも響く。

『聲の形』の音楽におけるこうした多義性は、ノイズのコントロールにもあらわれている。西宮の祖母いとの葬式のシーン。ノイズはビートに転化し、クリップ

映画『聲の形』(2016年)

ノイズやリバースサウンドのグルーヴと共に3拍子のピアノのフレーズが流れ出す。葬儀場の中庭の美しい緑を背景に西宮硝子とその妹である結は立ち尽くし、蝶が飛び去っていく。結に焦点が当たりながらまったくセリフを伴わずミュージックビデオ的に進行するこの一連のシーンは、ひとつの映像作品として自律しているようだ。『聲の形』にはこのような、虐めの加害者－被害者＝将也－硝子の関係に回収されない断片が均されることなく散りばめられている。そうした物語に呼応するように、ノイズのビートへの転化という劇的な細工は、第三者的な存在を演出するために施されている。

　映画『聲の形』の登場人物は不和を繰り返しながらも、最終的には一時的な調和へと至る。マンションの自室から飛び降りようとする硝子を庇った将也は大怪我を負うが意識を取り戻し、将也と硝子の対話や硝子の変化により登場人物全体の関係性が和解する。しかし、たとえば虐めを横目に見て笑いながらも自身の潔白を主張していた川井の性格は変わったわけではない。硝子の謝ることで人との軋轢を避けようとする性格がすべてなくなったわけではない。この物語はディスコミュニケーションを主題として扱っており、誰もが他者の「声」を聴けないことが最後まで示される。だが劇中のいっときではあるものの、お互いの声を聴いた瞬間もまた描かれるのだ。牛尾の劇伴はこのような曖昧さに留まる物語に寄り添うことができる。

　同じ山田尚子監督によるアニメーション映画『リズと青い鳥』でも、牛尾は多義的な「ノイズ的なもの」を扱っている。『リズと青い鳥』はアニメ『響け！ユーフォニアム！』シリーズの劇場版であり、コンクールを控えた吹奏楽部員である鎧塚みぞれと傘木希美の関係を描いた作品だ。コンクールのために練習を重ねる『リズと青い鳥』は同名の架空の童話を基にした標題音楽であり、この物語中のリズと青い鳥の関係がみぞれと希美の関係と重なっていく。この作品でもまた、山田と牛尾は徹底した共同作業を行った。

ほぼ冒頭にあたるシーンを見てみよう。校舎前、みぞれが唯一心を開く友人である希美を待っている。ピアノの特殊奏法などによるノイズ交じりの間歇的な音とみぞれの動きは視覚的・聴覚的にリズムを形作っていく。振り向く仕草。座りながら退屈そうに靴をぶつける仕草。その後、反復される足音と共に希美が現れると、みぞれの心の高ぶりを示すようにピアノやシロフォンのような音色によるビート感を持ったミニマルな音楽が流れ始め、希美の足音は音楽と同期する。その後、音楽は吹奏楽部の練習室に到着するまで展開される。

練習室にみぞれと希美が入った後のシーンにも注意してみたい。このシーンではふたりの何気ない会話が映されるが、希美の声はしばしばこちらから見てみぞれを中心にパンニングされる。あるいは理科室でふぐに餌を与えていたみぞれに対して、向かい側の校舎にいる希美が手に持っているフルートで太陽光を反射させて遊ぶシーン。楽しげに目を細めるみぞれの内面とリンクして、アブストラクトで間歇的だった音楽は明瞭なメロディと反復的なリズムを一時的に獲得する。

このことはみぞれの内向性を写しとったかのような浅い被写界深度ともリンク

『リズと青い鳥』（2018年）

して『リズと青い鳥』の世界が鎧塚みぞれの内面の表象であることを示しているようにも思える。しかし映画『リズと青い鳥』で描かれる世界はこのような側面だけでは作られていない。

図書室を出た後、練習室を出た後など、様々なシーンでみぞれと希美が共に歩くシーンがある。しかし、その音に耳を傾ければ、それがリズム的に同期していないことに気付くだろう。冒頭のシーンにおいてもふたりが出会ってしばらくは、みぞれの足音、希美の足音、音楽は同期したリズムを形成しているが、それらは次第にズレていき、ちぐはぐになってしまう。

劇伴に用いられる音素材にも注意しよう。牛尾はあるインタビューで、音楽室の楽譜立てをバチで叩いたり、理科室のビーカーを弓で弾くなどして、学校内のあらゆる物を、モデルとなった校舎で録音して素材としたことを語っている【※2】。日常的な音素材をアブストラクトに変質させたノイズ交じりの音楽には、それが作品内の校舎で実際に鳴っている音なのか、作品につけられた劇伴なのかの判断を宙づりにするような音響が多く含まれていている。『リズと青い鳥』の世界で聞こえくる音には、みぞれの内面に回収されない亀裂のようなものが走っているのである。耳には瞼がないように、希美との調和を望むみぞれの内世界には、物音として「ノイズ的なもの」が入り込んでいる。

みぞれの内世界にわずかに走る亀裂は物語としても徐々に展開されていく。たとえば外部からの吹奏楽指導者、新山がみぞれに音楽大学への入学を勧める呼びかけは、画面のフレーム外から不意に訪れるが、新山から希美が音大に誘われなかったことは、みぞれと希美の関係に不和をもたらす。そして物語はリズ――青い鳥とみぞれ――希美の関係を反転させるに至る。外世界の音が内的関係を書き換えるに至るかのように、青い鳥をいつまでも自分のもとに置こうとしていたのは、みぞれではなく希美であったことが明らかになる。

関係性の反転の後、みぞれの華麗な演奏を聴いて涙を流す希美のもとにみぞれが現れる。「私、みぞれみたいにすごくないから」と希美が語る瞬間において、みぞれの声が希美を中心にパンニングされる瞬間があること。また画面が希美の主観を示すように一人称視点で揺れていることに注意したい。序盤の音楽室において作り出されていたみぞれの一人称性は逆転している。しかし、ここでも音楽は曖昧であり、希美の内面を強調しすぎることはない。しかしみぞれが希美に駆け寄るカットにおいて一瞬だけその動作と物音のような劇伴が同期する。ラストシーンでは冒頭を反復するようにふたりは歩き、足音は次第にズレていく。

牛尾は『リズと青い鳥』の劇伴を制作するなかで、紙の上にインクを垂らして偶然できた図形を音楽に用いる手法や、ピアノの弦に様々なマテリアルを挟み込み異なる音色を得る「プリペアド・ピアノ」の音を用いたという【※3】。こうした方法は戦後のアメリカ実験主義音楽、特にジョン・ケージに典型的なものであり、また牛尾はケージからの影響について語っている【※4】。ケージの、そこにある時間的＝空間的存在である「音そのもの」を肯定し、ただ「聴く」という態度は、『聲の形』における機能の曖昧な音形象や、『リズと青い鳥』における登場

『リズと青い鳥』（2018年）

人物の内面表現の外側に存在する物音というかたちで応用されていた。

　そして、ケージの音楽がけっして無秩序な音響体ではなかったように、牛尾の音楽も独特の情感に満ちている。その作曲はただ生い茂るだけの草花を剪定して庭を形作っていくことにも近いのかもしれない。物語上の機能に追従するというよりも、物語の内側にある、あるいはその外側にある曖昧さ、「ノイズ的なもの」を調整していくという在り方。この曖昧さへの耐久性こそ、牛尾の劇伴の重要な特徴と言えるだろう。

【※1】アニメ！アニメ！「映画「聲の形」牛尾憲輔インタビュー 山田尚子監督とのセッションが形づくる音楽」
https://s.animeanime.jp/article/2016/09/16/30521.html

【※2】【※3】超！アニメディア「牛尾憲輔が語る『リズと青い鳥』音楽の秘密」
https://cho-animedia.jp/article/2018/06/29/7235.html

【※4】Kensuke Ushio（@agraph）「僕は卒論がケージで、思い起こせばそれはまぁひどいレベルなんだけど当時読んだ文献は素晴らしかったのを覚えていて、今になって集め直してる。近藤譲さんの80年代のケージ評とか今の自分にとても示唆的ですごい良かった。近藤さんの線の音楽、ちゃんと考えようと思った。」
https://x.com/agraph/status/1149314982695194624

SEGA

# ピエール瀧&牛尾憲輔、高田馬場ゲーセンミカドへ行く。

撮影：高田馬場ゲーセンミカド

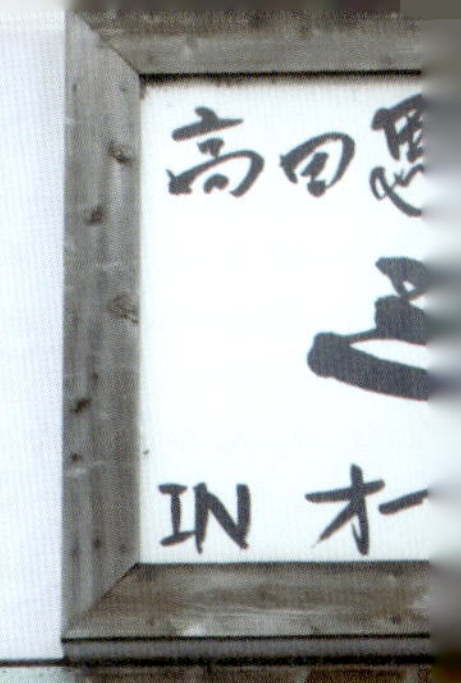

スズヤ
3362-010
高田馬場
4-5

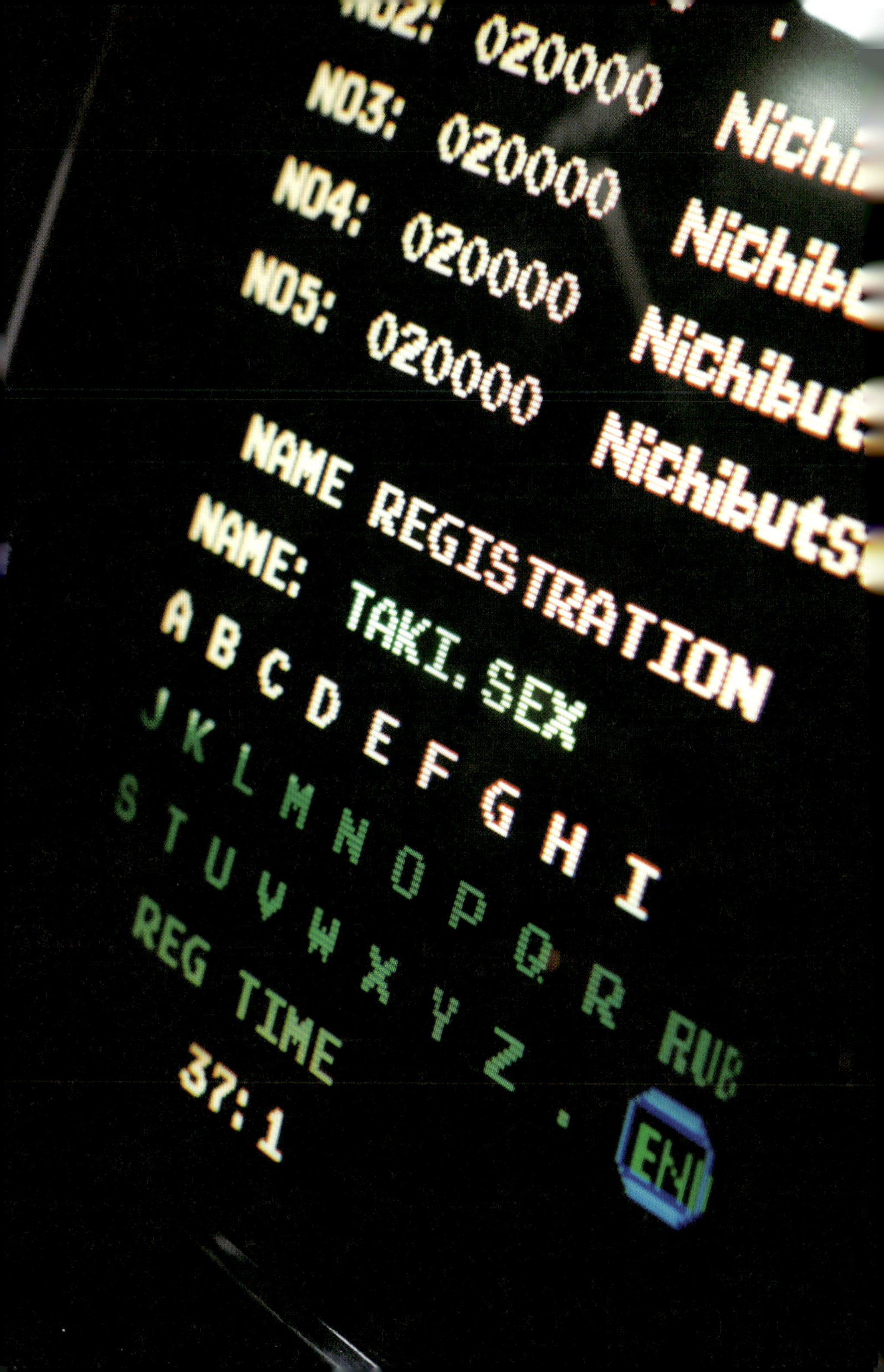

NO2: 020000 Nichi

NO3: 020000 Nichib

NO4: 020000 Nichibut

NO5: 020000 Nichibuts

NAME REGISTRATION

NAME: TAKI.SEX

A B C D E F G H I

J K L M N O P Q R RUB

S T U V W X Y Z . EN

REG TIME

37:1

ミカドは全台
アルコール除菌
しています
MÄRCHEN MAZE

# インタビュー ピエール瀧 (with牛尾憲輔)

いつの間にかいて、そのうちに別に違和感もなく。住み着いた野良猫みたいな感じ。

──瀧さんが、牛尾さんと初めてお会いになったのって、いつ頃なんですか?

**瀧**　全然覚えてない(笑)。いつ会ってんの?俺とお前。

**牛尾**　石野(卓球)さんと会った年だから、2003年です。

**瀧**　どこで会ってんの?

**牛尾**　新宿時代のリキッド(・ルーム)です。石野さんが長くやるパーティーで、出番前に「最近うちのスタジオで手伝ってる子」って紹介してくださった。

**瀧**　全然覚えてない。

──覚えてない(笑)。じゃあ、そのときの印象もないですか?

**瀧**　ないなあ。牛尾の正直な印象は「いつの間にかいた」っていう(笑)。最初に手伝いとか、そういうのはやってたから、いつの間にかいた若いヤツっていうのが印象ですかね。だって、その頃だと俺と牛尾の共通点があんまりなかったから。

**牛尾**　電気(グルーヴ)やってなかったですからね。

**瀧**　だから、たぶん気付いたら、いつの間にかいたヤツっていう感じですかね。「おお!　お前が牛尾か」っていうのも別になかった気がする。

──なんとなく「牛尾くん」っていう青年がいるなっていう。

**瀧**　いつの間にかいて、そのうちに別に違和感もなくっていう感じ。住み着いた野良猫みたいな感じ。

──あははは、いつの間にか家族の一員のようにいるっていう(笑)。

**瀧**　たまには猫缶あげてみようかな、みたいな(笑)。そこから、なんか毎日来るようになった。

──これ、みなさんにお聞きしてるんですけど牛尾さんとの思い出というか、覚えてるエピソードとかってありますか?

**瀧**　覚えてるエピソード……なんだろう、長くずっといるし、改まって「今日からよろしくな」って交わした記憶もないからなあ。牛尾と僕の共通点はゲームだったりするんですけど、ゲームもオンラインで一緒にやったこともない。俺

**PROFILE**

ピエール瀧

1967年生まれ。1989年に石野卓球らと電気グルーヴを結成。音楽活動のほか、俳優、声優、タレント、映像製作などマルチな活動を行う。2013年には『凶悪』で第37回日本アカデミー賞優秀助演男優賞を受賞、2024年に配信開始となったNetflixドラマ『地面師たち』も話題に。道行く人に「あなたのオススメは？」と尋ね、そのオススメどおりに旅をする番組『YOUR RECOMMENDATIONS』も好評配信中。

が紹介するゲーム、大体やんないんですよ(笑)。「ああ、いいっすね」なんて言って無視するんだよね。

**牛尾**　そんなことない(苦笑)。

**瀧**　とは言いながらエピソードだと、俺が「(ピエール瀧の)体操42歳」を作ったときに、牛尾と曲作りを始めたんですよ。ふたりで「こんな、こんな」って打ち込んでいって、ある程度形ができたんですけど、間奏のところにストリングス、PVで言うと、蕎麦屋になった俺が狙撃されるところ。あそこを30秒くらいスーパースローにするから「ここに入れるストリングス、壮大なやつがほしいから作ってきて」っていうのを牛尾に言って。それで「うーん」って言いながら「わかりました」って、そのストリングスを牛尾に作ってもらったのを覚えてますね。

**牛尾**　あとは間奏でレイブみたいになるとき「野球のカキーン！って音からプロ野球中継に入って、盛り上がったアナウンサーの実況をサンプリングしてきて」って言われたんですよ。それで「野球の花はホームランより3塁打だろう」と思って、「2塁を回って3塁へ〜」ってサンプリングして入れたところ、瀧さんにホメられました(笑)。

——あはははは、それは良いエピソードですね(笑)。あと、この本の取材でお聞きしたのは、牛尾さんが瀧さんの家のWi-Fiを設定をされた、という。

**牛尾**　瀧さんがいまの家に引っ越したときのWi-Fi設定は、僕がやりました。あと、ふたりで猫を迎えに行きましたよね。

**瀧**　そうだ。うちに黒猫のコンブっていうのがいるんですけど、コンブは最初アズキっていう黒猫と2匹の兄弟だったんですよ。それを飼うきっかけが、牛尾の兄ちゃんの上司の人が猫を拾って、もらい手を探してるって話になって。それで「瀧さんどうですか？」「飼おうかな」って上司の人の家まで行って、黒猫を2匹を引き取ることになった。それは牛尾と行ったな。

**牛尾**　飯能とかでしたよね。すごい遠かった。瀧さんの第一声が「ここどこ？」って(笑)。

——牛尾さんとの思い出あるじゃないですか、いろいろ(笑)。今回の本は牛尾さんの劇伴作家生活10周年を記念したものになるんですけど、最後、牛尾さんへメッセージをいただけますか？

**瀧**　劇伴作家10年かあ。俺らと一緒にいるからっていうのはあるけど、年上の人の場にいることが多いよね。

**牛尾**　はい。

**瀧**　俺たちとかと一緒にいるから、その辺の立ち振る舞いもちゃんとしてるけど、牛尾が下の子と一緒にいるの想像ができないっていうか。とはいえ、電気の大阪だったかな。牛尾が誕生日のときがあって、ウチのスタッフが「今日は牛尾くん誕生日でケーキ持ってくるんで、瀧さん、ちょっと仕切ってください」みたいな。「オッケー」ってケーキ持って「おめでとう」ってやったとき、牛尾が「……バチャンってヤツやんないスか？」みたいな感じでこっち向いたから、バチャンってやって(笑)。

——お約束で(笑)。

**瀧**　そういう後輩キャラもそうだし、体育会系とも違うんだけど、わきまえてるヤツではあるんですよ。それが今度、自分が先輩の場になったときに、どうしてんのかなっていうのがまったく想像がつかない。これから若い子ちゃんたちとやることもあるだろうから、そこは上手にやりたまえ、と。

——なるほど。それは年長者らしいアドバイスですね。

**瀧**　でも、牛尾が「君さあ」とか言ってるところ、あんまり想像つかない。基本そのままでいいとは思うんですけど、いまの若い子ちゃんは扱いがムズそうじゃないですか？　仕事も増えてるだろうし、そのままでいいんじゃないですかね。俺がアドバイスできるようなものは別にないですよって。

——今回の本、牛尾さんのことをすごい好きだっていう若い漫画家さんとか、いっぱいコメントもらってるんですよ。だから牛尾さんを慕ってる若い人って、いっぱいいるなって思いますけどねえ。

**瀧**　そうなのか。それは安心だわ。

KENSUKE USHIO
LONG INTERVIEW
PART.02

# 牛尾憲輔
# ロングインタビュー

PART.02

松本大洋原作、湯浅政明監督のテレビシリーズ『ピンポン』で、初めて本格的に劇伴を手掛けてから10年。極めてハイペースで制作を続けてきた牛尾が、そのフィルモグラフィーを振り返るロングインタビュー。この10年で得た知見、ユニークなクリエイターとの忘れられない出会い、そしていまの心境まで。たっぷり語ってもらった。

## 初めての劇伴――『ピンポン』『楽園追放』まで

――ここでは、牛尾さんの劇伴でのお仕事を振り返っていこうと思います。初めて本格的に劇伴を手掛けたのは、2014年の『ピンポン THE ANIMATION』になりますが、その前にもいくつかお仕事をされていますね。最初は2011年にオンエアされた『UN-GO』。これは、音楽をやられているNARASAKIさんからの依頼でしょうか。

**牛尾**　そうですね。NARASAKIさんと最初に会ったのは、いつだったかな。たしかミトさんに連れていってもらった食事会で、水島（精二）監督とNARASAKIさんに会ったたんです。そこで、NARASAKIさんと水島監督と僕が、じつは同じ中学校の出身だということがわかって（笑）。顔を合わせたのはそれが最初だったんですけど、3人で肩を組んで中学の校歌を唄う、みたいなことがあったんですね（笑）。NARASAKIさんとはそこから「劇伴とかやってみたいですね」って話をずっとしていたので、『UN-GO』のタイミングで「じゃあ、やってみなよ」と。

――サウンドトラック盤には3曲クレジットされてますけど……。

**牛尾**　全部で5曲くらい書いたんじゃないかな。それが初めての劇伴仕事でした。いただいた音楽メニューを見ると、漢字が一文字書かれていて、それにちょっとだけ説明がついている、みたいな感じだった気がします。それこそ「空」って書かれているのに対して「空」の曲を書く、みたいな（笑）。もう10年以上前のことなんで、記憶が曖昧ですけど。

――実際にやってみて、いかがでしたか？

**牛尾**　純粋に嬉しかったです。ただそれと同時に緊張感もあって。自分が作る曲のクオリティで本当にいいのかな、という気持ちのほうが大きかったですね。嬉しい気持ちが2割、不安が8割みたいな感じ。あと、このときにNARASAKIさんから教えてもらったことが、その後にも活きていて、劇伴というのはエディット（編集）される音楽なんだ、と。

――納品した曲がそのままマルっと使われることは滅多にない。

**牛尾**　そうですね。たとえば曲が終わった後に、響き、というか余韻を残すことがあるじゃないですか。その余韻を「テール」って言うんですね。曲の最後に残っている波形の部分。で、この余韻の波形を曲の途中に挿入して、そこで曲が終われるように作っておいたほうがいいわけです。こういう、〝劇伴というのはエディットされて切り刻まれる音楽である〟という発想を、NARASAKIさんから教えてもらったのは、大きかったと思います。

──最終的にどう使うかの判断は、演出家に委ねられている音楽なんだ、と。その次は、渡辺信一郎監督の『スペース☆ダンディ』ですか？

**牛尾**　放送時期は『スペース☆ダンディ』のほうが先だったと思うんですけど、依頼をもらったのは『ピンポン』のほうが早かった気がします。というのも『スペース☆ダンディ』にも湯浅（政明）さんが参加しているエピソードがあって（第16話）、「この回もやりたいな」と思った記憶がある。

──『ピンポン』は俺が音楽やってるんだし、と（笑）。

**牛尾**　この段階で、もう「僕は湯浅組」っていう意識が芽生えてる（笑）。それはともかく、フライング・ロータスか何かのライブを観に行ったときに、たまたま渡辺監督と（脚本を担当した）佐藤大さんとばったり会うんですよね。で、そのときに渡辺監督から「いま、お祭りみたいな作品を作っているので、曲を書いてください」と言われたのが『スペース☆ダンディ』だった。で、それはもうぜひぜひ、と。ただそのときに渡辺さんから言われたのは「いつもやってるようなカッコいい音楽を書かないでください」。ちょうどその頃、コンラッド・シュニッツラーのボックスセットか何かが共通の話題になっていて、「こういう感じで」と言われて書いた曲が、円城塔さんが脚本を書いた回（第11話）で使われているはずです。全部で11分か12分くらいのシークエンスがあって、それに対してフィルム・スコアリングみたいに曲をつける、みたいな。あともうひとつは、イタロディスコみたいなのをやってほしい、というオーダーがあって。

──ということは、かなり明確に曲のオーダーがあったわけですね。

『UN-GO』（2011年）

『スペース☆ダンディ』（2014年）


『ピンポン THE ANIMATION』（2014年）


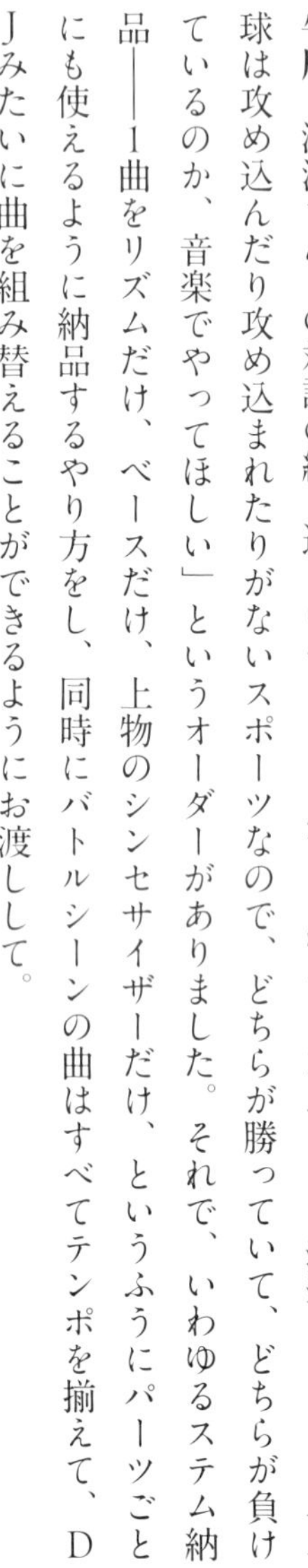

**牛尾**　そうですね。僕はイタロディスコが大好きで一時期ずっと掘っていたので（笑）、喜んでやった記憶があります。

――で、いよいよ先ほどちらっと話題に出た『ピンポン』。

**牛尾**　湯浅さんとの対談の繰り返しになっちゃうかもしれないんですけど、湯浅さんからは「卓球は攻め込んだり攻め込まれたりがないスポーツなので、どちらが勝っていて、どちらが負けているのか、音楽でやってほしい」というオーダーがありました。それで、いわゆるステム納品――1曲をリズムだけ、ベースだけ、上物のシンセサイザーだけ、というふうにパーツごとにも使えるように納品するやり方をし、同時にバトルシーンの曲はすべてテンポを揃えて、DJみたいに曲を組み替えることができるようにお渡しして。

――攻め込まれているところから、徐々に優勢になっていく……みたいな試合展開を、音楽で表現できるように用意をしたわけですね。

**牛尾**　実際には、現場でそこまでやる時間はなかったんですけど、自分の中の妄想が爆発して（笑）、そんなこともやりました。あとダビングにも毎週行って、「来週までにほしい曲はありますか」みたいな要望を聞いて、翌週までにその曲を用意して持って行く、とか。最終的には曲数が、最初に発注された曲数の1.5倍くらいになっていたと思います。

――なるべく現場に寄り添うように、曲を制作するという牛尾さんのスタイルは『ピンポン』からもう始まっていたわけですね。

**牛尾**　そうですね。めちゃくちゃ楽しかったです。修学旅行みたいというか。そこがやっぱり、自分の原体験にはあります。

――同じ2014年には、劇場用CGアニメ『楽園追放 -Expelled from Paradise-』にも参加されています。これは『UN-GO』と同じく水島精二さんが監督で、音楽がNARASAKIさんというチームですね。

**牛尾**　NARASAKIさんから「1曲やってみない？」と言われて、参加することになったんですけど……。振り返ってみると、もしかすると『楽園追放』が、初めて映画のフィルム・スコアリングをやった作品かもしれません。後半、パワードスーツを奪った主人公のアンジェラが、空中戦を展開しつつ地上に向かう……という長いシーケンスがあるんですけど、そこで初めてフィルム・スコアリングに挑戦したんです。

――「このカットからこのカットまで、音楽をつけてください」という発注だったんですか？

**牛尾**　そうです。だから正確には「フィルム・スコアリングで」とお願いされたわけじゃないんですけど（笑）、結果的にフィルム・スコアリングに近い作り方になったんですよ。で、テクノ的な発想で行くと、4小節とか8小節で展開させたいんだけど、絵に合わせようとすると3小節で展開させなきゃいけなかったりする。「ここは1拍半しかないぞ」みたいな箇所も当然あって、そういう苦労を初めて体験したのが『楽園追放』でした。あともうひとつ勉強になったのが、このとき効果音の存在を考えずに曲を作ってしまったんですよ。もらっていた仮映像には当然、効果音がついてなかったんですけど、水島監督から「パワードスーツを奪うパネルに触った瞬間から曲を始めてほしい」と言われていて。で、まさにその瞬間から始まる曲を書いたんですけど、そうするとパネルをタッチするときの効果音と音楽が重なってしまう。結果的に、ダビングの現場が大変だったという話を後で聞いて。

――ああ、なるほど。曲の始まりと効果音が被っちゃったわけですね。

**牛尾**　最終的には、水島監督と音響監督の三間（雅文）さんが上手く調整してくださったんですけど、効果音のことを考えなきゃいけないんだなと、勉強になった作品でした。

## 初めての実写映画『サニー／32』

――そして1年空けて、2016年には山田尚子監督と初めてタッグを組んだ映画『聲の形』ですね。これについては、山田監督との対談でも触れられているんですが、同じ2016年には、実写映画の『ヒーローマニア 生活』（劇中曲「who's that hero?」）を担当されています。

**牛尾**　1曲書いただけなので担当とは言えないですね。これはどこから来た話だったんだっけな……。ちょっとよく覚えてないんですけど、たしか「テクノっぽい曲を書いてほしい」って言われたんですよね。で、そうこうしているうちに湯浅さんから「もう1本、一緒にやりませんか」と声をかけてもらって、『DEVILMAN crybaby』が始まるんです。

——『DEVILMAN crybaby』は2018年配信スタートですけど、当然、実作業はその前から始まっているわけですね。

**牛尾** そうですね。僕の意識としては、このあたりから劇伴の仕事が転がり始めたというか。自分のやった仕事が次の仕事を呼ぶようになってきた感じがありました。それこそ湯浅さんと『ピンポン』をやった後、『DEVILMAN crybaby』に繋がって、山田さんとは『聲の形』の後に『リズと青い鳥』みたいな。

——実際、フィルモグラフィーを見ても、2018年は突出して作品数が多いですね。いま、タイトルが挙がった『DEVILMAN crybaby』と『リズの青い鳥』を含めて6本。

**牛尾** そうですね。『ピンポン』と『聲の形』があって、その後にいくつもオファーをいただいて、という。

——ご本人としては、劇伴の仕事をがっつりやってみたい、と思ったタイミングはあったんでしょうか。

**牛尾** うーん……振り返ってみると、僕はずっとインストゥルメンタルしかやってこなくて。加えて、もともとアニメが好きだったのもあったし、あとagraphのアルバムを出したときに、結構いろんな人から「劇伴をやってみるといいんじゃない」と言われたんです。「聴いていると情景が浮かぶし、サウンドトラックとか向いてそうだね」と。それがずっと刷り込まれていて「劇伴って面白そうだな」と思ってはいたんですよね。なので具体的なタイミング、というものはないかもしれません。ただ、実際に劇伴の仕事を始めてはみたものの、クオリティにはずっと不安があって。

――『楽園追放』のときにも、ちらっとそういう話がありましたね。

**牛尾**　その不安がずっと続いていたんです。「劇伴なんだから、やっぱりオーケストラとかじゃないとダメなんじゃないの」「自分で本当にいいのかな」っていう気持ちがあった。その気持ちはいまでもありますけど、当時はそれがいま以上に大きくて。この頃には「僕、本当にできることしかできないですし、オーケストラもバンド物もできないです。それでもいいですか」と、まず最初にそこを確認するようになっていますね。

――この年には、白石和彌監督の『サニー／32』で、初めて長編実写映画の音楽を手掛けられていますね。

**牛尾**　もともと（ピエール）瀧さんが白石監督の『凶悪』や『日本で一番悪い奴ら』に出演していて、白石監督と仲が良かったんです。それでたぶん「ウチ（電気グルーヴ）のサポートをやっている牛尾が、劇伴とかやってるみたいなんです」と、紹介してくださったのかな。で、『サニー／32』にも瀧さんが出演していたので「やってみませんか」と声をかけていただきました。試写の後、瀧さんに「ホーミーの曲、笑ったわ」って言われたのが、すごく嬉しかったですね（笑）。あと『サニー／32』のサウンドトラックって、瀧さんとリリー・フランキーさんが悪い顔でこっちを睨んでるっていうジャケで。そこに自分の名前が載ってるんですけど（笑）、それもすごく嬉しかったですね。

――初めての実写作品はいかがでしたか？

**牛尾**　面白かったです。もちろんアニメと同じ部分もあるんですけど、違うところもある。作曲を始めるときに、尺が決まった状態の映像――「ピクチャーロック」って言うんですけど、それが僕の手元に来るとか、技術的に違う部分も大きかった。あともうひとつ、その素材は撮影時の効果音がついている状態なんです。撮影現場での足音もついてるし、衣擦れの音も扉が閉まる音もついている。当然なんですけど。そういう状態の素材に、音を合わせていくというのがすごく新鮮な体験でした。

――白石さんからは、具体的にどんなオーダーがあったんでしょうか。

**牛尾**　結構、任せていただいていた気がしますね。たしか、このときもイメージアルバムを先に作ってお渡ししたはずなので、そのレスポンスをもとに作り直して、また聴いてもらって……みたいな感じだったかな。『サニー／32』ってちょっと変わった映画で、サイコサスペンスみたいな始まり方なんですけど、途中、主人公の女の子が監禁された後、彼女が教祖的な存在になっていく、という展開になるんです。その転換のきっかけになる長尺のバトルシーンをすごく大事にしていたり、あとはラストの盛り上がりに関しても、白石さんから「もっともっと」と指示をもらったり。音楽の方向性に細かく指示をいただくというよりは、演出面で必要なポイントを指示してもらっているという感じでした。

――演出的に大切にしたいところが、明確にあったわけですね。

**牛尾**　そうですね。あと実写は、アニメよりもテンポがフリーなんです。アニメの歩く芝居ってだいたい500ミリ秒なんですけど、実写は普通に歩いているのを撮影しただけなので、当然8コマとか24コマで割り切れるようにはなっていない。もっと自由なんです。逆に言えば、アニメのほうがもっとグリッドしているというか。『サニー／32』をやって、そこに初めて気付きました。

## マイルストーンになった『リズと青い鳥』

――普通に、動きに劇伴を合わせようと思っても、実写の場合はぴったり来ない。

**牛尾**　そういうことですね。で、次の『リズと青い鳥』ですけど……。『リズと青い鳥』は濃かったですね。僕自身、京都アニメーションまで行って、曲を作ったりしましたし。社内に視聴覚室みたいなところがあるんですけど、そこにノートパソコンを持ち込んで、山田さんと編集の人と僕の3人で、冒頭のシーンを作ったり。僕の中でもマイルストーンになる作品だったと思います。

――観客としても「なんかすごいモノを観てしまった」という感覚がありました。

**牛尾**　なんだろう、いわゆる定型的な音楽のあり方からすごく自由な感覚があったんです。画と呼応するように音を置いていっただけ、というか。小節とかどうでもいいし、拍がすごくズレても気にしない。すごく自由に、映画と不可分な音楽を書かせてもらったイメージがあった。しかもそれが、最初に組み立てたコンセプトとちゃんと紐付いて、うまく動作したんですよね。

――『リズと青い鳥』はすごい緊張感が漂っているというか、ひとつひとつの動作や音にピントが合っている感じがあります。

**牛尾**　映画『聲の形』のときも、バッハの「インヴェンション」をバラバラに解体して曲にする、という自分個人の志向性が強いことをやっているんですけど。ただ劇場アニメ作品って、本来はもうちょっとお客さんに向いているものだとも思っていて。観ているお客さんからすると、こういう音楽はちょっと不親切かもな、と思うんです。でも、映画『聲の形』のときに、そういう自分のアヴァンギャルドな部分を出すことができて、『リズと青い鳥』はそこで達成した場所から作り始めていった感じはあるんですね。

――なるほど。

**牛尾**　さっきおっしゃっていただいたことを僕なりに翻訳すると、『リズと青い鳥』は響きそのものにフォーカスを当てていて、メロディーとかは「もういいや」と思っているんです。リズムとか和声とかも関係なく、響きが良ければそれでいい。これはいろんなところで話していることですけど、『リズと青い鳥』の脚本を読んだときに、自分たちが主人公の希美やみぞれたちを見ているのがバレちゃダメだ、と思ったんです。彼女たちの心情やなにかを曲に乗せてしまうと、「あなたたちを見てますよ」ということが彼女たちにバレてしまう。そうではなくて、主

映画『聲の形』（2016年）
©大今良時・講談社／映画聲の形製作委員会

『リズと青い鳥』（2018年）
©武田綾乃・宝島社／「響け！」製作委員会

人公たちの周囲にある物音をサウンドトラックにしようと思ったんです。

——実際、ミュージック・コンクレート的な手法も使われていますね。

**牛尾**　そうですね。実際に高校に行って、バイオリンの弓でビーカーを擦った音とか、椅子を叩いた音を録音して作っているんですけど、そんな感じで「響きにフォーカスする、せざるを得ない」コンセプトがあって、しかもそのコンセプトは僕の持っている個人的な志向性の部分と上手く呼応できた。それを最初のコンセプトワークからサウンドトラックのマスタリング、果ては立川にあるシネマシティで極音上映をやるときの音響調整まで（笑）、主旨を貫徹できたんです。山田さんとやるときはいつも、そういう奇跡的な瞬間がいくつもあるんですけど、『リズと青い鳥』ではそれがより高いレベルで一貫できたんじゃないかなと思います。あくまでも作った側の視点ではありますけど。

——そういう意味でも、牛尾さんにとって重要な作品になっているわけですね。

**牛尾**　そうですね。あと『リズと青い鳥』は、希美とみぞれが歩くシーンから始まるんですけど、次の『モリのいる場所』も主演の山崎努さんが、同じように歩くシーンから始まって。実際の作業期間はズレているんですけど、2本ともほぼ同じタイミングで公開になった。そのおかげで、自分の中ですごく整理されたところがあったんです。

——整理されたところというのは？

**牛尾**　『サニー／32』のときにもちらっと触れましたけど、人が歩くのってこんなに自由なんだ、というか……。これはちょっと長い説明をしておいたほうがいいかもしれないんですけど、まず『リズと青い鳥』の冒頭と最後のシーンって、作り方がかなり特殊なんです。まず最初に山田さんのコンテが上がってくるんですけど、そうすると作中で何が起きるかが、わかるわけです。みぞれが現れて、玄関で下駄箱から上履きを取り出して、廊下を曲がって水を飲む、みたいなことがわかる。で、それをもとに、まず音響効果さんに仮の効果音をつけてもらうんですけど、僕のほうでその音が音楽になるように組み立てて、できあがった音楽を山田さんに渡すんです。で、山田さんはその音をスポッティング（音のタイミングをタイムシートに書き起こす作業）して、絵を作る。そういうふうに、キャッチボールしながらできあがったのがあのシーンなんですね。だからある意味、僕が動きのタイミングを決めたともいえるし、山田さんがあそこの音楽を作ったともいえる。

――音が先行して、シーン全体ができあがっているわけですね。

**牛尾**　あと希美とみぞれの歩くテンポは、作中でずっとズレていて――理屈で考えれば、どんどん離れていくはずなんですけど、少しだけ人間性を持たせようと思って、僕のほうで少しだけテンポを揺らしているんです。きっちりグリッドに沿って足音をつけているわけじゃなくて、あえて少しズラしたりしている。で、面白いのは最後のシーン、校門を出たふたりがお互いの関係性を認識した瞬間、意図せず、ふたりの足音がぴったり揃ったんです。これまでずっとズレ続けていたふたりのテンポが、最後の最後に4歩だけ、揃った。

――意図せず、そうなってしまった。

**牛尾**　僕も山田さんも気付いてなかったんですけど、スポッティングの作業をしてくれていたスタッフさんが「最後の4歩だけ、テンポが揃ってるんですけど、いいんですか」と。それを聞いて、僕も山田さんも号泣、みたいな（笑）。コンセプトを最後まで貫こうと作っていたら、最後に本当に解決してしまった。言葉にしてしまうと陳腐ではあるんですけど、そういう奇跡的な体験が『リズと青い鳥』にはたくさんあった。

――なるほど。

**牛尾**　だからある意味、コンセプトを突き詰めていった先にできたのが『リズと青い鳥』だったわけですけど、もう一方の『モリのいる場所』では、山崎さんが自由に歩いているテンポに合わせて音楽を当てるという、まったく逆のベクトルの作業をやったんですね。その結果、実写とアニメの違いだったり、見え方の違いを感じることができたんです。

――そもそも『モリのいる場所』をやることになったのは、どういう経緯だったんでしょうか。

**牛尾**　映画『聲の形』を観た沖田（修一）監督が音楽を気に入って、それで声をかけてくれたんだと思います。あと沖田さんは白石さんともともと仲が良くて。じつは『サニー／32』の劇中、沖田さんがラップをしている場面があったんですけど、その収録スタジオでお会いしたのが沖田さんとの初対面でした。「次の沖田さんの作品の音楽をやります、牛尾です」という（笑）。

――沖田監督は、結構いろいろオーダーする方なんですか？

**牛尾**　最初は言わないですね。最初は具体的なことは言わないんだけど、実際に音を当てたのを観てから「こうしたい」が出てくる。というか、沖田さんはどんどん劇伴を削っていっちゃうんですよ（笑）。ダビングの現場でどんどん音楽を外していっちゃうので、「ちょっと待って、沖田さん、もう1回作るから」という（笑）。

――ダビングでどんどん印象が変わっていくタイプの演出家さんなんですね。

**牛尾**　そうですね。沖田さんってある意味、クローズアップの人だと思うんです。本当にささいな出来事が、沖田さんのフィルムだと大事件に見える。『モリのいる場所』でも、山崎さんがよたよた歩いているシーンの途中で、塀に絡んでいるツタの葉っぱが1枚、ポトッと落ちる。それは別に狙ってやったわけじゃないんですけど、もうそれだけで可笑しくなっちゃうんです。

言い換えると、すごく繊細にできているフィルムなので、音楽をつける場所があまりなかったりする。むしろ、音楽を外した方が活きたりするわけです。

――劇伴がないからこそ、スクリーンの中の動きに観客が集中できる。

**牛尾**　『楽園追放』で、パネルをタッチする動きに音楽をつけてしまったという話をしましたけど、そういう作為的な音楽を沖田さんはすごく嫌がるんです。作為的なところをどんどん外して、外していった先に見えてくるものがあるというか。沖田さんの作品のそういう部分は、すごく好きですね。

## 2本のドラマシリーズ――『青と僕』『フェイクニュース』

――2018年には、ドラマシリーズを2本手掛けています。そのうちの1本が、フジテレビオンデマンドで配信された『青と僕』ですね（配信時のタイトルは『colours』）。

**牛尾**　これは、ソケットという制作会社の名物プロデューサー・櫻井（雄一）さんからいただいた話だと思います。『青と僕』は脚本が面白かったんですよね。しかも、もともとのタイトルが、僕のデビュー曲（「colours」）と一緒で（笑）。

――ドラマのお仕事というのは、どういう段階で音楽を作り始めるんですか？　すでにある程度、映像があるのか、それとも脚本をベースに作り始めるのか。

**牛尾**　そこは実写、アニメの違いというより〝シリーズ〟という点で共通していてどういうふうに使われるのかも、わからない感じだったと思います。音楽メニュー的なものがあって、それに沿って作っていく。ちょっと記憶が曖昧ですけど、「ここぞ」というシーンはフィルム・スコアリング的に作ったところもあった気がしますね。実際、発注された曲数自体はそれほど多くなかったと思うんですけど、『青と僕』では音響チームがすごく上手く曲を使ってくれたんです。言い方が難しいですけど、実写の場合は間をもたせるために劇伴を流す必要がなくて、劇伴のアレンジがスカスカになっていても、ちゃんと絵がもつ。そこはやっぱり、実写は絵に密度があるからなのかなって。選曲の重要性みたいなものを、実感した作品でしたね。

――もう1本は『フェイクニュース あるいはどこか遠くの戦争の話』。野木亜紀子さんが脚本で、NHKの「土曜ドラマ」枠で放映された作品です。

**牛尾** 『フェイクニュース』は、プロデューサーの方が僕が参加した過去の作品を好きで観てくれていて、そこから声をかけてもらいました。そのプロデューサーさんが、もともと報道畑の人で。報道からドラマに来て、「ちゃんといまやる意味のある作品をやりたい」と言って、野木さんと一緒に作られた作品です。すごく評判もよくて、実際、作品も面白かったんですけど、諸般の事情でいま観ることができないのが、残念ですね。

――先ほどからちらちら話題に出ているんですけど、最初にコンセプトワークをやったり、イメージアルバムを作る、みたいなやり方は、もうすでに始めているんですか。

**牛尾** それについては、もう『ピンポン』の頃からやっていたと思います。というのも、アニメとか映像作品って、僕が「できませんでした」と言っても、それで終わりにはならないじゃないですか。周りに与える損害がめちゃくちゃ大きい。加えて僕には、劇伴といえばちゃんとしているモノというか、クオリティが高いものだ、という意識があって。それこそジョン・ウィリアムズ的な――大編成のオーケストラで演奏されていて、映画館で大きな音量で聴いて「わあ、楽しい！」と感じるのが劇伴だ、という意識がある。で、自分にそういうものが作れるのかというと、不安で仕方がないわけです。僕でいいのかな、大丈夫かな、と。だから「僕はこのクオリティで、こういう曲を作るつもりですけど、大丈夫ですか」と、プレゼンテーションする。もちろんコンセプティブに作るため、というのは大前提ですが、一方でクオリティチェックとしてもイメージアルバムを作っているんです。

――「俺はこれしかやらねえぞ」みたいなことではなく（笑）。

**牛尾**　そうそう（笑）。そんな偉そうなもんじゃなくて、確認としての部分もあるんですね。ただその怪我の功名というか、臆病風な部分があるからこそ、これだけの本数ができているところもある。僕が持っている作曲能力だったりセンス、技術――言い換えると、僕の形のフィルターみたいなものに何を通すかで、できあがるものが違う、というか。たとえば映画『聲の形』のモチーフ、コンセプトはバッハの「インヴェンション」でしたけど、それを通せば『聲の形』のサウンドトラックが出てくるし、『DEVILMAN crybaby』のコンセプトを通せば、あの音楽が出てくる。要するに、最初にコンセプトを考えておくことで、自分の能力とか範囲外の曲を作ることができる。

――どうしても曲が書けなかった、みたいなことはないんですか？

**牛尾**　パッとは思い出せないですね……喉元過ぎれば熱さを忘れる、ってことなのかもしれないですけど（笑）。全然違うテイストになっちゃった、ということはあるけど、「できません」って言ったことはないと思う。以前、横尾忠則さんが仰っていたことなんですが、「若いときは一所懸命のたうち回って頑張ったけど、いまはそこに浮いているものを掴むだけだ」と。それはいい考えだなと思ったんですよね。その日、そこにあるもので作る。というか、その手前の段階で徹底的に、コンセプトというか曲を作るための仕組みみたいなものを考えてしまうので、実際に作るときにはあまり悩まずに作れる、というのはあると思います。

——なるほど。

**牛尾**　あと、このあたりで瀧さんからすごく重要なアドバイスをもらうんですよ。僕はもともとアンダーグラウンドな電子音楽家なわけで、音楽大学を出た後に師匠について管弦楽を勉強して……みたいな、劇伴プロパーの人たちとは出自が全然違うわけです。で、瀧さんも演技の勉強をしたわけではないじゃないですか。劇団にいたわけでもないし、演技の勉強をしたわけでもないのに、いろんな映画とかドラマをやって、主演を張ったりしてる。で「僕は、この気持ちをどうすればいいんですかね」って相談したら、瀧さんはスマホゲーをやりながら「うん、頼むほうが悪い」と。

——あははは！（笑）

**牛尾**　それは、いまの僕の哲学になってますね。もちろん瀧さんと同じように、やるときは一所懸命、死に物狂いでやりますけど、最後の最後には「頼むほうが悪い」。そう思っておこう、と。

## 極めて個人的に作られた『ブギーポップは笑わない』

——2018年は怒涛の作品数だったわけですが、翌年も引き続き、作品が多いですね。まずは、牛尾さん自身、もともとファンだった『ブギーポップは笑わない』の二度目のアニメ化。

**牛尾**　2000年に放送された『ブギーポップは笑わない Boogiepop Phantom』は、サウンドトラックにレイ・ハラカミさんが参加されていたりして、10代の頃にすごく影響を受けた作品でした。あのサウンドトラックはテクノというか、当時の日本のオルタナティブな電子音楽のコンピレーションとして、すごくいい仕上がりで、よく聴いてましたし。だから声をかけてもらったときは「僕がやっていいんですか⁉」みたいな。

――戸惑いがあった。

**牛尾**　この作品は僕の劇伴作品の中でも特殊で、コンセプトワークをやっていないんですよ。最初に監督の夏目（真悟）さんにお会いしたときに「僕は『ブギーポップは笑わない』に20年以上、影響を受けてきたので、個人的なサウンドトラックになってしまうと思います」とお伝えしたんですね。みんなが考えるパブリックな『ブギーポップは笑わない』ではなくて、プライベートな『ブギーポップは笑わない』しか書けないです、と。

――牛尾さん自身の個人的な『ブギーポップ』観でしか、音楽を書けないという。

**牛尾**　僕の頭の中には「原作のあの事件が起きた場所はここ」とか、具体的な場所だったり時間帯が決まっている。その劇伴を書いた、という感じなんですね。しかも、それが作品と合っているかどうか、自分では判断できない。僕の解釈は、もしかすると全然間違っているかもしれない。でもたぶん、僕はそれしか書けないので「聴いて、判断してください」と夏目さんにお願いした記憶があります。

――結果的に、ダークな手ざわりが強い劇伴になっている気がします。

**牛尾**　僕にとって『ブギーポップは笑わない』ってずっと夕暮れなんです。マジックアワーというか黄昏時のイメージで、すれ違う人の顔も判別できない。ダークなんだけど、夕陽で赤く染まっているみたいな、そういうイメージが強い。あと自分としては、ストレートにハラカミさんからの影響を出そう、と思っていました。高校生や大学生のときに、ハラカミさんに憧れて、ハラカミさんをコピーしようと思って作った音色やデータを引っ張り出して使ったり。当時、自分が受けた影響を、そのまま出そうと思って作っていましたね。

――次が『麻雀放浪記２０２０』。これは白石監督の作品ですけども、『サニー／32』から続けて、という感じでしょうか。

**牛尾**　そうですね。『麻雀放浪記２０２０』が僕の中でひとつエポックだったのが、これは東映の作品で、しかもこの映画自体、以前制作された『麻雀放浪記』のパロディに近い方向性の映画だったんです。なので、『麻雀放浪記２０２０』が『麻雀放浪記』をサンプリングしているように、当時の東映の映画のサウンドトラックをサンプリングして使う、ということをやっています。昔の『麻雀放浪記』の劇伴そのものは使えなかったんですけど、東映のヤクザ映画とか賭場モノとか。

――過去の似たようなジャンルの作品をサンプリングして使う。

**牛尾**　当時の音って、やっぱりいまとは全然違うんです。凄腕のミュージシャンがスタジオでちゃんと録っていて、でも機材自体が古い機材なので、そういう音になる。ああいうサウンドを打ち込みで再現するのは、不可能なんですよ。そういう試みができたのは、面白かったです。あと、この年はもう1本、『そばへ』っていうショートフィルムをやってるんですけど、これも作品のコンセプトの段階から入ってやらせてもらって。

――丸井グループが製作してますね。

**牛尾**　「インクルージョン」というテーマを提示いただいたんですけど、それを作品のコンセプトにも昇華できて、上手く行った作品だなと思います。主演の福原遥さんにもご協力いただいて、福原さんの声を各音階、すべてサンプリングして、その音で演奏するみたいなことをやっていて。そういう意味でも、コンセプチュアルに作れたなと思います。

――『そばへ』もそうですが、牛尾さんはサンプリングだったり、あるいはミュージック・コンクレート的な手法をたびたび使われていますよね。

**牛尾**　それにはふたつ理由があって、ひとつは電気グルーヴの現場にいたので、何かをサンプリングして、ダンスミュージックとして再構成していくということを、仕事としてずっとやってきているわけです。そういうノウハウがある、ということがひとつ。もうひとつ、フィロソフィーの部分でいえば、大学のときにミュージック・コンクレートをやる研究室にいたので、そういう手法が身近だったんです。サンプリングとミュージック・コンクレートというのは、じつはまったく別物で、そこをちゃんと分けて考えないといけない、ということを20代の早いうちに叩き込まれた。その影響は大きいですね。

――サンプリングとミュージック・コンクレートでは、何が違うんでしょうか？

**牛尾**　ミュージック・コンクレートというのは具体性の音楽なんです。音そのものも極めて具体的で、その連なりや複層的な構造に美しさがある。同時にいつ、どこで誰が、何を録ったかというところまで、すべて具体的に捉える場合もありうる。たとえば、リュック・フェラーリの「プレスク・リヤン」であれば「この音はユーゴスラビアの浜辺で録った音である」ということがわかる。そして、その具体的な音や、音の枠外にあるものが詩性としても音楽自体に影響を与えうる……というようなところに、ミュージック・コンクレートの「具体性」があるわけです。一方、サンプリングというのはもっと抽象的なものじゃないですか。スネアのこの一音とか、サンプル・クリアランスの問題もあって、可能な限り抽象的にしておきたい。そういう意味で、ミュージック・コンクレートとサンプリングは、技術的に近くとも、抽象画と具体画、あるいは写真と絵画くらい違うものなんです。そこは、大学のときにさんざん先生に怒られてきたので（笑）。

## 坂本龍一との出会い――『日本沈没２０２０』

――なるほど。それでいえば、『日本沈没２０２０』の冒頭は、まさしくミュージック・コンクレート的な手法で作られた楽曲なわけですね。

**牛尾**　そういえますね。あそこで鳴っている音は駒沢公園で録音した音ですけど、あの音を崩壊する前の日本を象徴する音として使っています。で、大地震の後、日本が沈没していく中で、駒沢公園で録った音がいろんな場面で切り刻まれて鳴る。『日本沈没２０２０』は、内容面でもコンセプチュアルに作れたし、湯浅さんとの対談でも話したように、「家」の物語だからハウス・ミュージックにしよう……みたいな狙いがある作品で。と同時に、個人的に大きかったのは、坂本龍一さんが僕のことに気付いてくれたんですよね。

――坂本さんは、オープニング主題歌の「a life」を担当されていますね。

**牛尾**　それもあって、サウンドトラックを聴いた坂本さんが、僕にメッセージをくださったんです。その後プレイリストに僕の曲を選んでくださるようになったり。それはすごく嬉しかったし、自分がやってきたことは間違ってないかもしれない、と思えました。

——小さい頃から憧れていた人からメッセージをもらえるのは、ありがたいですね。

**牛尾**　「君の音楽、いいね」というところから関係性をスタートできた。そこはひとつ、やって良かったと思ったところです。

——そして2021年には、アニメ『サイダーのように言葉が湧き上がる』と実写の『子供はわかってあげない』という2本の映画が公開になります。

**牛尾**　このあたりはずっと、映画をやっている感じがありましたね。『サイダーのように言葉が湧き上がる』は、監督のイシグロキョウヘイさんがもともとagraphのことを好きでいてくれて。あと、これまで（佐藤）大さんが脚本を書いている作品をやったことがなかったので、そこも嬉しかった。『子供はわかってあげない』は沖田監督の作品ですけど、『モリのいる場所』からもう一歩、中に入り込んでできた感じがあって、面白かったですね。映画のクライマックスで、上白石萌歌さん演じる主人公の朔田美波が、学校の1階から屋上まで駆け上がる場面があって。そこに関して、沖田さんから「それまでのシーンに出てきたセリフを使いたい」というオーダーをもらったんです。セリフを使うことで、彼女の激情を音楽にしてほしい、と。

——音がぐるんぐるん回っている中で、セリフがフラッシュバックしてくる場面ですね。

**牛尾**　フリージャズみたい——といっても、もちろん僕ができるフリージャズなので、いわゆるフリージャズじゃないですよ。ダンスミュージックのマナーに則ったフリージャズっぽい感じではあるんですけど、ドラムがドカスカ鳴っている中で、セリフがどんどんリフレインしていく、みたいなシーンがやりたい。それでダビングルームにある映画用のミキサーを使って、ダブミックスをやったんです。それがすごく楽しかった。映画制作ってすごくカッチリしてないといけないのかなと思っていたんですけど、でも『子供はわかってあげない』では、先輩のうちにみんなで集まってワイワイやるというか。いい意味でアマチュア的な、ＤＩＹ的な作り方をやらせてもらえたのが嬉しくて。たぶん、こういうことをやる人はあまりいないと思うんですけど。

――たしかにそうですね（笑）。

**牛尾**　ダビングって、それぞれの現場のプロフェッショナルがギリギリで調整する場所なわけですけど、そこでこう、太い筆で一気に書き上げる、みたいなことをやらせてもらえたのは、強く記憶に残ってますね。あともうひとつ覚えているのは、たぶん自分のキャリアでそんなことを言ったのは初めてじゃないかと思うんですけど、沖田さんに「このシーンは音楽にください」って言ったんですよ。美波のお父さんのところに、美波と千葉雄大さん演じる門司明大が車で向かうシーンだったんですけど、そこは最初、車のブーンっていう音が入っていたんです。でも、僕のほうから「ここは曲がよく書けたので、効果音を全部切って、音楽だけでいかせてもらえませんか」と。最終的にその提案を採用してもらったんですけど、ある意味、音楽というセクションの担当者の枠を越えて、みんなで作らせてもらえたというか。『リズと青い鳥』もそうでしたけど、実写で同じようなことをやらせてもらえたのは、面白かったです。……沖田さん、嫌がってないといいけど（笑）。

## 2本の話題作――
## 『平家物語』と『チェンソーマン』

――2022年は、まずは山田監督のテレビシリーズ『平家物語』ですね。

**牛尾**　振り返って考えると、ありがたいことに僕は大きな原作ばっかり担当させていただいているんですよね。『DEVILMAN crybaby』も『日本沈没2020』もそうだし、『ブギーポップは笑わない』も僕にとっては大きい原作で。で、『平家物語』じゃないですか。大きいにもほどがある（笑）。以前、元フェアチャイルドの戸田誠司さんと話していたときに「今度、『平家物語』をやるんですよ」って言ったら、「お前もいよいよ中堅だな」と言われて（笑）。だって以前の平家物語、それこそ大河ドラマの『新・平家物語』って、音楽が冨田勲先生じゃないですか。未だに中堅だとは思っていませんが、いよいよかと思ったのが『平家物語』（笑）。あと、ここから「reflexion」という名義を使うようになるんですよね。山田さんとふたりのユニット名義なんですけど。

——それまでも、おふたりは一緒に選曲を担当されていますよね？

**牛尾**　そうですね。最初に映画『聲の形』をやったときに、音響監督の鶴岡（陽太）さんが「ふたりでちゃんとスタジオに入って、時間をかけてやりなさい」って場所を作ってくれたんです。以降も同じやり方で続けていたんですけど、シリーズでも同じやり方を踏襲したいと思ったし、それをやらないと鶴岡さんに申し訳が立たない。で、サイエンスSARUに毎週PCを持ち込んで、選曲はもちろん、その場で必要なアレンジだったり、必要な曲を作って、琵琶の語りも全部やって。このやり方でシリーズを作り切ることができたというのは、我々にとって大事なことだったんじゃないかなと思いますね。

——映画での音楽の作り方を、テレビシリーズでも貫徹できたという。

**牛尾**　そうですね。あと『きみの色』で音楽監督としてクレジットされるんですけど、その萌芽が『平家物語』にあるんです。というのも『平家物語』では琵琶をちょっと鳴らすとか、赤ちゃんが笛をしゃぶるとか、楽器や音楽に紐付く効果音のコントロールを、僕が担当していたんです。たとえば、船の上で太鼓を鳴らす場面でも、この時代には僕たちが考えるような大きい和太鼓は存在していなくて。じゃあ、どんな太鼓が鳴ってたんだろう、みたいな考証をして、音を考えていく。劇伴とはまた違う音のコントロールをする分量がすごく多かったのが『平家物語』だったんです。そういう意味で「ちゃんと牛尾さんが、その部分の責任を背負いなさい」と、木村（絵理子）音響監督におっしゃっていただいて、『きみの色』で音楽監督としてクレジットされることになる。劇伴以外の部分に仕事が広がっていく、そういう契機になった作品でもありました。

――そして、同じ２０２２年に放送が始まったのが『チェンソーマン』。これも、放送前から注目を集めた話題作でした。

**牛尾**　原作は好きで読んでいたんですけど、こういう規模の作品を自分ができるとは、まったく思っていませんでした。ただ、お話をいただいて改めて読んだときに、コンセプト的なものがすぐに思い浮かんで「できるかも」と思っちゃったんです。加えて、オファーをいただいたときにＭＡＰＰＡの大塚（学）社長と監督の中山（竜）さんたちコアスタッフが総出でいらっしゃって。先方としては、「絶対に牛尾で行きたい」と決めていただいていたらしいんですね。そうやって熱意を持って「これこれこういう理由で、あなたが必要なんです」と言われると、キュンとしてしまう。

――あははは（笑）。放送と平行してサウンドトラックが配信されたのもユニークな試みでした。

**牛尾**　『チェンソーマン』は製作委員会方式じゃなかったこともあって、仕組みの面でも面白いことができたと思います。劇伴ってどうしてもアニメ制作においては外様だし、受発注の関係で終わっちゃうことが多いんですけど、『チェンソーマン』は「これ、どうやって売りましょう」っていうところまで一緒に考えさせてもらえた。1話の段階でYouTubeにテーマ曲をアップするとか、3話が終わったタイミングでEPが出て、3〜4週ごとに新しいEPをリリースします、とか。もちろんビジネスではあるんですけど、実家の勉強部屋に集まって、みんなで「ああしよう、こうしよう」ってテーブルを囲んで考える。そういうことができた作品だったなと。

## 配信作品における実験とテレビアニメに対するアプローチ

――翌年(2023年)は、配信作品が2本ありますね。漫画家の太田垣康男が原作を手掛けた『MAKE MY DAY』と、夢枕獏原作の『陰陽師』。どちらもNetflixで配信されています。

**牛尾**　『MAKE MY DAY』は、太田垣先生のネームがむちゃくちゃ面白かったんです。あと、Netflixは――『日本沈没2020』もそうだったかな、納品が5.1チャンネルなんです。アメリカではすでに家庭用の5.1チャンネルがある程度一般的なので、そこに合わせた仕様ではあるんですけど、何が違うかというと低音をしっかり響かせられる。しかも『MAKE MY DAY』はSFなので、よりそういう音響面での挑戦ができるだろうという狙いがありました。もう1本の『陰陽師』も、同じNetflixのプロデューサーが担当している作品。監督の山本蒼美さんに音楽をすごく気に入っていただけていたそうなんです。加えて、時代背景はちょっと前になるんですけど、『平家物語』で得た知見が上手く使えそうだなと。

――たしかに同じく平安時代を舞台にした作品ではありますね(笑)。この年には、桜井のりお原作の『僕の心のヤバイやつ』も放送されていますが、これはいわゆるラブコメ作品。ちょっと牛尾さんのパブリックイメージからは外れるかなと思うんですが……。

**牛尾**　ちょうどこの頃から「テレビであることって、ちょっと面白いかも」と思い始めるんです。これまで僕は劇場映画かネット配信のシリーズ物をやることが多くて。たとえば、表現のレギュレーションひとつ取っても、地上波のテレビよりNetflixのほうがなんでも描けるわけです。『DEVILMAN crybaby』のときにはそれが新しかったし、みんなもそこに驚いたんだと思うんですけど、同時に、そういう尖った表現ができないテレビって……、と思っていたんです。

――なるほど。

**牛尾**　ただそういう気持ちに変化が起きたのは、もしかすると『チェンソーマン』の影響なのかな。『チェンソーマン』ってあんなに血まみれで、ぐちゃぐちゃの内容ですけど、テレビの枠内でなんとかしようと、みんなで考えて作っていたんですね。それは音楽もそう。じつは『ピンポン』のときに、ノイズを使いすぎないように自主規制していたんです。というのも、ノイズは機械の故障だと誤認させる可能性があって、なるべく使いすぎないようにしていて。当然、それを窮屈に感じていたところもあったんですけど、『チェンソーマン』のときにはそれまでの経験則もあって「ノイズを上手く扱えそうだ」という自信が持てたんですよね。

――たしかに『チェンソーマン』は、作品の内容的にも、ノイズを組み込む必要がある作品ですね。

**牛尾**　言い方を変えると、テレビという大きなブロードキャスティングシステムで、リアルタイムでみんなで観ることと、そのキャンバスの狭さみたいなものが「面白いかもしれない」と。キャンバスが狭いことに昔は窮屈さを感じていたけど、いまはその制限がむしろちょっと面白いと思えるようになってきた。相変わらず、音楽的にエクストリームなものが大好きだし、極端であればあるほどいいと思うけど、その一方でバランスを取る、みたいなこともちょっと楽しくなってきたんですよね。

――『天国大魔境』も、そういう流れの中にある作品なんでしょうか。

**牛尾**　いや、『天国大魔境』は『日本沈没２０２０』のときに松村（一人）さんというプロデューサーと知り合いになって。その打ち上げの席で「牛尾さん、『天国大魔境』って知ってます？」って聞かれたんです。僕は以前から石黒（正数）さんのマンガが大好きだったので「知ってます、知ってます」って盛り上がって。そこから声をかけていただいたって感じですね。

――『ダンダダン』もそうですけど、ちょっとコメディっぽい作品が多くなってきてるような印象がありますね。

**牛尾**　『子供はわかってあげない』や『モリのいる場所』はもう少し繊細ですけど、ほかにも『チェンソーマン』とか『僕の心のヤバイやつ』とかで、少しずつコミカルな場面に当てる曲を書く機会が増えてきていて。そこを広げられるんじゃないか、って気付き始めてるんですよね。チューバの低い音で「ボッボッボッ」ってやると可愛いよね、みたいなことが、だんだん実体験としてわかってきて、そういう音の積み方みたいなのができるようになってきた……のかな。

## アーティスト・agraphと劇伴作家・牛尾憲輔

――山田監督との『きみの色』については、対談を読んでいただくとして、いよいよ最新2作の『ダンダダン』と『チ。―地球の運動について―』。同じタイミングで、まったく毛色の異なる作品がオンエアされることになったわけですけど。

**牛尾**　『ダンダダン』は原作自体、いろんなカルチャーからサンプリングして再構成している作品で。監督の山代（風我）さん自身も円谷プロダクションだったり、そういうカルチャーに詳しくて、意識的にいろんなものをサンプリングして、演出に組み込もうしていたんですね。なので、音楽でもサンプリングの手法を使おうと。僕にとってサンプリングを積極的に用いたダンスミュージックというと、ビッグ・ビート的なものになる。

――ケミカル・ブラザーズやファットボーイ・スリムのような、サンプリング・ループをベースにしたブレイクビーツ。ビッグ・ビートの能天気なところも、作品の方向性にハマってましたね。

**牛尾**　ブレイクビーツにRoland TB-303が鳴って、「バカだね〜」っていう、あの感じですよね（笑）。

――もう一方の『チ。』は、地動説をめぐって繰り広げられる歴史フィクションです。

**牛尾**　ネタバレになっちゃいますけど、『チ。』って、原作の最後がクエスチョンマークで終わるじゃないですか。あのクエスチョンマークのバトンは、15世紀、あるいはそれ以前からずっと受け継がれてきたもので、それを受け取った僕たちが次に渡さなきゃならないものでもある。それを音楽で作るにはどうすればいいんだろう、というところからスタートしています。

――作品のテーマを、いかに音楽で表現するかというところですね。

**牛尾**　具体的に言うと『チ。』の舞台となっているのは15世紀のヨーロッパなので、音楽的にはバッハ以前。機能和声もなければ、バイオリンもピアノもない時代なわけです。そういう時代に対して、どういうふうにアプローチするべきなのか。そこで思い出したのが、当時から存在していたグレゴリオ聖歌だったんです。グレゴリオ聖歌で使われていたネウマ譜という楽譜があって——ありがたいことに、僕はその譜面の読み方がわからないんですね。

——いまの標準的な五線譜の書き方とは、異なる記譜法が用いられている。

**牛尾**　そのネウマ譜をどう読み解くのか、という研究レポートとして、劇伴を作っています。ネウマ譜は五線譜に似ているんだけど、形もちょっと違うし、表記の仕方も違う。ゆえに——たとえば「ト音記号に形が似ている表記があるから、これはドの音かもしれない」みたいな感じで、推測しながら曲を書いていったんです。言い換えれば、ネウマ譜を誤読しながら曲を書いていく。「これはいったいなんだろう?」って、クエスチョンマークを頭に思い浮かべながら、曲を書いていく……というサウンドトラックにしたんです。

『きみの色』（2024年）

『ダンダダン』（2024年）

『チ。—地球の運動について—』（2024年）

――なるほど、なるほど。

**牛尾**　『チ。』は、原作者の魚豊先生がアニメ化に際して「音楽は牛尾憲輔で」と言ってくださった作品で。魚豊先生は、僕が担当した映像作品や僕個人の作品を学生時代から追いかけてくださっていたそうなんです。そうやって自分がやってきたことを好きでいてくれた学生が、漫画家になって僕に声をかけてくれた、という。それはやっぱり10年以上、時間が経ったということでもあるし、と同時にこの仕事を続けてきて良かったなとも思いました。

――ある意味、バトンが繋がったという感じがありますね。

**牛尾**　劇伴の作業が終わった後に、魚豊先生に「これまでと同様、『チ。』もこんな具合に、コンセプチュアルに作ったんですよ」って話をして。一所懸命に作品のことを考え抜いて作った音楽を渡したときに、ものすごく喜んでもらえたんですね。魚豊先生の反応を見て、とにかく作品のために考え尽くすということを、やってきてよかったなと思いました。

――というわけで、ざざっと牛尾さんの劇伴仕事を見てきたわけですけど、改めて振り返ってみていかがですか？

**牛尾**　これだけ曲を書く中で、一番つらい作業って何だと思います？

――つらい作業ですか？　うーん、なんだろう……。

**牛尾**　膨大な数の曲名をつけることなんです（笑）。以前、雑誌か何かで対戦格闘ゲームを作った人のインタビューを読んだんですけど、何がつらいかというと弱パンチに名前をつけるのがつらいんだ、と（笑）。「弱パンチは弱パンチだよ」と思うんだけど、やっぱりキャラクターのことを考えると、たとえ弱パンチといえどもそれっぽい名前をつけなきゃならない。

――たしかに、名前があった方が気分は盛り上がります（笑）。

**牛尾**　それと同じで、これだけ曲数があると曲名を考えるのが大変なんです（笑）。それはともかく、作品が違えばコンセプトも違ってくるわけで、たとえば『平家物語』の次の年に『陰陽師』の話が来ても、曲が作れるんですよ。作品の内容が違うから違う曲想になる。そこはコンセプチュアルにやってきてよかったなと思うところです。

――では、アーティスト・agraphと劇伴作家・牛尾憲輔の距離感というのは、この10年を経て変化しましたか？

**牛尾**　距離感は変わらないけど、アーティストとして大切にしなきゃいけない部分を、前より大切にできるようになったとは思います。これだけ劇伴をやった後で、アーティストとして自分の作品を作ろうと思ったときに、より自分の本質的なことができるようになった、というか。たとえば僕は、テクノ大好き、エレディスコが大好きで、でも、そういう4つ打ちのダンスミュージックみたいなことを、ソロでやる必要がなくなった。「それは『ダンダダン』でやればいいか」とか。

――劇伴でできることは、ソロでやらなくてもいいだろうと。

**牛尾**　その結果、すごく自分に素直に曲を作れるようになってきたんです。ただ同時に――これは自分でも問題だなと思っているんですけど、agraphでやっていることが自分の中ですごく先鋭化していて、自分は気持ちがいいんだけど、果たしてリリースする必要があるのかなと、思うようにもなってきた。実際、僕がいま現在作ってる曲って、いまは誰も聴いたことがないわけじゃないですか。

――『平家物語』のエンディング主題歌があったとはいえ、前のアルバム（『the shader』）からは9年近く経っちゃってますね。

**牛尾**　実際にいまでも自分の曲は作り続けているし、アーティストとしてすごく充実してもいるんですけど、外に出さない時間が長くなってきたので、どうしようかなとは思ってます。ただ——インタビューでたびたびお名前を出させてもらっていつも恐縮しているんですけど、武満徹さんは「ノヴェンバー・ステップス」の前に、映画『切腹』（小林正樹監督）の劇伴を担当していて。そこで、オーケストラに邦楽器を組み合わせるということをやっているんですね。劇伴でやった実験を、自分のアーティストとしての作品に反映させる、という作り方をしている。それと同じように、僕も——というのはおこがましいですけど、劇伴で培ったものをagraphに直接反映させることはないけども、少なくともそこでやった実験みたいなものを、フィードバックして曲を書く、ということはあるんじゃないか。あるといいなぁと。いまは、そんなふうに思っています。

MANABU OTSUKA
INTERVIEW

# 大塚 学

1982年生まれ。アニメーションプロデューサー。

STUDIO4℃を経て、2011年、MAPPAの設立に参加。2016年からは同社の代表取締役を務めている。

『坂道のアポロン』『残響のテロル』『呪術廻戦』『BANANA FISH』『進撃の巨人』など多くの作品を手掛ける。

2022年放送のテレビアニメ『チェンソーマン』にて牛尾憲輔が音楽を務めている。

## やっぱり、カッコいい音楽を作る人。そこが僕たちにとって、すごく魅力的だなと思っています。

——大塚さんは1982年生まれなので、現在42歳。「MAPPA」の代表取締役を務められているわけですけど、子どもの頃からアニメがお好きだったんでしょうか？

**大塚**　子どもの頃はアニメもマンガも違いがわからないくらいの感じで、特に映画が好きだったんです。『金曜ロードショー』とか、金土日の夜9時から放送する映画を録画して何度も観返す、みたいな。そういうところからエンターテインメントが好きになって。あとは、やっぱりマンガが大きかったですね。大人が読んでも面白いマンガにすっごく、高校生くらいのときに魅了されて。

——いわゆる青年誌に載ってるような作品ですね。

**大塚**　それで「自分が何を職にしたらいいのかな？」と思ったとき、「好きなものって何だろうな？」というのでマンガとか映画。そういったことを考えているときに『千と千尋（の神隠し）』がアメリカでアカデミー賞を取ったんです。そのとき「アニメで、こんなことができるんだ」と思ったんですね。それがアニメを職にするきっかけになったような記憶があります。

——それで大塚さんが最初に入社されたのが「STUDIO4℃」。

**大塚**　松本大洋さんとかのマンガも好きでしたし。『鉄コン筋クリート』が映画になる、という話がちょうど出てきてた頃だったのかな？　そのときに森本晃司さんがケン・イシイさんと一緒にやられたアニメーションのＭＶを初めて観て本当にカッコよかったんです。

——「ＥＸＴＲＡ」のＭＶですね。あれはカッコよかったです。

**大塚**　あとＧＲＡＹの「サバイバル」のＭＶとか。それでアニメはカッコいいんだっていうのを知って、STUDIO4℃に入ったんです。STUDIO4℃ではいろいろな作品を担当したんですけど、あるとき自分が成長するのに何が足りないのかな？と考えたとき、テレビシリーズだな、と思ったんです。アニメの基本は、テレビにあるなと思って。それで、とにかくテレビを経験したくて「ＭＡＰＰＡ」に参加したんです。

——というわけで、いよいよ牛尾さんとご一緒された『チェンソーマン』のお話になるんですけど、一番最初、そもそも牛尾さんに劇場をお願いしようと思った理由、きっかけとか何かあるんですか？

**大塚**　当時の担当プロデューサーから「この作品の劇伴がすごくいいんですよ」って『ピンポン』の話が出たんです。僕も『ピンポン』は全話観ていて、牛尾さんのお名前は知ってましたから「いいね」っていう。最初は、そんな感じでした。僕自身、そこまで音楽に関して知識があるわけではないんですけど、やっぱり湯浅（政明）さんだったりの「クリエイティブの流派」みたいなものはＭＡＰＰＡが目指している方向のひとつであったりするんです。STUDIO4℃、マッドハウスみたいな。

——ああ、確かに。大塚さんの系譜に近いですね。

**大塚**　だから、そこで牛尾さんの音楽が良い形で作品に生かされているのを見てましたから、牛尾さんには同じ流派というか、仲間意識みたいなものはお会いする前から勝手に持ってましたね。

――初めて牛尾さんにお会いしたときの印象とか、覚えてらっしゃいますか？

**大塚**　確かコロナのときじゃなかったかな？なかなか対面の打ち合わせができなかったのを覚えてますね。それで、もう、なんか、すごく少年に感じました。若々しいし、感じも軽快なんで。あと印象として覚えてるのは、やっぱり作品に対して本当に真摯というか、「最速で、いつも動いてくれているんだな」っていう。そういう気持ちが、すごく伝わってきた人でしたね。いまも、それは変わらないです。

――取材をさせていただくにあたって改めて『チェンソーマン』の音楽を聴いてみたんです

『チェンソーマン』（2022年）©藤本タツキ／集英社・MAPPA

けど、めちゃめちゃカッコいいですよね。

**大塚**　そこが一番かな、と思っていて。先ほどお話しましたけど、やっぱりカッコいいアニメを作りたいっていうのが僕の中にはあって。そのカッコよさって、常に時代とともに変わるから追い求めないといけないんですけど、牛尾さんの音楽には、そのカッコよさがありますよね。それが、すごく嬉しかったですね。

——実際に制作をされている中で牛尾さんとお話する機会もあったと思うんですけど、そのとき印象に残ってるエピソードとかありますか？

**大塚**　すごく大変だっただろうなっていうのは思っていて。現場も悩みながらやってましたし、明確なオーダーっていうよりも悩みながら、行ったり来たりの話を若いチームはしていたんだろうなと。牛尾さんには、それを受け止めていただいてるなって。やっぱりクリエイターだったり、我々のことを大切にしてくれている人だなっていうのは伝わってきましたね。でも、本当に覚えていることは、牛尾さんとご飯食べたりとか、そういうときのことばっかりです（笑）。

——ご飯とか、よく行かれるんですか？

**大塚**　月に1回くらい行ってるんじゃないですかね（笑）。

——牛尾さんは１９８３年の３月生まれですから同学年ですもんね。

**大塚**　そういうのもあって合うんですかね、話が。牛尾さん、アニメ好きですからね。

——そうですね。牛尾さん、めちゃめちゃアニメ好きですから。

**大塚**　僕よりも詳しいですよ（笑）。逆に、教えられてます。

——さすがだなあ、牛尾さん（笑）。そんな牛尾さんですけど、改めて、大塚さんが考える「音楽家・牛尾憲輔」の魅力っていうのは、どういうところにあると思われますか？

**大塚**　やっぱり、カッコいい音楽を作る人。

それはＭＡＰＰＡという会社が作品を作る上で常に大事にしていることなんです。「自分たちがカッコいいって思える作品を作ろう」っていう。そういう信念みたいなところに牛尾さんの音楽がものすごく共鳴するというか、そこが僕たちにとって、すごく魅力的だなと思ってますね。

——それは、すごくわかります。カッコよさっていうのは、なかなか全員が出せるものではないですからね。では、これが最後の質問になるんですけど、２０２４年に劇伴作曲家生活10周年を迎えられた牛尾さんにメッセージ、「今後こういうこと期待してます」というのを最後にいただければと思うんですけど。

**大塚**　まず「10年おめでとうございます」っていうのと、あの、いまＭＡＰＰＡは13年なんです。これからお互い15周年20周年って重ねていくと思うんですけど、もう50周年ぐらい一緒にやっていたいなって思ってます。そのときに僕らが何歳になってるかわからないんですけど（笑）。

——50周年（笑）。何歳でしょう……80歳ぐらいですかね？

**大塚**　そのときも、その時代でカッコいいって言われるようなものを牛尾さんと一緒に作れると理想だな、と思ってますね。

# 牛尾さんのこと

沖田修一

牛尾さんと、初めてお会いしたのは、たしか、白石和彌監督の『サニー／32』という映画の劇中音楽の収録現場でした。白石監督に呼ばれた私は、なぜか、殺人鬼の名前を連呼するラップを歌わされました。素人が配信で流す曲、みたいな設定だったと思います。だから私くらいの下手さがちょうどよかったのでしょう。そのときの私は、ちょうど、自分の監督作である、『モリのいる場所』という映画の音楽をやってくれる方を探しておりまして、『聲の形』という映画を観た私は、そこに牛尾さんの名前を見つけ、周りの方にも相談し、ぜひ、牛尾さんにとお願いしていたのです。なので、もう少し格好よく、監督と音楽家、として出会いたかったのですが、白石監督のおかげで、下手なラップを歌う謎の男と、そのラップを真剣に作っている謎の音楽家、として出会いました。

牛尾さんのことで、特に覚えていることは、その、『モリのいる場所』という映画の撮影現場にお越しになったことです。山﨑努さんと樹木希林さんが、夫婦役の映画でした。劇中では、山﨑さん演じる、画家の熊谷守一が、蟻を間近で見ようと、木の切り株に頰をくっつけ、ひたすら蟻を眺めます。そんな様子に感化されたのか、撮影の合間に、よく見れば、牛尾さんが、山﨑さんと同じ格好で、地面に横たわりながら、ひたすら蟻を眺めているのです。そんなことをする、映画音楽家は初めてでした。そもそも、音楽家が撮影現場に来るというのも、珍しかったりするので、私は、なんとなく嬉しい気持ちがしておりました。牛尾さんは、そのときのことを、この映画の、「温度」のようなものが知りたくて、とおっしゃっていたような気がしております。が、果たしてどうだったんでしょうか。

牛尾さんの音楽は、ひたすら一音一音の響きを、映画に花を添えるような、繊細な作業だと想像しております。特に、私の映画は、心情をおもむろに音楽で表現するのを、あまり良しとはしていないので、さぞかし、作るのが難しいことでしょう。音楽は、本当に、人の心を持っていってしまうので、爆薬のように、私は取扱注意と危険視しているのです。そんな私の心配を、嘲笑うように、牛尾さんの音楽は、そっと、映画に寄り添ってくれます。そして、映画のように、真面目と不真面目の間を、行き来しながら、遊んでくれたりもします。

牛尾さんとの作業が楽しく、味を占めた私は、その後も『子供はわかってあげない』という映画を作ることになり、キャストよりも早く、牛尾さんの名前を挙げました。牛尾さんが、アニメーションでやっている仕事と、実写の音楽の仕事が、融合するのではないかと思ったのです。私の予想通り、牛尾さんの音楽は、映画とマッチして、非常に美しく、時に仰々しく、コメディー部分で馬鹿馬鹿しかったり、映画にたくさんの花を添えてくださいました。本来、そこに当てようとして作った曲を、まるで違う箇所に使う私を責めることもなく、なるほど、それならばと、また違うアレンジをしてくれるのです。私といえば、適切な音楽の言葉を持っておらず、拙い言い方になるその頼りない監督の声を、牛尾さんは、それでも懸命に、そして粘り強く聞いてくれるのです。

その映画の仕上げで、特に覚えていることがあります。私は、いまでもつい、笑い話のように他のスタッフに、そのときのことを喋ってしまうのですが……それはダビングという、映画全体の最後の音作業をしているときでした。美波という主人公の女子高校生が、好きな男子の姿を見つけ、プールサイドから屋上まで、一気に駆け抜けていく、というラストシーン。美波のはやる気持ちのような、心拍音にも似た。打楽器の音の数々を、ふたりの出会いのときの掛け合いのセリフのリフレインと共に流したのですが、牛尾さんが、もっと彼女の気持ちのように、音楽を響かせてみたいと、席を立ち、なんと、整音している音響の卓を借りて、そのまま無数に並ぶ、丸い小さな、つまみ、をいじって、映像を流しながら、その場で、まるでDJのように、音をいじくりはじめたのです。そのときの牛尾さんは、自分で言い出したにも関わらず、「こんなことやったことないよー」と半ば笑っていました。そもそもダビングに来ない音楽家の方もたくさんいる中で、そんなことをする人は、ほとんどいません。私は、つまみプレイをする牛尾さんの姿を見て、世の中には、奇特な人がいたもんだなあと思い、この人はきっと、本当に、音楽そのものが好きなのだなあと、一緒にお仕事をさせていただくことに、大きな幸せを感じたものでした。

牛尾さんのことを話すとき、その素晴らしい音楽ももちろんですが、現場で蟻を見たり、ダビング卓でDJしたりする姿を、真っ先に思い出します。そんな人は、牛尾さん以外いません。

PROFILE

沖田修一
1977年生まれ。映画監督。日本大学芸術学部映画学科を卒業後、2002年に短編作品『鍋と友達』で第7回水戸短編映像祭グランプリを受賞。2009年に『南極料理人』で商業映画デビュー。2018年公開『モリのいる場所』、2021年公開『子供はわかってあげない』にて牛尾憲輔が音楽を務めている。

JEAN-CHRISTOPHE
CHAMBOREDON
INTERVIEW

# ジャン＝クリストフ・シャンボルドン

1976年フランス・ヴェルサイユ生まれ。

現在はサウンドトラック専門レーベル、ミラノ・レコードの副社長。

ミラノ・レコードは『ディーバ』『ゴースト』『マルホランド・ドクター』『パンズ・ラビリンス』などのクラシックから、『ユーフォニアム』『デッドプール』『レヴェナント：蘇えりし者』などの現代のヒット作のサウンドトラックをリリースしている。

# 牛尾さんは毎回、プロジェクトごとにまったく異なるものを作り上げてしまう。そのことに、いつも私は魅了されています。

――まず簡単に、ＪＣさんがＣＯＯを務めるミラン・レコードとはどんなレコードレーベルなのか、紹介していただけますか？

ＪＣ　ミラン・レコードはもともと、私の父エマニュエル・シャンボルドンが40年前、パリで設立した映画音楽専門のインディペンデント・レーベルで、長い歴史を経て、現在ではソニー・マスターワークス（クラシック音楽や旧譜を扱う）の傘下に入っています。

――ミラン・レコードからはハリウッド映画はもちろん、日本のアニメのサウンドトラックもたくさんリリースされています。牛尾さんが参加した作品も『聲の形』をはじめ、数多くリリースされているのですが、そもそも牛尾さんとは、どのようにして出会ったのでしょうか。

ＪＣ　牛尾さんに初めて会ったのは、２０１５年のことです。私が東京に行くようになったのは２０１５年の2月のことで、そこから定期的に仕事で東京に来るようになったのですが、当時、私はアメリカでリリースするための日本の作品を探していたんです。そのタイミングで『聲の形』を観て、一目惚れしてしまいました。牛尾さんが『DEVILMAN crybaby』の音楽を担当していることを発見したのも、ほぼ同じ頃だったと思いますね。どちらの作品でも、彼の音楽に心から圧倒されました。フランスとアメリカで育ち、アメリカとヨーロッパの作曲家しか知らなかった私にとって、それは新しい日本人作曲家を発見した瞬間だったんです。

――『聲の形』の音楽のどこに、それほど惚れ込んだのでしょうか？

JC　メロディセンスの素晴らしさでしょう。『聲の形』のサウンドトラックを聴いていると、映像がなくても、そこにたくさんのキャッチーなメロディがあることに気付きます。しかもそのメロディは、パワフルでとても美しい。それは、作曲家にとってとても貴重な才能です。多くの作曲家たちは映画の映像に奉仕するように音楽を作りますが、牛尾さんの場合は映画のために音楽を作ると同時に、まるでアーティスト・アルバムのように、彼自身のために曲を作っているように感じます。しかも彼は1本の映画のために、複数の異なったメロディを生み出している。通常、作曲家は映画のために大きなテーマをひとつ書き、そこからバリエーションを生み出していきます。でも牛尾さんは『聲の形』でおそらく6曲か7曲のテーマを書いていて、しかもそれぞれが力強く、どれひとつとして似ていない。そのことに本当に驚かされました。なので、すぐに『聲の形』サウンドトラックを出していたポニーキャニオンに連絡を取って、ミーティングをセッティングしたのですが、ミーティング自体は決して上手く行ったとは言えなかったんです。ただ牛尾さんは、私の話に興味を持ってくれて。以降、私は東京に来るたびに彼と会って、音楽や、いまやっているプロジェクトについて話すようになりました。一緒に仕事をするようになったのは数年後、お互いをよく知るようになってからのことになります。

——JCさんからご覧になって、牛尾さん自身と彼が作る音楽の関係は、どのように捉えられると思いますか？

JC　それは難しい質問ですね……。彼が新しい音楽を送ってくれるたびに、私はいつも感心し、驚かされます。いったい、どうやってそれほどたくさんのアイデアを思いつくことができるのか。なぜすべてのプロジェクトで、クリエイティブを保ち続けることができるのか、不思議に思います。特に日本のアニメーション作品では、作曲家が大量の曲を書かなければならない。ときにはひとつの作品で50〜60曲もの曲を書くことになります。それでも牛尾さんは毎回、プロジェクトごとにまったく異なるものを作り上げてしまう。そのことに、いつも私は魅了されています。私たちが知り合って、おそらく10年ほど経っているのですが、年に3〜4回、顔を会わせて話をしていく中で、少しずつ理解が深まってきた気がします。特に最近は、映画音楽を作る際のプロセスについて、オープンに話してくれるようになってきたんです。

——なるほど。

JC　私が驚かされるのは彼の考え方です。牛尾さんは作品の取り組むときに、徹底的に考える。彼の中にはクリエイティブや創造性について、たくさんの考えがあるように思いますし、またクリエイティブなプロセスについてもすごく興味を持っているように感じます。牛尾さんが何か新しいものを作るときには、毎回、自分に挑戦することを自身に課しているように思います。彼が作っている作品の背後には、たくさんの思考とアイデアが存在している。彼は、音楽に対して自分の視点や意見をしっかり持っている芸術家であり、またそのことに強い自負を抱いているアーティストだと思います。

——ミラン・レコードからは、日本のアニメーション作品のサウンドトラックもたくさんリリースされています。JCさんは、日本のアニメや音楽のどんなところに魅力を感じているんでしょうか?

JC　私は48歳になりますが、子どもの頃、フランスのテレビでは日本のアニメがたくさん放送されていました。私たちの世代は、放課後に日本のアニメを観て育ったといっても、過言ではないんです。そういう意味で、日本のアニメは私の一部でしたし——当時はまだインターネットがありませんでしたから、このクレイジーなアニメを作り出す日本という国が、とても神秘的で創造的な国のように思えたんです。その中でも特に重要だったのが、大友(克洋)さんの『AKIRA』を初めて観たときのことです。『AKIRA』は私のお気に入りの映画の1本で、これほど私にとってたくさんのことを、創造的に変えてしまった作品は他にありません。だからこそ、いつか日本のスタジオやクリエイターと一緒に仕事をしたいと思うようになりましたし、父がミラン・レコードを経営していた頃、日本で経験したことを話してくれたことも、その気持ちを育むのに一役買っていると思います。

——なるほど。ミラン・レコードのカタログには、坂本龍一さんや久石譲さんの作品もありますが、ヨーロッパやアメリカの作曲家と比べて、日本ならではの独自性はあるんでしょうか。

JC　私が初めて、坂本さんの曲を聴いたのは『メリークリスマス、ミスター・ローレンス』のテーマ曲なのですが、そのときは「こんな音楽、聴いたことない!」と思ったんです。久石さんもそうですね。父親のオフィスで『ソナチネ』のサウンドトラックを聴いたのですが、そのときも「こんな音楽、聴いたことがない」と思いました。私には、ふたりの日本人作曲家の音楽を発見したとき、とても強い感情が湧きあがった——ということしか言えないのですが、それでも何か共通点があるとすれば、日本の作曲家にはキャッチーなメロディを作るのが上手いという資質があるのかもしれません。ハリウッドの影響をあまり受けていないからこそ、創造的な自由があるのかもしれないし、西洋的なルールに従わないからこそ、シンプルで記憶に残るメロディが作れるのかもしれない。もちろん、世界中にそうした作曲家はたくさんいると思いますが、日本の映画音楽の作曲家には何か特別なものがあるように思います。

――比べるわけではないですが、牛尾さんがそうした音楽家の中で、ユニークであるところはどこなのでしょう?

JC　その質問に答えるのはとても難しいですね……。彼のサウンドは、非常にモダンでエキサイティングです。彼の音楽に初めて触れた人はみな、「これはすごい!」と言うんですね。牛尾さんは何がエキサイティングなのか、何がクールなのか、そして何が記憶に残るかを理解しているように思います。しかも、スクリーンから切り離しても、なお同じようにエキサイティングな曲を成立させることは、とても難しいと思います。彼の新しい作品、『ダンダダン』の曲を何曲か聴かせてもらったのですが、映画音楽のように聴こえる一方で、新しいアルバムの1曲のようにも聴こえるんです。彼が以前、『日本沈没』でやったビッグビートのようなエレクトロニックな感じもあるし、そうかと思うとシンプルで美しい、ピアノのメロディがとても感動的だったりもします。ただこうして考えてみると、彼のアルバムのほぼすべてに、テクノミュージックが入っているところを愛しているのかもしれないですね。

――テクノミュージックのエレメントが、重要な要素のひとつなんですね。

JC　彼がテクノミュージックのバックグラウンドを持っていますし、実際、ベルリンで1年間住んでいたことも、大きく影響を与えているのでしょう。テクノミュージックと映画音楽をミックスする方法について、理解している作曲家は、世界でも少ないと思いますし、牛尾さんはそうした数少ないアーティストのひとりだと思いますね。牛尾さんは、音楽に対してしっかりと敬意を抱いていて、音楽について学び、テクノミュージックと映画音楽を非常にユニークな方法でミックスすることができる。それこそが、私が彼のことを愛する理由だと思います。

――では最後に、牛尾さんに向けて、メッセージをお願いします。

JC　まず、これから先も彼のインスピレーションがストップすることなく、ずっと作品を作りつづけてくれるように、と願っています。そして彼の才能が、世界中の映画制作者に発見され、ヨーロッパやアメリカの映画監督たちと一緒に仕事するようになるといいなとも思いますね。彼が国際的に活躍してくれたらとてもエキサイティングでしょうし、いつか彼の音楽について、僕と同じように感じる映画監督が現れてくれる。そんな思いがいつか現実になることを願っています。

# 牛尾憲輔ピープルヒストリー

PROFILE

柴 那典（音楽ジャーナリスト）
1976年生まれ。ロッキング・オン社を経て独立。音楽やサブカルチャーを中心に幅広くインタビュー・執筆を手掛ける。著書に『平成のヒット曲』（新潮新書）、『ヒットの崩壊』（講談社現代新書）、『初音ミクはなぜ世界を変えたのか？』（太田出版）、共著に『ボカロソングガイド名曲100選』（星海社新書）、『渋谷音楽図鑑』（太田出版）など。

出会いは才能のひとつだと僕は思う。

人は人との出会いによって変わっていく。それによってその人の新たな側面が引き出されていく。もちろん、偶然や運の左右する部分も大きいだろう。縁や人脈もあるだろう。けれど、きっかけは誰にでも訪れる。そのきっかけに気付くことができるか、それをつかみ、引き寄せることができるか。それがいろんな人にとってキャリアや人生のターニングポイントになっていく。

そういう意味で見れば、牛尾憲輔は、度重なる出会いに恵まれたアーティストだと言うことができる。その出会いの数々を振り返ることで、その多彩な活動や才能がどのように引き出されていったかを解きほぐすことができる。

この論考ではそういう観点から彼のキャリアを振り返っていきたい。

まず最初のターニングポイントは、石野卓球との出会いだ。出会いは2003年9月。20歳のとき。牛尾はインタビューでその出会いをこう振り返っている。

「渋谷WOMBの『STERNE（石野卓球がホストを務めるパーティ）』に遊びに行ったら、卓球さんがバーのあたりで飲んでて。思わず『ファンなんです！　僕は今、Pro Toolsのオペレーターをやってるんですけどミュージシャンになりたいんです！　音楽業界に入るにはどうしたらいいんでしょうか？　デモを送ったら聴いてもらえますか？』って話しかけちゃって、そうしたら卓球さんに『今ちょうどPro Toolsオペレーター欲しかったんだ。ちょっと裏来いよ』って言われたんですよ。『じゃあアルバム一緒に作ろうよ』って」【※1】

当時東京工科大学のメディア学部で音楽と現代芸術を専攻していた牛尾は、まだ個人ではプロ・ツールスがなかなか使えなかった時代にその使い方を学び、大学の教授の紹介で桑原茂一の「クラブキング」でプロ・ツールスオペレーターの仕事についていたという。その1ヶ月後くらいに改めて石野から連絡があり、スタジオに入って石野のアシスタントとしてソロアルバム『TITLE#1』と『TITLE #2+#3』をともに制作する。牛尾にとって音楽活動への道を切り拓いたのが石野だった。そこからは、電気グルーヴ、DISCO TWINS、RYUKYUDISKOなどのテクニカルエンジニアとして制作に携わり、電気グルーヴの「第三の男」としてライブメンバーとして活躍するようになっていく。

最初のソロ作品は石野卓球のレーベル「platik」からリリースされたコンピレーション『Gathering Traxx Vol.1』（2007年）収録の「colours」。このときはagraphではなくkensuke ushio名義での楽曲だった。そこでアンビエント／エレクトロニカ的な作風を確立したきっかけも、最初に作って石野に聴かせたクラブトラックを酷評されたことだったという。

「クラブ・ミュージックからは一度離れて、ずっと好きだったベッドルームで聴けるエレクトロニック・ミュージックをつくってみようと思ったんです。それでダメだったら、本当に自分は才能がなかったんだと諦めもつくかなと思って。そして完成したのが『colours』で、卓球さんに渡したあと、DJイベントのためにドイツに行っていた卓球さんから、〝なんだよ、すごくいいじゃん〟とメールが届いて。そのメールは、ものすごく嬉しかったですね」【※2】

２００８年にはagraphとしてのデビューアルバム『a day, phases』をリリースする。２０１０年のセカンドアルバム『equal』には円城塔が書き下ろした短編小説が付属。当初はあくまで石野卓球の〝裏方〟だった牛尾憲輔のアーティスト活動を切り拓き、その世界観を表現する場所を作っていったのは、当時キューンレコードで電気グルーヴのA&Rを担当していた白井嘉一郎だ。その経緯についてはこう語られている。

「曲が何曲かできたときに、２００８年かな、卓球さんに聴いてもらって。そしたらすごくいいからレコード会社のディレクターとかにちゃんと聴かせた方がいいよって、それで7曲くらい入ったデモをディレクターさんに渡したら、これは良いからちゃんと形にしようというお話をいただいて」【※3】

２０１０年12月には中村弘二、フルカワミキ、田渕ひさ子、牛尾の４人によるバンドLAMAが結成され、２０１１年４月に初ライブ、8月にファーストシングル「Spell」がリリースされる。その繋がりを作ったのも白井だろう。中村弘二とフルカワミキの在籍していたスーパーカーもキューンレコードの所属で、牛尾はLAMA結成前から中村弘二のソロプロジェクト

iLLやフルカワミキのサポートをしていた。

そして、この頃のもうひとつの大きなきっかけとなったのが、クラムボンのミトとの出会いだ。ミトと牛尾はアニメソングDJユニット「2 ANIMEny DJs」を結成し、2010年11月に沖縄で行われたイベントでDJデビューを果たす。この頃から牛尾の〝アニメ愛〟は業界内外に知られていくことになった。その出会いはこんな風に語られている。

「ミトさんはもう本当に、初めて打ち上げで会ったときに『アレ？　牛尾くんイケるクチ？』『……ちょっと席移ろうか？』って感じで。いろんなアーティストさんが集まってる席だったんですけど、2人で端っこに移動して『いやいやいやいやいやいや!!『化物語』観ました!?』みたいな。『最近のシャフト／新房作品、熱いッスよね』って話し始めて、帰りにはもう肩組んでる勢いで（笑）」【※4】

セカンドアルバム『equal』（2010年）リリース時に音楽ナタリーに掲載されたこのインタビューでコアなアニメファンであることを明かし、劇伴やアニソンを手掛けることを熱望していた牛尾。それが本格的に実現したのが、2014年4月に放映がスタートしたテレビアニメ『ピンポン THE ANIMATION』だ。監督は湯浅政明。これが劇伴作家として牛尾がアニメ作品全編の音楽を制作をした初めての作品となった。白羽の矢を立てた湯浅に、牛尾は持ち前の〝アニメ愛〟で応えた。通常は1クールのアニメに20～30曲を作るところ、50曲以上を提出したという。その理由について、牛尾は湯浅監督との対談でこんな風に語っている。

「こっちからどんどんアイデアを出したのも気合いの表れだったんだと思いますし。ただその気合いの入り方っていうのは、さっきも言った通りエゴとか表現欲求とはちょっと違っていて。アニメオタクとして、今まで一度も現場に携わったこともないようなヤツがしゃしゃり出てくるアニメなんて観たくもないですから（笑）。だから『僕はガンガン作るので、ガンガンボツにしてください』『アイデアはどんどん出すので容赦なくぶった切ってください』っていう気持ちでいました。自分の中に飼っている、アニメを愛する〝ミニ牛尾〟がとにかく納得できるもの、ミニ牛尾が『これはいい作品だ』って思えるものを作りたかったので」【※5】

もともと湯浅監督の手掛けた『四畳半神話大系』が大好きで、そのエンディングテーマのいしわたり淳治&砂原良徳＋やくしまるえつこ「神様のいうとおり」もフェイバリットのひとつだったという牛尾。その後も、『DEVILMAN crybaby』（２０１８年）、『日本沈没２０２０』（２０２０年）で湯浅監督とタッグを組んでいる。湯浅が設立したサイエンスＳＡＲＵでもその後に『平家物語』（２０２２年）、『ダンダダン』（２０２４年）の劇伴を担当している。牛尾の「劇伴作家」としてのキャリアを切り拓いたのが湯浅監督との出会いだった。

そして大きなターニングポイントになったのは山田尚子監督との出会いだろう。映画『聲の形』（２０１６年）は牛尾が劇伴を手掛けた２作目の作品となった。もともとagraphを聴いて気になっていたという山田監督側からのオファー。山田尚子作品のファンだった牛尾にとっても願ってもない機会だった。制作過程も独特だった。最初の打ち合わせが、いわゆる劇伴のメニューを提示してオファーするような通常のやり方とはまったく違う話し合いになったのだという。牛尾はこんな風に語っている。

「僕は２０１５年に、映画の脚本があがったあとで劇伴の打診を受けて最初の打ち合わせをしています。本当の最初の最初のときは、山田監督が書いたペラ１枚の『こういう音楽』という資料をもとに、その紙がぐちゃぐちゃになるくらいお互い文字や絵を描き込みながら話をしたのかな。初期に打ち合わせをしていくなかで『（イタリアの画家の）モランディの影のありかたの、あの感じ』とか『極限を扱うとき第何象限を意識します？　僕はX軸方向に漸近していく作り方をしていて』『あー、私はY軸方向で』という話を相当したんですね」

「僕らが重視したのは、『光』『ボケ』『にじみ』といった根幹のコンセプトを共有することであり、聴覚障害や補聴器についての勉強でした。そこに至る過程で、さっき言ったモランディや極限の話、それからドイツの現代美術家ゲルハルト・リヒターや写真家のベアーテ・ミュラーやアンドレアス・グルスキー、スウェーデンの画家ヴィルヘルム・ハンマースホイ、コンセプチュアルアート／アート&ランゲージで有名なジョセフ・コスース、あるいは百人一首の『ひさかたの 光のどけき 春の日に 静心（しづごころ）なく 花の散るらむ』という句……等々が参照されていったんです。そしてそこから、僕は楽曲のスケッチを、山田監督はコンテやできた映像をお互い往復書簡というか交換日記みたいなかたちで送り合って作品をつくっていったんです」【※6】

監督と劇伴作家のやり取りというより、ふたりのアーティストが心の底にある繊細な部分を共有し、呼応しあうようなディープな対話だ。そういう徹底したコンセプトワークを経て映画『聲の形』の音楽は作られていった。その独特なスタイルは、その後の『リズと青い鳥』（２０１８年）、『平家物語』（２０２２年）、『きみの色』（２０２４年）にも引き継がれている。

人との出会いだけでなく、テクノロジーとの出会いも大きい。牛尾は２０２３年に放映されたテレビアニメ『チェンソーマン』の劇伴を担当。そこで用いられたのがソニーコンピュータサイエンス研究所（以下、ソニーＣＳＬ）が開発したＡＩツール「ChainsawGAN」だった。ひとつのアニメ作品の劇伴のためにＡＩツールを開発するという過去に例を見ないプロジェクト。その始まりは２０２０年、ソニーＣＳＬが開発したＡＩ作曲支援ツール「Flow Machines™」を用いた楽曲制作を牛尾に依頼すべくアプローチしたことだった。

牛尾は『チェンソーマン』の原作が持つ〝メチャクチャ〟さを劇伴に表現すべく、「ChainsawGAN」によるＡＩの自動生成を取り入れたという。

ソニーＣＳＬの開発者たちの対談で牛尾はこう語っている。

「〝メチャクチャ〟さを具現化するには、僕自身のコントロールを離れて、本当に予測不能な素材を生成してくれるツールが必要でした。それを曲のなかにどう配置し、劇伴として成立させるかが今回の肝になるのではないかと考えたんです」【※7】

こうして辿ってみると、さまざまな出会いが牛尾憲輔という特異なアーティスト／劇伴作家のキャリアを作ってきたことがわかる。

もちろん他にも重要な人はたくさんいる。フロッグマンレコーズから脚本家として活躍し『交響詩篇エウレカセブン』のシリーズ構成を手掛けるなど「テクノミュージック×アニメ」の先人でもあり『サイダーのように言葉が湧き上がる』（２０２１年）で作品を共にした佐藤大。ＬＡＭＡでエンディングテーマを手掛けた『UN-GO』の水島精二監督や、その劇伴を担当したNARASAKI（COALTAR OF THE DEEPERS）。挙げるとキリがない。

それでも、こうして辿っていくと「出会いは才能のひとつだ」と、改めて僕は思う。

【※1】音楽ナタリー「agraphインタビュー」
https://natalie.mu/music/pp/agraph

【※2】Steinberg公式サイト「牛尾憲輔／agraphインタビュー」
https://japan.steinberg.net/jp/artists/steinberg_stories/agraph.html

【※3】ソニーミュージック公式サイト「agraphインタビュー」
https://www.sonymusic.co.jp/Music/Info/agraph/special/interview/

【4】音楽ナタリー「agraph オタク疑惑検証インタビュー」
https://natalie.mu/music/pp/agraph02/page/4

【※5】音楽ナタリー「アニメ『ピンポン』特集 牛尾憲輔×湯浅政明監督対談」
https://natalie.mu/music/pp/pingpong_music/

【※6】エキサイトニュース「映画『聲の形』音楽・牛尾憲輔インタビュー」
https://www.excite.co.jp/news/article/E1473822166445/

【※7】Cocotame「牛尾憲輔が手掛ける『チェンソーマン』サウンドトラックのために開発されたが示す可能性」
https://cocotame.jp/series/043483/

O YAMADA x
SUKE USHIO
EE TALK

——山田尚子×牛尾憲輔
フリートーク

# 山田尚子&牛尾憲輔、スコットランド・ラヴズ・アニメーション映画祭へ行く

# 山田尚子&牛尾憲輔、スコットランド・ラヴズ・アニメーション映画祭へ行く

写真：牛尾憲輔、山田尚子

**山田**　いきなりなんですけど、この前偶然、ソニーでJC（ジャン＝クリストフ・シャンボルドン）さんにお会いしましたよ。
**牛尾**　本当に!?
**山田**　私、なんでソニーにいたんだっけ。新宅（洋平）さん……じゃなくて……。
**牛尾**　崎田さん？
**山田**　そうそう、崎田さんと一緒に行って。
**牛尾**　山田さんって昔から、名前を呼び間違えますよね（笑）。
**山田**　なんか遺伝っぽい。ウチのおばあちゃんも、私の名前を呼ぶときに孫の名前を全部順番に呼んでいく人で。
**牛尾**　ウチもそう。ウチの母親も僕の名前をすぐ思い出せなくて、3兄弟の上から順番に名前を呼んでいって、しかも途中で必ず「ライカ」って犬の名前を挟む。
**山田**　犬の名前、ライカっていうんですか？　宇宙犬の？
**牛尾**　じゃないと思う。兄がつけた名前なんですけど、昔2匹の姉妹で飼ってて名前がライカとベルカだったから、たぶん『宇宙家族カールビンソン』だと思う。ネタ元は宇宙犬でしょうけど。それはいいとして（笑）。そういえば、この対談の前にグラスゴーの写真が載ってるんですよ。
**山田**　スコットランド・ラヴズ・アニメーション映画祭の。
**牛尾**　面白かったですね。
**山田**　私、大好きなんですよ、スコットランド・ラヴズ・アニメーション。初めてお呼ばれしたのが映画『けいおん！』のときなんですけど、スコットランド・ラヴズ・アニメーションが始まって、比較的すぐのタイミングで呼んでいただいて。
**牛尾**　そうだったんだ。
**山田**　私たちを招待してくれたアンドリューさんが彼の仲間と立ち上げた映画祭なんですけど、それ

がすごく楽しかった。だから作品を作るたびに「また呼んでもらえないかな」って思ってます（笑）。

**牛尾**　アンドリューとは、そのときが初対面だったんですか？

**山田**　そうです。アンドリューさんは音楽がすごく好きだし、きっと牛尾さんと話が合いそうだなと思ってて。だから今回、『きみの色』の上映で一緒に行って、ふたりを会わせることができたのは、夢が叶った感じでした。

**牛尾**　グラスゴー、すごい良かった。イギリスでご飯がおいしかったのって、初めての経験かもしれない。

**山田**　おいしかったですよね。アンドリューさんはお店を選ぶのが好きらしくて、たぶんすごく探してくれてた。

**牛尾**　そうなんだ。グラスゴーって港町だから、出汁があるんですよ。燻製した魚を使って出汁を取る。旨味成分がある料理だから、イギリスとは思えないおいしさで。

**山田**　あったかい出汁がいただけて、幸せでしたよね。ただ私、向こうにいたときは気付かなかったんですけど、牛尾さん、体調を崩していらっしゃったんですか？

**牛尾**　うん、お腹を壊しちゃって、ずっと胃腸薬を飲んでました。

**山田**　道理でちょこちょこ姿を見ないなと思ってたんですけど。上映のときも「一緒に観ない」とおっしゃってて。私はお腹を壊しているのを知らなかったから「逃げたのかな」って思ってたんですけど（笑）。

**牛尾**　こっちに全部背負わせやがって、と（笑）。

**山田**　観客の方と一緒に観るのは緊張するので。でもやっぱり、向こうの観客と一緒に観ることができて良かったと思う。『きみの色』

36

って、日本の文化に沿って日本人が作った日本の映画だと思うんです。でも、すごく俊敏に反応してくれるし、笑うところはめっちゃ笑って、シリアスなところではグッと見入ってくれる。

**牛尾**　いいですよね。僕は上映後に家族連れで見てくださった方と話す機会があって。この映画の作曲家です、とお伝えしたらお父さんが「この映画は教育的だ！」と。なんでまた？と思って理由を聞いたら「若い奴らが『ボーン・スリッピー』や『ブルー・マンデー』を聴きたくなる！これは教育映画だ！」って（笑）。

**山田**　あははは（笑）。義務教育でみてもらいましょう

**牛尾**　本当本当。皆素敵だし、グラスゴーは住めると思いました。

**山田**　ね。そんなに大きな町でもなくし、街並みも派手派手しくなくて、チェーン店とかもあんまり見当たらない感じで。

**牛尾**　アップダウンは激しいけど、ちょっと京都に似た感じもありますよね。

**山田**　ありますね。あの狭さとか。

**牛尾**　音楽がめちゃくちゃ有名、みたいなところも含めて。

**山田**　そうですね。広がらずに守っているものがある感じは、京都と共通する気がする。

**牛尾**　街からちょっと出ただけで、散策するのにぴったりな林とか公園もあって。

**山田**　で、またそこに生えている木が「嘘だろ」っていうくらいカッコいいんですよ。

**牛尾**　そうそう。あとスコットランドとイングランドの関係性ってちょっと難しいじゃないですか。で、牛尾憲輔ってイニシャルだと「U・K」なので、映画祭で「お前たちが愛する唯一のUKは俺だ」って話をしたら、めっちゃウケた。

**山田**　それ、いいなあ（笑）。私、来週、ニューヨークに行くんですけど、それ、いただいてもいいですか。山田尚子のイニシャルは「NY」なので。

**牛尾**　もちろん（笑）。そういうダジャレはどんどん言っていきたい。山田さんはグラスゴーに住んでみたいとは思わないんですか？

**山田**　住むというよりは、コンテ期間に籠ったりしてみたい。滞在とか。

**牛尾**　僕もベルリンに住んでたことがありますけど、すごくいいですよ。先輩目線で言うわけじゃなく、ぜひお勧めしたい。東京と京都を行ったり来たりしつつ、コンテ期間はグラスゴーに行って。で、上がったコンテを受け取りに、崎田くんがグラスゴーに飛ぶ。

**山田**　呼ぶんですか（笑）。

**牛尾**　国際便で1週間だったら、持って帰って来たほうが早い！みたいな（笑）。

**山田**　それは楽しそう。やっぱり東京は情報量が多いし、スピードが早いじゃないですか。自分を保つための精神力みたいなものが、すごく消耗するなと思っていて。そういう意味では、東京で孤高の存在でいられる牛尾さんは本当にすごいなって思う。

**牛尾**　いやいや、友達がいないだけなので。

**山田**　そんなことはないでしょう（笑）。東京にいながら、ちゃんとやりたいことを見つけて、そこに真剣に向き合えるのはすごいなって思います。

**牛尾**　でもむしろ、東京のほうがやりやすいような気がしますけどね。アーティストの来日にしても、美術展でも映画でも、東京に来ないことって、まずないじゃないですか。そういう意味でめちゃくちゃ数が多いから、ノイズと一緒なんですよ。

**山田**　ああ、多すぎて逆に。

**牛尾**　どれをピックアップしていいかわからないし、自分に理由がないと選べない。そういう意味で、東京にいるほうがやりやすいような気がしなくもないですけど。山田さんは京都にいたとき、どうでした？

**山田**　京都にいたときは、そういう情報の海みたいなところから外れている実感があって。それこそ映画が1本上映されるまで3ヵ月かかったりするからこそ、待ち焦がれた末に観に行く、みたいな感じで。そこは気に入ってましたね。

**牛尾**　それは確かに東京にはない気がする。

**山田**　だからグラスゴーを第一目標として、いろんな土地に身を置いてみたいという欲が出てきてます。海外なら、言葉もわからないし、それも勉強になるなと思って。

**牛尾**　グラスゴーなら、日本ほど山田さんのことは知られてないだろうし。

**山田**　日本でも全然知られてないですよ。

**牛尾**　いやいや、そんなことはないでしょう。

**山田**　ないです、ないです。京都にいたときに一度、スーパーで買い物をしてたら、レジのお姉さんに「山田さんですよね」って、言われたりしましたけど。一番気付かれたくないときに気付かれる（笑）。

**牛尾**　この人、めちゃめちゃお勤め品を買ってるな、みたいな（笑）。

**山田**　そうそう。

**牛尾**　グラスゴーの話だけじゃアレなので（笑）、最近良かった画集とかを、今日持参したんですけど。

**山田**　あっ、これって「BRIAN ENO AMBIENT KYOTO」のパンフレットですよね。

**牛尾**　そう。ちょうど『きみの色』の制作のときだったんですけど、この展覧会に「これは何か、いま作ってる映画について考えるきっかけになるな」って作品があって。それで山田さんに「これ、良かったんで、ぜひ観に行って」って話をしたんです。

**山田**　ブライアン・イーノさんがやっていたことが、のちの『きみの色』にすごく繋がるんじゃないか、っていう内容で。でも、そのときは「とにかく行ってみろ」とだけしか言われなかったんですよね。

**牛尾**　あとで展覧会を見た山田さんから「よく、これを見て黙っていられたね」ってお褒めのメールをいただきました（笑）。

**山田**　いや、嬉しかったです。で、私も「何か最近良かったコンテンツを」と思って、いろいろ考えたんですけど……。アート鑑賞もそうですけど、最近、手で触れられる立体的なモノとか空間がいいなと思っていて。で、私、気が狂いそうなほど車に乗るのが好きだってことに思い当ったんです（笑）。車に乗れると思うだけで、脳からドーパミンが出るくらい、車に乗るのが好きで。

**牛尾**　それは運転するほうではなく？

**山田**　そう。ただただ乗ってるのが好き。

**牛尾**　そういえば、山田さんは飛行機に乗るのも好きじゃないですか。

**山田**　好きです。でも、飛行機は乗っていることが好きなわけではなくて、機体が好き。でも車は、乗っているところを想像するだけで「うあーっ！」ってなる。

**牛尾**　そうなんだ。

**山田**　今年の冬に何ヵ国かヨーロッパを旅行をしたんですけど、向こうは電車のほかにバスも発達していて、バスでどこでも行けちゃうんです。なので、結構、バスを使って移動したんですけど、スウェーデンに行ったときに乗ったバスが2階建てで。その一番前の席が全面窓、みたいな作り。移動中、たぶん4〜5時間あったと思うんですけど、その間、一度もスマホに触らなかったくらい最高の体験でした。変化し続ける景色を見てると、思考もすごく回る。

**牛尾**　それはわかる。運転じゃないんですね。

**山田**　運転は、危ないので（笑）。頑張って取得した免許ですが、もう返納しようかと思ってるくらい。

**牛尾**　いくらなんでも、それは早いよ（笑）。話を戻しますけど、そうやってバスの車窓から眺めを見てると、やっぱり「ロードムービーを作ろう」みたいな気持ちになるもんなんですか？

**山田**　それが不思議とならないんです。なんというか、カッコつけて言うと、リズムを見つけて楽しんでる感じ。

**牛尾**　なるほど。でも話を聞いていると、やっぱり手ざわりがあるものはいいですよね。仕事柄、コンピューターの前に座りっぱなしなので、手で触れられるものがほしくなる。

**山田**　本当にそうですよね。ただ牛尾さんは0と1の世界ですべてやり切るのを生業とされてるわけじゃないですか。しかもそれに惚れ込んでるわけで。

**牛尾**　とはいえ『きみの色』のときもそうでしたけど、山田さんのコンテを目の前に置いて、とにかくピアノを弾いてみる、みたいなことってすごく大事だと思う。音楽ってやっぱり茫洋としてるじゃないですか。手で触れられなかったり、目で見ることができないものなので、だからこそ絵作りよりも、手ざわりを求める傾向があるのかもしれない。

**山田**　それで言うと、手ざわりの延長でレース編みとかやり始めてます。手を動かしてると、頭がくっきりはっきりする。スマホを見てたり、データで仕事をしていると、頭が動いてない感じがしちゃうのかな。わかんないですけど。

**牛尾**　昔はずっと鉛筆でしたもんね。

**山田**　そうなんです。だからやっぱり、原画チェックは紙の束でパラパラッってやりたくなっちゃう。レース編みって、結構昔から極めたいなと思っていて、いつかはレースで立体作品を作りたいんですよ。

**牛尾**　それ、いいなあ。そういえば、巨大な編み物を車にかける作品がターナー賞を獲ってるんですよね。

**山田**　たしかにターナー賞っぽい。私はレース編みでフレディ・マーキュリーの立体作品を作りたいなと思ってて（笑）。で、タイトルももう決まってて「レース・クイーン」っていうんです。

**牛尾**　それ、すごくいいと思う（笑）。最終的には、グラスゴーのタウンハウスで、ジャムを作りながら、レースを編んで、アニメのコンテを描く人になるっていう。

**山田**　全部乗せにして（笑）。

**牛尾**　で、「レース・クイーン」を作った後は、エリザベス2世を作って、「レース・クイーン」シリーズにすればいいんじゃない?

**山田**　ああ!

**牛尾**　あとはエメラルダスとかやって、レース・クイーン・エメラルダスっていう(笑)。

**山田**　全然行ける。ただ久々に口に出してみて思ったんですけど、「レース・クイーン」って言葉はいま、OKなんですかね。とてもカッコいいけれど。

**牛尾**　たしかに。でも、映画監督のレース作品っていいと思うな。説得力があると思う(笑)。……というところで、そろそろ締めにしようかと思うんですけど、何か話しておきたいことはありますか?

**山田**　そうだなあ、牛尾憲輔としての今後の抱負は?

**牛尾**　健康、ですね。

**山田**　いや、本当に大事です。健康。身体が資本とはよく言ったもので。

**牛尾**　千鳥のノブさんが、お父さんと最後に交わした会話というのがあって。そのときお父さんは「ノブ、人生後半は膝ぞ」って言ってたらしいんですね。

**山田**　あははは(笑)。

**牛尾**　なので、今後の抱負は「膝」。

**山田**　『相席食堂』に、ノブさんのお父さんが出てくる回があるんですけど、ご覧になったことありますか?

**牛尾**　えっ、そんな回があるんだ。

**山田**　すごく秀逸な回なんですけど、あれを見た後だと、いまの話に余計、重みを感じました(笑)。

**牛尾**　じゃあ、逆に山田さんの抱負は?

**山田**　貯金、ですね。

**牛尾**　積み立てNISAですか。

**山田**　積み立てNISAです。

**牛尾**　それか国債。

**山田**　国債って買えるものなんですか?

**牛尾**　買えます、買えます。ぜひご検討ください(笑)。

**山田**　検討します。じゃあ、私たちの抱負は「膝」と「貯金」ということで(笑)。

# 音楽が「見える」とき
# 牛尾憲輔の「バンド」観を手がかりに
# 紐解く『きみの色』

PROFILE

北出 栞（編集・批評）

1988年生まれ、神奈川県出身。2021年、「2020年代のセカイ系」をテーマにした評論アンソロジー『ferne』を自費出版。同人誌即売会「文学フリマ」を中心に話題となる。2024年4月に初の単著『「世界の終わり」を紡ぐあなたへ——デジタルテクノロジーと「切なさ」の編集術』（太田出版）を上梓。

2024年8月30日に劇場公開されたアニメ『きみの色』は、山田尚子・牛尾憲輔タッグにとって初めて原作・原案を持たない、完全オリジナル作品である。両名には芸術的な素養に重なるところが多くあり、タッグ1作目の映画『聲の形』から、「音楽や映画だけでなく、絵画や彫刻、舞踊、写真、建築まで含めて、具体的な固有名詞」【※1】をもとに、緻密なコンセプトワークを行ってきた。『リズと青い鳥』では2作目にして早くも、メインふたりのキャラクターの「似ているけど、違う」関係性を音楽的にも表現するべく、山田が提示した「デカルコマニー（転写画）」というキーワードをもとに、「五線譜の上にインクを垂らし、紙を中心で折ることで図形楽譜を作る」というきわめてハイコンテクストかつエクストリームな手法に到達している【※2】。

3作目のテレビシリーズ『平家物語』も含め、「音」や「音楽」が物語の中心に据えられた作品を作ってきた両名。４作目となる『きみの色』では、バンド音楽が初めてストーリーの軸に置かれている。しかし、作中で組まれるバンドの編成は、決して王道的なものではない。シーケンサーと、テルミンをはじめとする複数の電子楽器を扱う「ルイ」、ギターとメインボーカルの「きみ」、そして電子ピアノを主に演奏する「トツ子」の３人編成である。通常、バンドと言われてイメージされることの多いベースとドラム、いわゆるリズム隊を担うメンバーはおらず、代わりにルイが操作するラップトップ上の自動演奏がその役割を担っている。

　ここで思い出されるのは、本作では初めて「音楽監督」としてもクレジットされている牛尾が、２０１１年に中村弘二・フルカワミキ・田渕ひさ子と結成した、ＬＡＭＡというバンドでの活動である。同バンドは、ギターボーカル＝中村、ベースボーカル＝フルカワ、ギター＝田渕に、シーケンサー・シンセサイザーを演奏する牛尾を加えた、やはりドラムレスの編成だ。牛尾はＬＡＭＡに参加する以前にバンドの経験はなかったといい、したがって本作における「バンド」観には、牛尾のＬＡＭＡでの経験が直接的に反映されていると見て良いはずである。

　ＬＡＭＡについて、牛尾が過去にインタビューで語った発言をいくつか抜粋しよう。

「いい意味でバンドではないというか、プロダクションチーム的な側面があるのかなと思ってるんですよ。３人とも立派なキャリアを持ってる人たちですし、僕も普段からプレイヤーではないので楽曲に対して引く視点を常に持つようにしてて。しかもその視点で曲を作るので、僕が出した音を誰かがカットしてもそれで曲が良くなるならばそれでいいし。みんな、自分が出した音に対するエゴよりはプロデューサー的な視点のほうが強いんですよ。例えば僕が田渕さんのギターを切っても、そのほうが良ければ田渕さんは『そっちのが良い』って言える。自分の持ってるアイデアなり音なりをテーブルの上に出して、みんなで腕組みして俯瞰の視点で考えられるっていうのが、LAMAのすごく良いところだと思いますね」

（ファーストシングル『Spell』リリース時インタビュー）【※3】

「自分のフェチとして、自分だけの音楽をやってるときは、ファインアートに対する相対的な位置を計るので、結果的に自分がポップスかとか、大衆にコミットするとか、そういうことを考えなくもないんですけど、それとLAMAの意識は全然違うなって。ソロはコンセプトを根っこから作るので、（ファインアートは）そういうときに必要なツールっていう感じなんですけど、LAMAはホントに『場』だし、共有、コミュニケーションっていうのがすごく重要なタームになってくるので、それと個人的な意識は別だと思うんですよね」

（ファーストアルバム『New!』リリース時インタビュー）【※4】

「ループが土台になっているという意味でagraphと今回のLAMAは共通しているんですけど、agraphの場合は自分ひとりで作り込んでいきながら、塩で酒を飲むような微妙な差異――例えば、ある瞬間にハイハットが入る入らないっていう違いを楽しむ作り方であるのに対して、LAMAの場合は自分以外の音が入ることも踏まえて、あえて余白を残すんですよね。しかも、その余白に3人の音が入ることでコミュニケーションが生じて、その後、自分が出す音も変化していくので、LAMAの音楽制作は自分にとってまったく新しい体験なんです」
（セカンドアルバム『Modanica』リリース時インタビュー）【※5】

多くの場合、異なるキャリアを歩んできた作り手同士が同じ方向に向かっていくためには、共通言語を探すこと、コミュニケーションの土台作りから始めなければならない。いきなりコンセプトワークを行うことができた山田との協働は、牛尾にとってバンドというよりむしろソロ（agraph）のやり方に近かったわけである。

ＬＡＭＡの牛尾以外のメンバーは、中村・フルカワがスーパーカー、田渕がナンバーガールというバンドのメンバーとしてデビューし、その後も現在に至るまでさまざまなバンド、セッションに参加してきた、「バンド的コミュニケーション」が血肉化されたプレイヤーだ。牛尾はＬＡＭＡに参加するまで、ひとりで作り込む電子音楽の制作しか経験がなく、しかも結成当時は牛尾がドイツに長期滞在していたことから、専用のオンラインサーバーを設けて、メンバーが各々曲の種を投下し、それを元にやり取りしながらある程度形になった時点で、レコーディングに入るという手法を取っていたという。

『きみの色』で描かれる、個々が自室で楽曲の種となるアイデアを録音し、メッセージアプリで共有し、廃教会に集まってセッションし、クラウドサービスに音源をアップロードする……という一連の工程は、牛尾がＬＡＭＡで初めてバンドを組んだときの経験を反復しているかのようである。ルイから譲り受けた電子ピアノを鳴らして、それをスマホで録音する、ということを思いついたときのトッ子の、まるで世紀の大発見をしたかのような喜びようといったら！　デジタルツールを駆使しながら「場」を設計すること自体、実際に音を鳴らし合うのと同じくらい重要な「音楽を作る」ことの一部なのだという牛尾の実感が、そこには籠もっているように思える。

『きみの色』の音楽を読み解く上で、もうひとつ着目しておきたいのが、シンセサイズ（音響合成）という観点である。

作中でルイも使用しているＤＡＷと呼ばれる音楽制作ソフトでは、ＭＩＤＩと波形というふたつの方法で音を扱うことができる。ＭＩＤＩは「打ち込み」の語源となったフォーマットで、音の長さ・高さ・強さの情報を持ったデータを一音一音、鍵盤やマウスで「打ち込む」操作感覚に対応している。一方で波形は、音の情報が文字通り波の形で表されるもので、つまりはスペクトル（連続量）的であり、ＭＩＤＩと異なり音色の情報も扱うことができる。ＭＩＤＩによる作業を点描的とするなら、波形を編集するという作業は、キャンバスに塗った絵具を、刷毛を使ってさらに塗り重ねたり、ヘラを使って削ったりしていくようなイメージだ。どちらが優れているということはなく、メロディラインの作成をＭＩＤＩの打ち込みで、音色の作成を波形編集で、と使い分けるのがＤＡＷを使った音楽制作のスタンダードである。

ここで考えてみたいのが「ポリフォニー」という音楽上の概念である。「多声性」とも訳されるこの概念の起源には、グレゴリオ聖歌がある。トツ子とルイに出会いバンドを組む以前のきみは、ミッション系の高校で聖歌隊のリーダー的ポジションを担っていた。聖歌には、楽譜にしたがって他者と協調し、和音（ハーモニー）を狂いなく奏でなければならないという規範があると思われがちだ。実際に

『きみの色』(2024年)


は、ポリフォニーの「多声」とは複数のパートが異なるメロディを同時に奏でるという意味で、必ずしもハーモニーを重視する音楽というわけではないのだが（よりその意味に近いものとしては、主となるメロディを引き立てるために他のパートが伴奏としてのハーモニーを奏でる「ホモフォニー」という概念がある）女手ひとつで自分を育ててくれている、同じ学校の卒業生でもあった祖母を喜ばせるために優等生であり続けなければならないと自らにプレッシャーを課していたきみにとっては、不自由さの象徴でもあった音楽だったのだろう。

そんなきみはやがて高校からドロップアウトし、ひとり自室でギターの練習を始めることになる。しかし、聖歌とロックは表面的なスタイルこそ違えど、ギターの練習はコード、つまり和音を正確に弾くところから始まるものであり、そういった意味ではこの時点での彼女に根本的な転機はまだ訪れていない。彼女の転機は、音楽を楽譜通りに狂いなく演奏するものとしてでなく、ズレを許容するものとして捉えられるようになったときに訪れるだろう。

そう、バンド音楽こそ、複数の楽器から発せられた音が、ズレを含んだ空気の振動として捉えられるところに成り立つ音楽である。そこでのズレは「グルーヴ」と呼ばれ、肯定されもするわけだ。3人が組んだバンド、「しろねこ堂」においてリズムセクションを担うのは、ルイがラップトップ上に打ち込んだ音源の自動再生だが、たとえ機械的に刻まれるビートが土台となっていたとしても、その上に重なっていく3人の演奏は不断にズレ続ける。「生楽器だけで構成されていなければ、バンドではない」などということはない。重要なのは、その音が人間だけで鳴らされていようと、機械が介在していようと、ふたり以上の人間がそこにいる……つまり「ひとりではない」ということが「バンド」の最低条件だということだ。

ひとりギターを弾くところから、複数人による共鳴へ。こうした移行を「和音から波へ」と表現してもいいかもしれないが、その象徴となっているのが、ルイが演奏するテルミンという楽器だ。最古の電子楽器とも言われるテルミンは、2本のアンテナの周囲に形成される微弱な電磁場の中で手を動かすことで、音の高さや大きさを制御するという仕組みになっている。環境によっては、数メートルほどの距離で誰かが動いただけでも、プレイヤー本人にしかわからない影響が生じることがあるという。

空間の中に一定の質量を持って「そこに在る」というだけで、避けようもなく周囲に「波」を発生させてしまうということ。音楽を作るという行為を、音の配置を変えながら波形をデザインする行為だと定義したとき、バンド音楽もシンセサイザー音楽も本質的に同じものである、と言うことが可能になるかもしれない。

ここで目を向けてみたい、興味深い記述がある。牛尾はとある音源モジュール（シンセサイザーに外付けして、音色の編集機能を物理的に拡張する追加パーツ）の機能について、「断続的に入力されるサウンドを途切れることなくシンセサイズするという意味でのポリフォニー」【※6】とレビューしたことがあるのだ。

シンセサイザーは、その誕生の折には単音しか出すことができず、ピアノのようにひとつの鍵盤を叩いたらひとつの音が出る、と対応させられるようになったのは後年になってからだ。しかし今日においても、単純に音を

『きみの色』（2024年）

作り込むだけだったら単音しか出せないほうが都合がよい場合があり、ソフトウェアとしてモデリングされたシンセサイザーの多くには「モノフォニック」と「ポリフォニック」両方のモードが搭載されている。

牛尾は、モノフォニー＝単音の断続的な入力、つまり普通の意味でのポリフォニー＝同時的に異なる音を合成するタイプではない音響合成のことを、わざわざ「という意味での」と留保をつけつつポリフォニー（的）だと言っているわけで、これはややアクロバティックな言い回しである。しかしここには『きみの色』のテーマ性にも通ずる、牛尾の思想が表れているのではないか。時間の進行にともなって変化する相対的な関係値もまた、ポリフォニーなのだと。

「バンドならではの音楽」と言うとき、異なる個性＝音楽性がぶつかり合うことによって化学反応が生まれる、といった点が強調されがちだ。だからこそ解散の理由として「音楽性の違い」という定型句が使われたりもするわけだが、音楽性とは、バンドメンバー個々人に一対一で割り当てられているような単純なものではない。当たり前のことだが、人は時間や経験によって変化する生き物である。だとすれば、個々の持つ音楽性も、また通時的に変化するものであるはずだ。

音響を「モノフォニック」に合成した上で、時間軸に沿って「ポリフォニック」に構造化していくというのがシンセサイザーによる音楽制作のセオリーだとするならば、牛尾は面的な「合成」と線的な「構造化」の双方を「ポリフォニー」という概念のもと、パラレルなものとして捉えている。牛尾は完成した本作を改めて観たときに「ストーリーを追うだけが映画（のあり方）じゃないんだな」と思ったというが【※7】、それは上記のような思想を持つ、他ならぬ牛尾自身の仕事によって達成された、新しい映画のあり方なのかもしれないのだ。

◆

山田の監督デビュー作がやはり高校を舞台にした「バンドもの」である『けいおん！』であり、牛尾自身のバンド経験も反映されているとなると、『きみの色』を両名のタッグ体制によるひとまずの集大成と位置付けることに異論を持つ人は少ないだろう。そして集大成たる本作だからこそ、そもそも「映像」と「音楽」という、異なる五感に訴える芸術領域が根本的に共有しているある条件を明らかにしているように思える。すなわち、光も音も、同じ「波」という物理現象に基づいているということを、である。

本作は人を「色」で見ることができるトツ子による、以下のようなモノローグから始まる。

生物が色を認識する感覚は、進化の結果として獲得されてきたらしい。光を受けた物体が、その光の色を吸収、反射して、瞳の網膜を通じて脳に色を届ける。色というのは、光の波のようなもので、赤いリンゴ、緑色の葉っぱ、青い魚、長さの違う光の波で、いろんな色の形になる。らしい。だけれども、私が感じる色は、もう少し別のところにもあるような気がする。

幼少期には他者と違う感覚を口に出したことで奇異の目で見られたこともあったようだが、聡い彼女は早々に沈黙することを学び、いまでは温かい友達や両親にも恵まれ、平穏な日々を送れているようだ。しかしそれは静かな諦めを日々重ねているということでもあり、おそらくは「言ったところでどうにもな

『きみの色』（2024年）


らない」というその感情が、毎日礼拝堂で祈るという行為に向かわせている。

視覚表現は、絵画だけでなくたとえ時間軸を持った映像であっても、「コンテンツを客体化するフレーム」と「それを視界に収める鑑賞者の眼」という、静的な関係が基盤にあることには変わりがない。自分の外側にある対称を「見る」という行為は、根本的に一対一の排他的なものであり、だからこそ色覚も他者と共有することができない。

しかし、色覚の源である光を、音と同じ「波」という現象として捉えるならば、それが他者と共有されるイメージを思い描くことができるかもしれない。沈黙の中で祈りに託すしかなかった感覚が、思わず他人の身体を揺らす、音楽に昇華されるようなイメージを。もちろん実際に色覚をそのまま聴覚に変換するような装置は、（いまのところは）この世に存在していないのだが、抽象と具象、主観と客観を行き来することのできるアニメーションという媒体は、仮想的にその可能性を具現化することができる。

最終的に、トツ子に（も、きみにも、ルイにも）必要なのは、「自分の抱えている感覚的な違和は、他者と完全には共有できない」ことへの納得であり、同時に「でも、それはみんな同じ」であること、そして「だからこそ、共鳴し合うことで、新しい何かが始まるかもしれない」という予感である。本作のライブシーンが感動的なのは、それまで視覚表現としてその始まりが予感されてきた音楽が、バンド演奏として（可視化ならぬ）可聴化を果たすことで、画面のこちら側にいる私たちも巻き込んだものとしてついに波打ち始めるからだ。

他人の色は見えても、自分の色だけはわからなかったトツ子は、最終的に自分の色が「見える」。しかし、それはすでにあったものを「見つけた」わけではないのだと私は思う。色覚とは本来、RGBのような絶対値では表すことのできない、周囲の情報との相対的な関係の中で心の中に浮かび上がってくるものだ。『きみの色』というタイトルに掲げられた「きみ」とは、登場人物の名前であると同時に、観客ひとりひとりに向けられた二人称でもあるだろう。約100分の上映時間を体験することで、作品と観客の間に音楽が生まれ、きみ＝わたしだけの色を持ち帰ることができる。そのとき浮かび上がってくる色は、折々の人生模様や心身のコンディションによっても変わってくるはずで、だからこそ鑑賞を終えた瞬間に、何度でも繰り返し、この作品を観ることになるだろうと予感するはずだ。そのたびに、新しい音楽＝色が「見える」はずだから、と。

【※1】アニメ！アニメ！「映画『聲の形』牛尾憲輔インタビュー 山田尚子監督とのセッションが形づくる音楽」
https://animeanime.jp/article/2016/09/16/30521.html

【※2】リスアニ！「劇場アニメ『リズと青い鳥』音楽担当・牛尾憲輔インタビュー」
https://www.lisani.jp/0000075376/?show_more=1

【※3】音楽ナタリー「Power push LAMA 中村弘二&牛尾憲輔インタビュー」
https://natalie.mu/music/pp/lama02

【※4】CINRA「LAMAが打ち出した『ポップ』の理由」
https://www.cinra.net/article/interview-2011-12-01-000000-php

【※5】TOWER RECORDS ONLINE「インタビュー LAMA『Modanica』」
https://tower.jp/article/interview/2012/12/12/b755-lama

【※6】『サウンド&レコーディング・マガジン』2016年6月号「NEW PRODUCT REVIEW : MUTABLE INSTRUMENTS Rings/Shades/Warps/Branches」

【※7】東宝MOVIEチャンネル「【音楽・音楽監督 牛尾憲輔】『きみの色』color palette スペシャルインタビュー」
https://www.youtube.com/watch?v=mmVx5tP4v00

# 演出と「ズレ」
## ——牛尾憲輔の劇伴作品をめぐる思索

PROFILE
宮昌太朗（ライター）
1972年生まれ、石川県出身。大学在学中よりライター、編集者として活動を開始。2000年よりUNDERSELL ltd.に所属した後、フリー。アニメ雑誌を初めとする各種専門誌やパッケージ商品の編集・ライティングのほか、テレビアニメの脚本なども手がける。著書に『田尻智 ポケモンを創った男』『幼年期が終わった後に テレビゲーム評論集2001-2012』。

フランスの批評家で、音楽家として活動するミシェル・シオンは、著書『映画の音楽』のなかで、学生相手に行ったある実験について言及している。その実験とは、クシシュトフ・キェシロフスキの映画『ふたりのベロニカ』の任意のシーンを、本来の音声を消去したうえで別の音楽をつけて上映するというもので（使われたのは、ジェームズ・ホーナーが作曲した『フィールド・オブ・ドリームズ』のクレジット・タイトルの音楽、ウォルター・カーロスが編曲した『時計じかけのオレンジ』の行進曲、ディヴ・グルーシンが演奏する「クール・ジャズ」の3曲）、シオンはその結果をこう報告している。

「無作為に流していたにもかかわらず、適当に選んだ初めの2曲は、おおむね機能している。（中略）いくつかの部分で音楽と映像そのものをシンクロナイズしなおし、調性を変化させさえすれば、これらの音楽もシークェンスの一部をなすものとなりえる」

要するに、もともとの劇伴とはまったく異なる音楽を流しても——たとえ、元の映像が持っていた意味合いからズレたとしても、とにもかくにも映像は成立してしまう。この結果を、私たちはいったいどう受け止めればいいのだろう。

多くの場合、私たちはある映像と音楽の結びつきを唯一無二のものだと確信している。『スター・ウォーズ エピソード4／新たなる希望』は、ジョン・ウィリアムズが手がける、あの華やかなトランペットの音色から始まる「べき」だろうし、あるいは『暴れん坊将軍』のチャンバラシーンで、もし菊池俊輔によるアップテンポな曲が流れていなかったら、ずいぶん気が抜けた場面だと感じてしまうだろう。

要するに、私たちはある映像と音楽のつながりを、何か確固とした絆、ほかに替えが利かない紐帯のようなものとして受け止めている。しかし、シオンが学生相手に行った実験は、実際にはそうではない可能性を示唆する。意外にも（？）私たちの直感に反して、ある映像と音楽の結びつきは、決して唯一無二のものではない。

ある映像と音楽の結びつきが、あくまで任意のつながりであること。そうした事態を制作者側から捉えた場合、どうなるのだろうか。

「（選曲の工程において）たっぷり時間をかけて、曲を当てていくんですけど、もしかしたらこれは全部、真逆のほうが良かったかも、とか思う。いま、音楽がついてないところにつけて、逆に音楽をつけてないところにつけたほうが良かったんかも、とか。それこそ無限にできるわけです」

この発言は、本稿で取り上げる音楽家・牛尾憲輔と過去、四回タッグを組んでいる映画監督・山田尚子によるものである（映画『きみの色』公開時に行われた牛尾との対談より）。ここで山田監督が示唆しているのは、つまり、私たちが完成した「映画」として目にしているものは、数限りなくありえたかもしれない可能性のうち、最終的に選び取られた「選択」なのだ、という（当たり前といえば当たり前の）事実にほかならない。

あるシークエンスにどの音楽をつけるのが、よい「選択」なのか。明るく軽やかな曲調がいいのか、重くひきずるような曲調がいいのか。メロディを立たせた曲がいいのか、それともあえて抽象的なサウンドに徹するべきなのか。オーケストラを使うべきか、あるいは小編成がいいのか。もしかしたら電子楽器という選択肢もある。サウンドの響きは。音量は。そもそも音楽などつけずに、絵の力だけで見せたほうがいいかもしれない……。

私たちが映画を観ているとき、何気なく耳にしている「劇伴」の裏には、そんな演出家（と音楽家）による逡巡と取捨選択がある。

しかもそれは別に、アニメーション映画だけの話ではない。実写のドラマはもちろん、YouTubeやTikTokで配信されている映像にも、そして普通「劇（ドラマ）」とは無関係だと思われているバラエティ番組やＣＭの背景にも、私たちは大量の「音楽」を聞き取ることができる。その大量の「音楽」の背後には、作り手の取捨選択が存在していて、そしてそれを私たちは「演出」と呼ぶ。

ここまで私たちは、基本的に映画（やドラマ）における音楽に注目してきた。しかし前段で触れた通り、音楽が使われるのは映画やドラマだけには限らない。テレビやＣＭ、ネットで配信される動画も含めた映像一般はもちろんのこと、舞台劇やテーマパークのような例もあれば、はたまたインスタレーション・アートのように観客を包み込む空間全体を作品化する場合にも、音楽が大きな役割を果たしている。

そもそも映画もまた——それこそ無声映画の時代から、音楽と共存する芸術形式だった。トーキーが導入される１９２０年代以前、各映画館にはお抱えの楽士たちが待機し、上映されるフィルムに合わせて、多彩な音楽を奏でていた。そこでは、クラシック音楽の抜粋が演奏されることもあれば、はたまた「クライマックス」「神秘的な緊張」「動きのある緊張」など、シチュエーション別に分類された曲集（カタログ）を組み合わせて、メドレー形式の伴奏がつけられることもあった。日本では、セリフや解説を語る弁士とともに、生楽器による伴奏が行われていたことを知っている方も多いだろう（もちろん、これらの音楽はときにレコードで代用されたりもした）。

　さらに遡れば、映画に直接的・間接的に影響を与えた舞台芸術の伝統がある。舞台の上で歌手たちが唄い、ドラマ（劇）を繰り広げるオペラやオペレッタ（アメリカ亡命後、１９３０年代のハリウッドで活躍したエーリッヒ・コーンゴルドは、もともとウィーンで活動するオペラ作曲家でもあった）。だがそれよりさらに重要なのが、ミュージック・ホールやレヴュー・ショーの伝統である。チャールズ・チャップリンを筆頭に、ミュージック・ホール出身で、その後映画で才能を開花させたタレントは数多い。トリック撮影の始祖でもあるジョルジュ・メリエスが、自身もマジシャンとして出演する劇場の経営者だったことは言うまでもない（彼にとって映画は、たぶんマジックの延長線上だった）。

　舞台劇と演芸を区別するのがごく当たり前になってしまった私たちにとって、なかなか想像するのは難しいことだが、演芸や見世物の持つ猥雑ないかがわしさは、間違いなく映画のルーツのひとつとして存在している。そして観客の前で多彩な芸を披露する彼らの背後には、つねに賑やかな音楽が流れ、ときに笑いを、ときに緊張を生み出す源泉でもあった。

　フランスの批評家、ウィリアム・マルクスの『オイディプスの墓―悲劇的ならざる悲劇のために』は、近代文学を批判しながら、古代ギリシア悲劇の作品世界にユニークな光を当てた一冊だが、ここでマルクスは作品伝承のあり方を丁寧に追いながら、ギリシア悲劇を「レヴュー・ショー」のようなものとして捉えようとする。

「『縛られたプロメテウス』『フェニキアの女たち』『トロイアの女たち』はレヴュー・ショーのようなもので、いくつかの曲目（ナンバー）が緊密な一貫性もなく提供され、その間にコロス（コーラス）の歌が挟まれているわけである」

神話の世界の登場人物たちが次々と舞台の上に現れ、歌を唄い、そしてそんな数珠つなぎになった場面と場面の間をコーラスが彩っていく。その上演風景は確かに、私たちが想像する荘厳なギリシア悲劇のイメージとは違う。それはむしろ、ギリシア悲劇が上演されてから2000年以上後にミュージック・ホールやレヴューショーで繰り広げられた、祝祭空間のイメージに近い。

そこではきっと、松明やスポットライトを浴びた俳優たちが光り輝き、そのそばで打楽器や弦楽器を抱えて楽士たちが厳かに、あるいは華やかに音楽を奏で、そして舞台を見つめる観客たちは、暗がりで興奮に身を震わせながら、熱狂していたかもしれない。

それにしても、なぜそこに音楽が必要だったのだろう？

いや、むしろ「なぜ」と問うことに、それほど意味はないだろう。ときには場面の情景をより鮮やかに観客に伝え、ときには登場人物の心理を劇的に表現し、そしてまたあるときには静かな時間を埋めるための代替手段として、音楽はつねに流れ続ける。その響きは、古代ギリシアのコロシアムからさまざまな経路をたどって――もしかすると『平家物語』に登場した琵琶法師たちの「語り」を通って――ミュージック・ホールやオペラハウスに流れ込み、映画館のスクリーンやテレビの画面に、そしてあなたが今、手にしているスマートフォンへとたどり着く。

湯浅政明監督のアニメシリーズ『日本沈没2020』の中盤には、山中にあるカルトにたどり着いた主人公・武藤歩たちが、その一角にあるテントで開かれたレイヴパーティーに参加する場面がある。

この『日本沈没２０２０』は、『ピンポン』『DEVILMAN crybaby』に続いて、牛尾が湯浅監督とタッグを組んだ3作目にあたるが、この場面では、ぼんやりと光るスポットライトに浮かび上がるＤＪと、巨大なスピーカーから流れ出す電子音に合わせて、ゆらゆらと体を揺らす観客たちが描かれる。倉庫のような場所で開かれているそのパーティーでは、残響音が強調されたサウンドが冷たく鳴り響き、暗がりに隠れてやり取りされるドラッグ、日本列島全体が沈没し始めるという危機的な状況を前に刹那的な快楽を求める人々の顔からは表情が失われ、どこか退廃的な雰囲気がまとわりつく。

レイヴパーティーの寒々しい空気感を、見事に表現したという意味でも印象的な場面なのだが、物語はそこから、歩の先輩・春生が半ば無理矢理にステージに引っ張り出され、盛り上がり始めたダンスビートに煽られるようにして、「ニッポン最高！」と叫ぶという展開を迎える。

この怪しげなレイヴパーティーの場面は、先述した古代ギリシアのコロシアムやレヴュー・ショーを包んでいただろう、いかがわしい熱狂を連想させもするのだが、面白いのは、湯浅監督の作品を通じて、音楽が登場人物たちの心情の吐露、そのモメント（契機）として用いられていることにある。

この『日本沈没２０２０』には先のレイヴパーティーの場面のほかにも、海に漂う船の上でラップバトルが繰り広げられるという、一風変わったシーンがある。もちろん、湯浅監督が最初に注目を集めたのは、映画『ちびまる子ちゃん わたしの好きな歌』における「１９６９年のドラッグレース」と「買い物ブギ」を使ったミュージカルシーンだったし、『マインド・ゲーム』の鯨の腹の中で繰り広げられるサイケデリックなパーティ・シーンもあれば、『夜明け告げるルーのうた』では、斉藤和義の「歌うたいのバラッド」に乗せて、主人公がつたなくも感動的な絶唱を披露する場面があった。

このほかにも、湯浅作品において「音楽が印

『日本沈没2020』（2020年）©“JAPAN SINKS : 2020”Project Partners

象的な場面」は数多く存在するのだが、そこでは単に「音楽が印象的」なだけでなく、登場人物が感情を爆発させるきっかけとして、音楽が使われている。しかもそこで流れる音楽は決して、登場人物のエモーションにぴったりと密着しているわけではない。むしろ、気持ちの変化に先行して音が動き出し、彼らを急き立てながら、同時にそのエモーションを後ろで支えているような感覚がある。映像と音楽はぴったりと同期するのではなく、むしろ感知できるかどうか、わからない程度のズレと距離、緊張感をはらみながら、音楽が登場人物を取り囲み、彼らを突き動かしていく。そしてそのような距離の「演出」に、牛尾の音楽は――『日本沈没２０２０』はもちろん、『ピンポン』や『DEVILMAN crybaby』でも見事にフィットしてみせる。

さて、インタビューなどでも語られている通り、牛尾は『日本沈没２０２０』の音楽制作にあたって「ハウスミュージック」というコンセプトを立て、制作に入ったという。この「ハウスミュージック」というコンセプトは、作品の企画概要から「家（ハウス）」というテーマを抽出し、そこから導いた――ただ本来、ハウスミュージックの「ハウス」の語源は「家」ではなく、「倉庫（ウェアハウス）」の省略だから、地口合わせのように思いつかれたものだったわけだが、いずれにしろ、牛尾はこの作品以外でも、まず音楽的なコンセプトを立て、それに導かれた着想をイメージアルバムとして一度音源化し、監督を初めとする演出陣とのやり取りを経て、実制作に入るという手法を採っている。

たとえば『ダンダダン』であれば、原作コミックが先行する作品群からさまざまな要素をサンプリングして構成された作品であることをヒントに「ビッグビート」というコンセプトをもとに制作が進められ、また『チ。―地球の運動について―』では、中世ヨーロッパで唄われていたグレゴリア聖歌の楽譜（ネウマ譜）を、牛尾があえて誤読することで、原作が持っていたテーマ性を抽出しようと試みられている。そしてドラマやアニメの制作に詳しい方ならご存知の通り、こうした牛尾の制作手法は、通常の劇伴制作のやり方からは外れた手法でもある。

もちろん人によっては、コンセプトからサウンドを構成するこうした手法を「知的遊戯」のように感じるかもしれない。そもそも劇伴には多種多様な構成法が存在していて、たとえばワーグナーがオペラ作品の中で用い、その後、リヒャルト・シュトラウスらによって継承され、映画音楽でも用いられるようになったライトモチーフ（特定の登場人物や状況を表わす短い主題や動機を変奏・展開することで、作品全体に統一感をもたらす）は、その代表的なものだろう。

要するに、複数の楽曲が使われる劇伴には、作品全体を統一する仕組み（アプローチ）が必要であり、牛尾の手法もまた、そうしたアプローチのひとつではある。しかしそれでもなお、牛尾のコンセプチュアルな制作手法から生み出された楽曲群には、不思議と目が冴えるような感触がある。ではその「感触」とは何か。

山田尚子監督の劇場アニメ『リズと青い鳥』は、牛尾が「コンセプトワークから導き出されたものがかなり純度高く結実した」と話す作品だ。

テレビシリーズ『響け！ユーフォニアム』のスピンオフ映画として制作された本作は、吹奏楽部に所属するふたりの高校3年生――フルート奏者の傘木希美とオーボエ奏者の鎧塚みぞれが、物語の中心に据えられている。映画が始まるとまずは、作中に登場する童話の一部が挿入され（主人公ふたりが演奏するオーボエとフルート、そしてハープの音色が静かに画面を支える）、そして希美とみぞれが朝、学校に登校してくる場面へとつながる。

どこかおずおずとした足取りとともに、まずはみぞれの歩く足元が映し出され、それとともに彼女のコツコツという足音が画面に響く（そしてそこに、金属的なベルと弦の散発的な音が添えられる）。階段に腰かけ、誰かを待つみぞれ。女子生徒をひとりやり過ごした後、ふいに反復するピアノのフレーズが鳴り出すとともに力強い足音が画面から響き始め、そしてカメラは元気よくみぞれのほうに歩いていく希美の姿を捉える。

と同時に、どこからともなく鳥のさえずりが聞こえると、ピアノのフレーズに木琴の音が重なり、一気に音色が広がり始める。以降、カメラは玄関で靴を履き替え、廊下を進み、階段を登っていく希美とみぞれの姿を追いかけ――途中、窓の外を一瞬はばたく青い鳥が通り過ぎたり、はたまた給水機で水を飲む希美の姿を挟みながら、音楽室へ向かうふたりをカメラは追いかけていくことになる。

この何気ないシーンが観る人を捉えて離さないのは、ピアノと木琴のフレーズはもちろん、足音や周囲の物音といった効果音（ＳＥ）までもが、ひとつの「音楽」として、立ち上がってくるからにほかならない。しかもこの一連のシーケンスにおいて、ふたりの足音は微妙にズレながら、反復するフレーズと絡み合い、ときにぴったりと音楽に合ったかと思えば、また少しずつズレていく。同期したように感じた次の瞬間にはズレ始め、ズレているように感じた瞬間に同期する。その反復がもたらすスリルが、この場面に（軽やかなユーモアとともに）緊張感をもたらしている。

本作の制作にあたって、牛尾は希美とみぞれの関係性から「互いに素」というコンセプトを導き出したという。たとえば4（拍子）と5（拍子）という「互いに素」となる拍子の場合、最小公倍数である20拍目までは、互いにズレ続けている。元気で明るく活発な希美と、寡黙でおとなしく人見知りなみぞれという対照的なふたりのキャラクターを「互いに素」というコンセプトに集約させたといえるが、そのコンセプトから生まれた音楽は、先ほどの登校シーンで予告されているように、ズレと同期の反復がはらむ緊張こそがこの映画の主題であることを静かに告げている。

もう一度、繰り返そう。『リズと青い鳥』は、本質的に異なる（「互いに素」な）ふたりの主人公のズレが生み出す力学に着目したドラマ／劇である。そこにおいて、音楽家や演出家はさまざまに変奏されたズレを配置し、増幅を促し、反復を織り上げていくことで、ひとつの作品を形づくっていく。

先に湯浅監督作品に言及した箇所で「感知できるかどうか、わからない程度のズレと距離、緊張感をはらみながら、音楽が登場人物を取り囲み、彼らを突き動かしていく」と書いた。『リズと青い鳥』においても、それは同様だ。希美やみぞれが遭遇する後悔や逡巡、戸惑いや喜びがあり、それらが織り上げていくドラマがある。そして彼女たちの心の機微を彩るように、多種多様な音が配置され、その鮮やかな響きに呼応するように、彼女たちはエモーションを開花させる。

その裏には、音楽と映像をいかに配置するかという取捨選択があり、登場人物に注がれる音楽家や演出家の視線がある。音楽と映像の間の距離、そして描かれる内容とそれを描く制作者の間の距離。言い換えれば、牛尾の言うコンセプトワークとは、そうした距離から生まれる「ズレ」を意識的に取り込み、積極的に作品に昇華するときに、欠かせない武器だと言える。

本来ならば、牛尾が参加したそのほかの作品にももっと触れるべきなのだが、残念ながら紙幅が尽きた。沖田修一監督の映画『子供はわかってあげない』や山田監督の『きみの色』で聴くことができる「響き」に対する音楽家らしいユニークなアプローチ、中山竜監督のアニメシリーズ『チェンソーマン』で試みられた技術的な挑戦など、言及しておきたかったトピックはまだまだたくさんある。いずれにせよ、この先彼がどんな「ズレ」を生み出し、映画と音楽の世界をどのように広げていくのか。とても楽しみにしている。

ILLUSTRATION
UOTO

# 魚豊

２０１８年、『マガジンポケット』にて連載『ひゃくえむ。』で漫画家デビュー。
２０２０年から２０２２年に『チ。―地球の運動について―』（週刊ビッグコミックスピリッツ）、
２０２３年から２０２４年２月には『ようこそ！ＦＡＣＴ（東京Ｓ区第二支部）へ』（マンガワン）を連載。

COMMENT

あんなにインテレクチュアルでスタティックな作品を、
あんなにユーモラスでダイナミックな人が生み出していることが、
なにより“粋”で、大好きな作品の、作者まで好きになれるなんて、
自分はなんて幸運なんだと思いました。
その在り方から、物作りにおいて、何が重要であるかを、
いつも教わっている気がします。

初めてお会した際
僕はたまたま学生時代の友人と一緒にいるタイミングで、
そんなシチュエーションでも快く談笑してくださり
二回目にお会した際には何と！
僕には『リズム』のレコードを
そして僕の友人に（！）日本酒をプレゼントしてくれたのだ！
（彼が転勤すると、前回ポロッと話してたのを覚えていて下さり、
そのセンベツに、と。
牛尾さん…でっけえ……。

DAI SATO ×
KENSUKE USHIO
CROSS TALK

# 佐藤大×牛尾憲輔
## 対談

『ポケットモンスター』や『ドラえもん』など、数多くの人気アニメに参加する脚本家・佐藤大。かつてはテクノレーベル・フロッグマンを主宰していた佐藤は、プロデビュー前の牛尾を知るひとりでもある。20年以上の付き合いになるというふたりに、意外な出会いから映像業界における悩み、そしてこれからについて語ってもらった。

### 一見、弱そうに見えるけどじつはめっちゃ打たれ強い

――では、よろしくお願いします。

**佐藤**　よろしくお願いします。でも、1時間で話しきれるのかな。

――あははは（笑）。牛尾さんと佐藤さんが最初に出会ったのは、いつ頃になるんですか？

**牛尾**　たぶん、2001年とか2002年くらいですね。僕が「テクノ大好き！」となってる高校生の頃というと、それこそ石野（卓球）さんとケン・イシイさんがいらっしゃって、サブライム・レーベルがあって、DJ TASAKAさんがいて、そしてKAGAMIさん擁するフロッグマン（佐藤が運営に関わっていたテクノ・レーベル）がある、みたいな。テクノ・アーティストやレーベルがたくさんあったじゃないですか。

――憧れのシーンだったわけですね。

**牛尾**　少し前から遡ると、僕、大学のときにアルバイトでクラブキング（「スネークマンショー」などで知られるプロデューサー／放送作家・桑原茂一の制作会社）で働いていたんです。そのときに、同じチームで制作をやっていた人が、クラブキングを辞めた後、フロッグマンに入ってKAGAMIさんのマネージャーになるんですよ。

**佐藤**　そうそう！

**牛尾**　その人が結婚するから、牛尾くんも二次会おいでよ、って誘われて。そのパーティで初めて、大さんと（渡辺）健吾さんにお会いするんです。

**佐藤**　全然覚えてないなあ（笑）。

**牛尾**　僕としてはもう、「雑誌で読んでた佐藤大とKEN=GO→だ！」って、めちゃくちゃ盛り上がって。二次会の会場にガンプラがいっぱい並んでたんですけど、それをおふたりが見ながら「この時期は大河原だね」「こっからがカトキだね」って話してたのを覚えてます（笑）。で、僕もそのあたりはわかるから、スススッと近付いて「チェース」って挨拶して。「テクノ、大好きです」みたいな話をした……っていうのが、最初ですね。

――佐藤さんは、まったく覚えてなさそうですけど（笑）。

**佐藤**　覚えてないですね（笑）。僕が覚えているのは、小学館でガガガ文庫っていうライトノベルのレーベルの立ち上げを手伝うことになって、そこでポッドキャストを始めるんですよ。森本晃司さんとか、東浩紀さんとか劇団ひとりさんをゲストに呼んでトークをやる、みたいな。そのエンジニアを、牛尾くんがやっていたんだよね。

**牛尾**　やりました、やりました。さっきの出会いから数年後になるんですけど、健吾さんから連絡をもらって、当時はウェブラジオって言ってたかな。「ガガガ文庫で番組をやるんだけど、手伝ってくれない？」と声をかけてもらって。もともと僕は、大学に通いながら、クラブキングで「スネークマンショー」の制作もやってたので「いいですよ」と。だから、あの番組では録音はもちろん、テーマ曲とかジングルも作ってるんです。

――そんなお仕事もされてたんですね！

**牛尾**　あと、大さんは僕が卓球さんと初めて会った現場を真横で見てるんですよね。

**佐藤**　いたいた。ＷＯＭＢの楽屋だよね。

**牛尾**　僕が卓球さんに「すみません、ファンなんです」って声をかけて。「プロ・ツールスのオペレーターをやってて、クラブキングとか大学の先生に呼ばれて、バンドのレコーディングをやったりしてるんですけど、仕事をください」って話しかけたんです。そうしたら卓球さんが「ちょっと裏に来い」って言ってくれて。そこから僕は、卓球さんと一緒に仕事するようになるんですけど、その楽屋みたいなところで飲んでたのが、大さんと健吾さんで。

――さっきの、結婚式の二次会と似たようなパターンですね（笑）。

**牛尾**　そこで「ご無沙汰してます」って挨拶したら「おお！」みたいな感じで覚えてくれていて。たぶん、卓球さんからすると「こいつ、大くんの知り合いなんだ」っていうのが、あったんじゃないかなと思うんですけど。

――でも、まさかそのときは、牛尾さんが後に電気グルーヴのステージに立つことになるとは、思ってないわけですよね。

**佐藤**　もちろん思ってなかったですけど、やっぱりなんだろう、一見弱そうに見えるんだけど、実はめっちゃ打たれ強いんですよ、牛尾くんって。当時から、あんまり物怖じをするほうでもなかったし、するっと入り込むのが上手いというか。当時、電気グルーヴの周辺って、入るのもハードルが高いし、たとえ入ってもなかなか長続きしないのかなと思ってて。いまはもう、温かく迎え入れる、みたいな感じになってるけど（笑）。

**牛尾**　あははは、たしかに（笑）。

**佐藤**　僕が最初に仲良くなったのは、まりん（砂原良徳）だったけど、彼とかＫＡＧＡＭＩ、ＤＪ ＴＡＳＡＫＡくんって考えると、電気の周辺に入り込める人って、なんとなく傾向があるなと思ってて。出すぎずはしゃがず、でも折れない、みたいな。だから牛尾くんがいまでも続いているのは、さもありなんって感じがする。

**牛尾**　そういう視点で見ると、確かにみんなそうかもしれないですね。

**佐藤**　繊細そうに見えるし、几帳面だっていうのは、まりんもＫＡＧＡＭＩもそうだったし。

## 住宅街でクラブの入口を探して扉を開くときの、あの感覚

**牛尾**　大さんはもう、その頃から脚本の仕事が多かったんですか？

**佐藤**　いや、そうでもないかな。決定的に変わったのは『交響詩篇エウレカセブン』で、あれが２００５年とか２００６年だから、当時は『カウボーイビバップ』の後、『攻殻機動隊 STAND ALONE COMPLEX』をやってるくらいの時期。君の「ミュージシャンになりたいな」というのと近い感じで、「脚本家になりたいな」って思ってる頃だよね。

――牛尾さんが電気グルーヴのアシスタントを始めて以降も、交流はあったんですか？

**牛尾**　共通の知り合いも多いし、近所に住んでいる友達が「大さんの家に行くから、遊びに行こうぜ」って誘ってくれたり。

**佐藤**　あとその後、牛尾くんがアニメ業界で仕事をするようになったから、それで話をするようになったのはあるよね。フロッグマンレコーズを閉めてからは、少しクラブシーンから身を引いて、それこそ「電気グルーヴは観に行くけど……」みたいな感じになってたんですけど、彼がアニメのほうに来たから、数年に一度、一緒に飯を食いに行ったりとか。

**牛尾**　僕が劇伴を始めたときも、大さんのと

ころに相談に行きましたよね。やっぱり、音楽とアニメの両方がわかってるのって、大さんくらいしかいないので。「この後、どうなるんですかね」みたいなことを、相談したこともありますよね。

――おふたりは、どちらも『スペース☆ダンディ』に参加されていますよね。

**牛尾** でも『ダンディ』のときは、大さんとは顔を会わせてないですよね？

**佐藤** うん、会ってないよね。

**牛尾** ただ、ナベシンさん（渡辺信一郎監督）と初めて会ったときも、その場に大さんがいたんですよ。ageHaにフライングロータスか何かを見に行った帰りに、たまたまナベシンさんに会って。

**佐藤** そうそう、そうだった。

**牛尾** 僕はミトさんと一緒に見に行ってたんですけど、大さんが「彼がagraphです」ってナベシンさんに紹介してくれて。そのときに言われたんじゃないですかね。「いま、『スペース☆ダンディ』でいっぱい人を集めてやってるので、参加してくれませんか」って。

――そこでも、佐藤さんが引き合わせてたんですね（笑）。

**牛尾** 仕事でがっつりというと『サイダーのように言葉が湧き上がる（以下、サイダー）』が最初ですかね。いや、作詞をお願いしたかな？ XAIちゃんのデビューシングル（「WHITE OUT」）。BOOM BOOM SATELLITESの中野雅之さんとかミトさんが参加してたんですけど、そこに僕も1曲書くことになって（カップリング曲の「Somewhere in Night」）。その作詞を大さんにお願いしたんです。

**佐藤** そうか、作詞があったね。『サイダー』のちょっと前か。

**牛尾** XAIちゃんは当時、まだ19歳か20歳だったんですけど、僕がちょうど彼女くらいの歳の頃に、イエロー（西麻布にあったクラブ・Space Lab YELLOW）に行った思い出を歌

XAI
『WHITE OUT』(2017年)

ってもらおう、と思ったんです。イエローは、住宅街の真ん中にポツンとあったクラブで、初めて行くには探すのがめちゃくちゃ大変で。で、18歳とか19歳の子が探して探して、ようやく「ここだ!」と見つけて、夜中にそっと扉を開ける。あの感じを書こうと。あの感覚がわかって、しかもテクノを知ってる人って、大さんしかいないよなって。で、その後に『サイダー』ですよね。

## 渋谷もクラブも出てこないのに、「ブルーマンデー」のキックが鳴る

**佐藤**　『サイダー』は、監督のイシグロキョウヘイさんが、牛尾くんのファンだったのが一番大きいかな。

**牛尾**　リテイクでも「もっとagraphみたいにしてくれ」ってたくさん言われました(笑)。

**佐藤**　『サイダー』って、企画の最初の段階ではもっとサブカルっぽいネタを扱う感じだっ

『サイダーのように言葉が湧き上がる』（2021年）©2020 フライングドッグ／サイダーのように言葉が湧き上がる製作委員会

たんです。田舎が舞台で、レコード盤の針飛びからブレイクビーツができて、最後にラップする、という話だったので。結果的に青春物語としてまとめていく方向になっていくんですけど、音楽に関しては牛尾くん一択でした。ただ『サイダー』は途中で、音頭が必要だということになって、「作詞してくれ」って頼まれたんだよね。ついこの前、XAIちゃんのためにカッコいい歌詞を書いたばっかりなのに、次は音頭かよっていう（笑）。

**牛尾**　19歳で西麻布のクラブを探す話の次が「小田山だるま音頭」（笑）。ただ、ダンスミュージックってところは、同じですよね。

**佐藤**　ああ、確かに！（笑）

**牛尾**　試写の後、大さんが「エレクトロニカっぽいパツパツという音が、レコードのノイズ（パチパチという電気ノイズ）に聞こえる」って言ってくださったんですよ。そこはいいマリアージュだったなと思います。

**佐藤**　あと『きみの色』を観たとき、「ああ、

『サイダー』でやりたかったことが、ここにある」みたいな感じがあったんだよね。すごくうらやましかった。

──「やりたかったこと」というのは？

**佐藤**　地方都市に住んでいる高校生の、恋愛抜きの青春と音楽の話っていう。「音楽で感情が動く」っていうことをテーマにしてるんだけど、セリフでそれを語るわけでもない。その一方で、音楽はすごく雄弁っていうね。初めて、四つ打ちが来るシーンがあるじゃない。あそこはめちゃくちゃシビれた。

**牛尾**　ああ、やった！

**佐藤**　トツ子の感じている高揚感が、四つ打ちのあの音とともに、ドンと響いてくるというか。音数が少ないぶん、あそこで外しちゃうと「ん？」ってなるじゃない？

**牛尾**　その感覚は、すごく大事にしなきゃなと思ってるんですよ。映画でも、デジタルシンセのプリセットの音を使った「いかにもテクノっぽい曲」が流れることがありますけど、ああいうのが本当に嫌いなんです。「そんなキックで踊れるか！」って思う。だから、あのシーンではちゃんとTR－909を引っ張り出してきて、1音で観客を説得できなきゃダメだ、と。そのこだわりが大さんみたいな本物に伝わってて、良かったです（笑）。

**佐藤**　いやいや（笑）。逆に言うと、あのシーンまで低音がほとんど出てこないじゃない？　トツ子ちゃん自身がそこに興味がないからなんだけど、その後、あの3人が出会って、初めて「ドン！」と低いキックが鳴る。それが本当にカッコよくて。そういうことをやりたくても、できるタイミングって本当に少ないから。しかも『きみの色』は長崎の片田舎が舞台だし、渋谷もクラブも出てこないのに、「ボーン・スリッピー」がかかったり「ブルーマンデー」のキックが鳴る。しかも、それがわからなくても、全然面白く観ることができるっていうね。そこはやっぱり、山田（尚子）監督との共犯関係ができてるからこそなんだろうなって。

**牛尾**　ムチャクチャ共犯ですね。捕まるのはあっちですけど（笑）。

**佐藤**　君が主犯でしょ（笑）。

**牛尾**　いやいや、監督だから（笑）。

## 重箱の隅出身の人間が、こんなド真ん中をやってもいいのかなって思う

**佐藤**　でも、こうしてふたりで話していて思ったけど、アニメと音楽、どちらの話もできる人って、なかなかいないよね。湯浅（政明）さんやナベシンさんの話もできれば、石野くんの話もナカコーくんの話もできる。そういう意味では、すごく得難い人だよね。

**牛尾**　たぶん僕と大さんでは、脚本家と作曲家で業種は違うんですけど、どこか立場が似てるんだと思うんですよ。クロスフェーダーの真ん中にいる、というか。いまはもう、大さんはそれほど音楽の仕事をやってないけど、でも両方知っていて、その感覚を持ってるところが似てるのかな、と。僕としては、いまだに大さんがアニメの仕事をしてることに違和感があるんですけどね（笑）。

**佐藤**　仕事のキャリアで言えば、こっちのほうが長くなったんだけど。

**牛尾**　前に、僕のレコ発イベントで対談したとき、「俺は『ドラえもん』の本物を作り始めてるし、牛尾くんは「N.O.」の本物を作ってる」って、話してたじゃないですか。あと「まりんはＹＭＯになった」って。

**佐藤**　その頃、ちょうどMETAFIVEを始めた頃だったから（笑）。でも、そういう面白さはあるよね。お互いに客観視してる感じ。

**牛尾**　このスタンスで仕事をしてる人が他にいないから、結果的に笑えるっていう。

**佐藤**　ただ、外様感はいまだにあるけどね。でもいまは、脚本打ち合わせの現場とかでも、一番年上だったりするから。監督から「『エウレカセブン』、めっちゃ観てました」とか。言

われたりするし。

**牛尾**　僕も最近少しずつ、そういう機会が増えてきたんですよね。僕は、初めて監督する作品で音楽を担当することが多くて。

**佐藤**　それは、こっちもあるよ。

**牛尾**　そうか、そういうところも似てますよね。しかも初監督作品だと監督自身、演出の経験はあっても、音楽の人と打ち合わせしたりダビングするのも初めてだったりして。その結果、音楽とか音響周りのトラブルをこっちで解決できちゃったりするわけですよ。「それをやると、ちょっとマズいんで、こういうふうにこうしましょう」みたいなことが経験則から出てきちゃう。で、そうやって偉そうに言ってる自分を見ている、裏牛尾とか裏佐藤大が、「なに、それ？　お前がアニメの作り方を語ってるの？　プププ」って笑ってるわけです。

**佐藤**　あははは（笑）。でも、そういう客観視できる視点は、大事な気がするけどね。

**牛尾**　不思議なもので、大さんが『ドラえもん』をやっているように、僕も『チェンソーマン』とか『ダンダダン』とか、『週刊少年ジャンプ』のド真ん中の作品をやっていて。もうサブカルチャー／メインカルチャーの括りなんてないに等しいですけど、とはいえ、僕らみたいな重箱の隅出身の人間が、こんなド真ん中をやってもいいのかなって思うんですよ。

――カウンター側にいたはずが、いつの間にかメインストリームをやってるという。

**牛尾**　なんというか、大さんは僕と同じような道――というのは失礼ですけど、僕と同じようなカルチャー出身で、同じような切り口で仕事をしている先輩だと、勝手に思っていて。テクノシーンが出自にあるからこそ、ちょっとモノの見方が違うというか……。それこそ朝7時に子どもが観る番組にサブカル要素をぶち込むなんて、普通はやらないでしょう、と思う。

**佐藤**　たしかにね。

**牛尾**　僕も同様に、東宝で３００館近く公開する映画で、なんで「ボーン・スリッピー」のカバーをやってんだよ、っていう（笑）。まあ、そういう切り口の人が、各ジャンルにひとりずつくらいいるのが、ちょうどいいんじゃないかとも思うんですけど。

**佐藤**　そういう意味では、牛尾くんが参加している作品には注目しているし、「ああ、今回はこういう切り口なんだ」って、チェックしちゃうよね。

**牛尾**　僕は嫉妬しちゃうんですけどね（笑）。『ユーレイデコ』で、大さんがミトさんとやってるのを見ると「悔しいなあ」って思っちゃう。なんで俺じゃないの？　って（笑）。

**佐藤**　ただ脚本家も音楽家も、あくまで作品に呼ばれる立場だからね。現場に呼ばれて、そこで初めて「自分が何をやれば、役に立てるのかな」って探す仕事だから。そこは、クリエイターとかアーティスト――旗振り役の人とはちょっと違うのかもしれない。

――なるほどなるほど。そこは意外な共通点ですね。

**佐藤**　たとえば『ドラえもん』にしても、どれだけドラえもんを追い込めるか、みたいなところがあるんですよ（笑）。『ポケットモンスター』だったら、ピカチュウをとことん追い詰めてやろう、みたいな。そこから面白さが浮かんでくる、というか。悪気があるわけじゃないんだけど、そういうアプローチを採ることで、それまでのイメージとはまた違う面を見せたいって気持ちがあるんだよね。

## 結局、戻る楽屋はみんな一緒なのかもしれない

**牛尾**　僕はいま、劇伴をやりながら、その一方で自分のソロをやって――といっても、聴かれたくないというか（笑）、リリースせずにデモを作ってる状態ではあるんですけど。そ

うやってバランスを取ってる感じがあるんですけど、大さんはそのあたりのバランスは、どうしているんですか？

**佐藤**　それ（アーティストワーク的なもの）が、ないんだよね。脚本家でも、小説を書いたり、そういう欲求がある人はいっぱいいるし、歳を取ったら出てくるのかなと思ってたんだけど、全然ないんだなって。流された先で、どれだけのことができるんだろうってことをつねに考えてる。

**牛尾**　なるほど……。僕も昔、ミトさんに同じことを言われたことあって。ミトさんも流れに身を任せたほうがいい、って言ってたんですよね。ミトさんは基本的に仕事を選ばず、スケジュールが合えばどんどんやる、っていうタイプで。

**佐藤**　ひとつこだわりがあるとしたら「いままでの自分から遠いものをやる」っていうことかな。自分がこれまでやったことがないことで、自分がやったら面白くなるかどうかを、客観的に見ようと思ってるかもしれない。『天才てれびくん』のオファーが来たときもそうだし、『ポケットモンスター』もそうだね。

**牛尾**　なるほど……大さんがレーベルをやってた時代って、テクノのパーティーだったりクラブで、いろんなことが起きてたじゃないですか。そのときの感覚は、やっぱりいまでも変わってないのかなって、話を聞いてて思いました。新鮮で面白いことがやりたいし、知らないパーティーに行ってみたい、みたいな。

**佐藤**　あとは知らない音を聴きたい、とか。

**牛尾**　そうそう。そういう感覚って、変わってないんだなって、今日、再確認できた気がします。そのうえで、アニメに行ったり、他のジャンルに出かけたりするんだけど、結局、戻る楽屋はみんな一緒なのかなって。

**佐藤**　ああ、それは面白いね。「戻る楽屋は一緒」。やっぱり「あのときの面白がり方がどこまで通用するのか」って考えると、遠いジャンルになればなるほど、その面白さが増すじゃない。

**牛尾**　たしかに。

**佐藤**　まさか、こんなところで!? みたいな。僕はまったく予備知識なしで『きみの色』を観て——それこそアートの話なのかな？　くらいの感じで観始めたら、まさか音楽の話だったとは、みたいな。そういう意味では、すごくシンパシーを感じたし、その制作現場の中心に、自分が昔から知っている人がいることがすごく嬉しかったんだよね。

**牛尾**　ありがとうございます。なんか恥ずかしいな……。

——では最後に佐藤さんから、これからの牛尾さんに期待することを。

**佐藤**　僕が言えることなんて、ほとんどないですけど……。あと何回できるかわかんないけど、ちゃんと一緒に仕事したいなって思うし、そのときにはちゃんと（仕事を）頼める自分でいたいなとは思います。あと、定期的に無駄話ができる関係ではいたいかな。やっぱり、信頼できる人って、だんだん減っていくんですよ。

**牛尾**　あははは（笑）。

**佐藤**　だから、自分より年下で信頼できる人がいるのは、すごく安心できるというか。なので、安心できる人でいてください。

**牛尾**　ありがとうございます。ここまで来たら、もう変えられないですけどね（笑）。

PROFILE

佐藤 大

１９６９年生まれ。19歳の頃、主に放送構成・作詞の分野でキャリアをスタートさせる。その後、ゲーム業界、音楽業界での活動を経て、現在はアニメーションの脚本執筆を中心に、様々なメディアでの企画、脚本などを手掛けている。２００７年「ストーリーライダーズ株式会社」を代表取締役として設立。近作では、テレビアニメ『ポケットモンスター』、渡辺信一郎監督の新作『LAZARUS　ラザロ（２０２５年放映予定）』などの脚本を手掛ける。

撮影：井の頭恩賜公園

## V.A.

kensuke ushio
「colours」
(V.A.『Gathering Traxx Vol.1』 2007年7月27日)

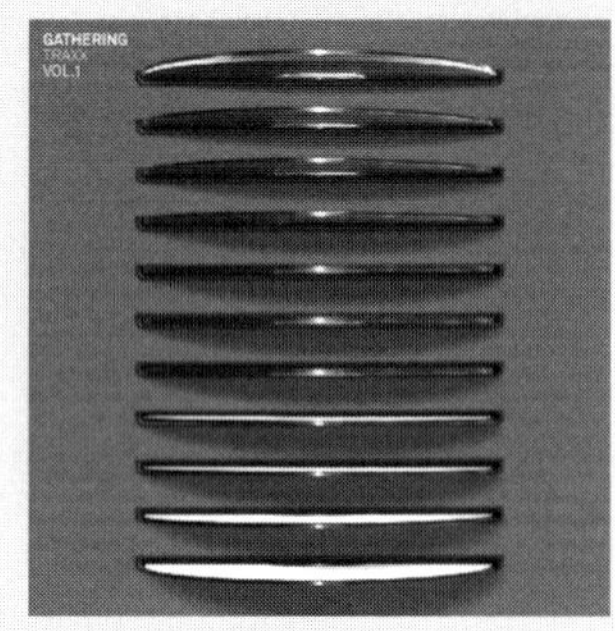


## SINGLE

DIGITAL SINGLE
「silvery white」
(2010年11月22日)

—

1st SINGLE
『unified perspective』
(2022年1月5日)
A1.unified perspective(variation)/agraph feat.ANI
B1.unified perspective/agraph

## REMIX

PUFFY「マイストーリー(variation by agraph)」(『日和姫』2009年2月25日)
Mirai「Sabbath -agraph remix-」(『Sabbath』2009年8月7日)
環ROY×NEWDEAL「drive(agraph Remix)」(『the klash』2009年9月2日)
TETSUYA「Roulette(agraph REMIX)」(『LOOKING FOR LIGHT』2010年8月18日)
NYANTORA「10(1+2+3+4)agraph Remix」(『White EP』2011年5月18日)
U-Zhaan, Rei Harakami feat. agraph「ミスターモーニングナイト」(『川越ランデヴーの世界』2011年9月10日 ※共同制作)
mergrim「Dry Aesthetic [agraph remix]」(『Invisible Landscape…』2012年11月14日)
Prague「脱走のシーズン(agraph remix)」(『脱走のシーズン』2012年11月21日)
サカナクション「夜の踊り子(agraph Remix)」(『懐かしい月は新しい月 ～Coupling & Remix works～』2015年8月5日)
石野卓球「Fana-Tekk(agraph Remix)」(『EUQITANUL』2016年12月21日)
サカナクション「目が明く藍色(agraph remix)」(『懐かしい月は新しい月 Vol. 2 ～Rearrange & Remix works～』2023年9月6日)

# DISCOGRAPHY

※データは編集部調べです。

## | agraph |

### ALBUM

1st ALBUM
『a day, phases』
（2008年12月3日）
1.gray, even
2.in gold
3.and others
4.quietude
5.ohma
6.still in there
7.one and three lights
8.turn down
9.cyanback

—

2nd ALBUM
『equal』
（2010年11月3日）
1.lib
2.blurred border
3.nothing else
4.static,void
5.nonlinear diffusion
6.flat
7.a ray
8.light particle surface
9.while going down the stairs i
10.while going down the stairs ii
11.lib (remodeled by alva noto)

—

3rd ALBUM
『the shader』
（2016月2月3日）
1.reference frame
2.poly perspective
3.greyscale
4.cos^4
5.toward the pole
6.asymptote
7.radial pattern
8.trace of nothing
9.div
10.inversion/91

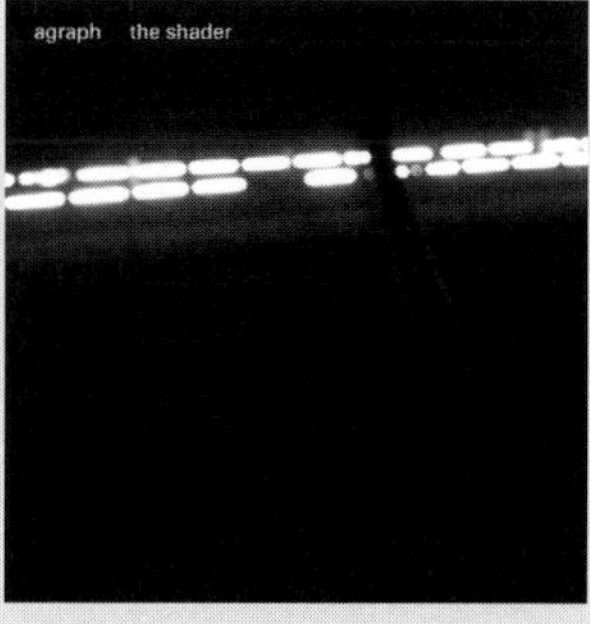

## 劇伴制作

**音楽**
『ピンポン THE ANIMATION』(2014年)
『映画 聲の形』(2016年)
『DEVILMAN crybaby』(2018年)
『サニー/32』(2018年)
『リズと青い鳥』(2018年)
『モリのいる場所』(2018年)
『青と僕』(2018年)
『フェイクニュース あるいはどこか遠くの戦争の話』(2018年)
『ブギーポップは笑わない』(2019年)
『麻雀放浪記2020』(2019年)
『そばへ -日照雨-』(2019年)
『日本沈没2020』(2020年)
『サイダーのように言葉が湧き上がる』(2021年)
『子供はわかってあげない』(2021年)
『平家物語』(2022年)
『チェンソーマン』(2022年)
『MAKE MY DAY』(2023年)
『僕の心のヤバイやつ』(2023年)
『スーパーのカゴの中身が気になる私』(2023年)(劇伴音楽プロデュース)
『天国大魔境』(2023年)
『陰陽師』(2023年)
『きみの色』(2024年)
『ダンダダン』(2024年)
『チ。-地球の運動について-』(2024年)
USJ『チェンソーマン・ザ・カオス 4-D』(2024年)(音楽プロデュース)

**楽曲提供**
『UN-GO』(2011年)
『スペース☆ダンディ』(2014年)
『楽園追放』(2014年)
『ヒーローマニア 生活』(2016年)
『parkside in bloom』(Tokyo LosT Tracks -サクラチル-)(2020年)

## 楽曲提供／参加

mito「parallel of delusion」(『DAWNS』2011年5月18日)
「ens_mod」(GAINAX WEB企画「MUSIC is SF」2011年6月22日)
ピエール中野「double pendulum」(『Chaotic Vibes Orchestra』2014年8月13日)
U-zhaan「Raga Mishra Kafi」(『Tabla Rock Mountain』2014年10月8日)
木村カエラ「eye」(『MIETA』2014年12月17日)
クラムボン「triology」(ライブトラックに参加 2015年), アイカツ!「エメラルドの魔法」(2015年8月26日)
電気グルーヴ「Shangri-La feat.Inga Humpe」(『30』2019年1月23日)
電気グルーヴ「Flashback Disco (is Back!)」(『30』2019年1月23日)
SCRAP「さわれる謎展」テーマソング、BGM(2019)

## PRODUCE & ARRENGEMENT

PUFFY「トモダチのわお! ~しまじろうとあそぼ!ヴァージョン~」(2012年5月23日)
ゆうちゃん(CV:花澤香菜)「私がモテないのは可愛くないからだよね?」(2013年8月28日)
斧乃木余接「オレンジミント」(2015年2月4日), 鈴木亜美「StereoLove」(『DOLCE』2006年2月6日)
堂本剛「岩清水, 第0感, 新しい鼓動, 儀式」(『shamanippon - ラカチノトヒ -』2012年4月11日)
堂本剛「Welcome to shamanippon」(『瞬き(ふつうよし)』【通常盤】2013年9月11日)
シナリオアート「ハロウシンパシー, スペイシー」(『night walking』2014年1月15日)
シナリオアート「シュッシュポップ」(『Tokyomelancholy』2014年9月17日)
シナリオアート / トゥインクリンピーポー「Happy Umbrella」(2015年6月3日)
Chara「Break These Chain (JEWEL ver.)」(『JEWEL』2013年11月13日)
Chara「スーパーセンチメンタル」(『Secret Garden』2015年3月4日)
Q-MHZ / Q-MHz「愛シカタナンテ知ラナイ」(2016年1月27日)
L'Arc～en～Ciel「Cradle -L'Acoustic version-」(『Don't be Afraid』2016年12月21日)
夢見るアドレセンス「20XX」(2017年11月15日), スクウェア・エニックス「LIVE A LIVE」(2021年)
Daoko「月の花」(「少女戦士セーラームーン Cosmos」主題歌2023年6月30日※編曲)
Mr.Children「in the pocket」(2024年8月30日 ※共同編曲)

## CM

NTT西日本フレッツ光「故郷の祭り」編, 大阪ガス
NTT東日本フレッツ光「思いっきり割」編
Xperia　Z3compact「創造の森」
AGA WEB限定CM, KASHIWABARA CM
ニコレット「新・吸いたくなるマン」篇
ゲーム「LOST ARK」(2020年)
きものやまと「成人の日プロジェクト」WEB CM(2022年—)

## TV

「ワルイコあつまれ」2021年9月—
「世界SF作家会議」2021年5月

## SOUND LOGO

『BlueLynx』(2019年)

# 牛尾憲輔

## LAMA

1st ALBUM
『New!』
(2011年11月30日)

2nd ALBUM
『Modanica』
(2012年12月12日)

1st SINGLE
『Spell』
(2011年8月3日)
2nd SINGLE
『Cupid / Fantasy』
(2011年10月26日)
3rd SINGLE
『Parallel Sign』
(2012年11月28日)

## 電気グルーヴ

2003年～Additional Production
2012年～ライヴサポートメンバー

## 2 ANIMEny DJs

FLOW「FLOW - 2 ANIMEny DJ's MEGAMIX」(『FLOW ANIME BEST』2011年4月13日)
繭(戸松遥)&柚子(堀江由衣)「虹 ～Ver.8000000～」(『神サマといっしょ』2011年7月20日)
LAMA「Spell(2 ANIMEny DJs Remix)」(2011年8月3日)
2 ANIMEny DJs × ちょうちょ「リトルグッバイ(ゼーガペイン)」(V.A.『I♡TOKYO～FOR ANIME MUSIC LOVERS～』2011年10月5日)
「もふくちゃん新レーベル「MEME TOKYO」始動記念! でんぱ組.incリコンストラクチャーズ」(2011年11月15日)
早乙女乙芽(CV:上村彩子)、早乙女すぴか(CV:堀江由衣)、ヴァージニア・S・サオトメ(CV:荒川美穂)「見つけなくちゃ! 乙女心!!」(2012年8月22日)
沙英(新谷良子)&智花(釘宮理恵)「SiS CalM DowN」(『ひだまりスケッチ×ハニカム』キャラクターソングミニアルバム『ひだまループ×エブリデイ♪』2013年11月27日)
黒神めだか(CV:豊崎愛生)「お花畑に連れてって ～toybox remix～ Remix by 2 ANIMEny DJs」(2012年5月9日)
アフィリア・サーガ・イースト「プラチナ」(2012年7月25日)
MEG「もってけ! セーラーふく」(『LA JAPONAISE』2012月4月25日)
メイウー(CV:牧野由依)「TEXT」(『パチスロ ゼーガペイン』2013年)

## REMIX

「RidgeRacer -R4U mix- by kensuke ushio」(2012年8月29日)
COALTAR OF THE DEEPERS「DEAR FUTURE (kensuke ushio agraph Remix)」(『DEAR FUTURE』2011年8月31日)
access「ChaOs GrAdatioN External Re-Sync / Remixed by kensuke ushio (a.k.a agraph)」(『Re-Sync Cluster』2012年12月5日)
KMM団「ウィッチ☆アクティビティ [THE MIX] Remix by kensuke ushio」(2014年5月21日)
木村カエラ「Yellow -kensuke ushio REMIX-」(『TODAY IS A NEW DAY』2014年10月22日)
電気グルーヴ「Super Star (Re-boot)」(『25』2014年10月29日)

# 対談
# 牛尾憲輔（著者）×宮昌太朗（企画）

**宮**　まだ少し作業が残ってる状況ではあるんですけど、そもそも僕が牛尾さんに「本を作りませんか」って声をかけたのが、すべての始まりだったんですよね。

**牛尾**　宮さんは、どうしてそう思ったの？

**宮**　過去に何度か取材をする機会があって、その中で「牛尾さんの作り方ってやっぱり変わってるよな」と。で、この人の活動をどこかでまとめられないかしらと思ったんです。それがたまたま、劇伴作家を始めて10年というタイミングだったんですけど。「本を作りませんか」って言われて、牛尾さんとしては正直、どう思いました？

**牛尾**　成り立つのかなと思ったけど、振り返ってみると、みなさんのご協力があって、成り立ちましたね（笑）。

**宮**　「成り立つのかな？」というのは？

**牛尾**　だって、そんなにすごい仕事したとは思ってないし、自分が特殊だとも思ってないから。ただ今回、ゲラをチェックしながら読んでみたら……変わってますね（笑）。

**宮**　ようやく自覚が（笑）。

**牛尾**　変わってるんだろうな、きっと……と思いました。あと自分の発言を読み返してみると、自分の勉強部屋や部室みたいなところで作っていた延長で仕事をしたい、という発言を繰り返ししてて。クリエイティビティをピュアに保ちたいというか、意外と擦れてないじゃんと思った。結構、どぎつい言い方をしちゃうことがあると思うんだけど、でも可愛いヤツだな、と思いました（笑）。

**宮**　いわゆるベッドルーム・ミュージックを作ってる音楽家さんって、発信者がひとりであることに重きを置いてることが多い気がするけど、でも牛尾さんって、ＬＡＭＡでの活動とか劇伴の仕事とか、共同作業にも積極的じゃない？

**牛尾**　いや、ベッドルームでひとりで作っていた延長でやっているから、たぶん「それ以上、こっちに入ってこないでね」っていうのがあるんだと思う。たとえば、先輩の家に行ったり部室に行ったりはするんだけど、友達を自分の部屋には上げてないんですよ、比喩として。きっと守りたいテリトリーがあるんだろうなって、そこは自覚的になりましたね。

**宮**　なるほどね。

**牛尾**　それはたぶん、agraphという部分かもしれないし、あるいはそれに近しい劇伴の音の作り方だったりするのかもしれないけど。あと（佐藤）大さんとの対談をチェックしていて思ったんだけど、僕のことを横断的に話せる人がいない、というのはちょっと面白いかも、と思いました。

**宮**　たしかに、アーティストとして活動している牛尾さんと劇伴作家としての牛尾さんが、それぞれの視点から語られている気はする。

**牛尾**　佐々木（敦）さんの論考はそのあたりに切り込んでるんだけど、普段一緒にいる人たちで両方の側面を見ている人がいない、というのも面白かった。それは「なるほど、そりゃそうだよな」と思う一方で、さっき話した「それ以上、こっちに入ってこないでね」って部分に繋がっていく話でもあって。いろんな人がいろんな視点から補助線を引いてくれているんだけど、その真ん中あたりにぽっかり空いている部分があって。そこがたぶん、僕のagraphとしての部分というか、自分が守りたいと思っているところなんだなって。

**宮**　なるほどね。音楽が生まれてくる瞬間、みたいなのは、他の人が手を触れられない部分なんだろうな、と思う。

**牛尾**　そうそう。偉そうに聞こえないといいんだけど。あとはこれだけたくさんの人に参加してもらえたことを考えると、人との出会いでできたキャリアだなと本当に思う。全員、その人だけで1冊書ける人たちばっかりでしょう。すごくありがたいことです。

**宮**　個人的に今回の本は、改めて「劇伴ってなんだろう」と考え直すことができる機会でもありました。ジョン・ウィリアムスだったりミシェル・ルグランだったり、有名な劇伴作家についての評伝みたいなのはあるんだけど、映画音楽という不思議な形式について、包括的に論じているものって、なかなかなくて。そこはすごく勉強になった。

**牛尾**　僕と山田（尚子）さんって、一緒に選曲をやるじゃないですか。そういう選曲的な発想って、たぶん作曲自体と同じくらい、映画音楽において本質的な何かだと思うんです。ハリウッドには、ミュージック・エディターだったりミュージック・スーパーバイザーみたいな役職があるわけで、たぶんそこに到達するキャリアパスもあるんだろうなと思うんですけど。やっぱり画面に対して、どういうふうに音楽や音を当てるかは、作品の本質に関わる部分でもあって、しかもたぶん、それは画面を形作る技術論にも紐づいてると思うんですね。

**宮**　映画、テレビ問わず、画面と音の関わりにおいて、どういうふうに音楽家がアプローチするのか、という。

**牛尾**　音楽家としては、きっとそういう選曲を意識しながら、曲を作らなきゃいけないんだろうなって。そこはこの本で積極的に語られているテーマではないんだけど、でも自分のフィルモグラフィーを振り返ってみて、そこはもっとトライアル・アンド・エラーが必要だなと思いました。

**宮**　個々の現場においては、実践的なテクニックだったり、組み立て方のセオリーみたいなものがあると思うんだけど、決して体系化されてはいない。できるのかどうかも、わからないけど。

**牛尾**　うん。ある種、属人性というか、属グループ性が高い部分だと思うんですね。たぶん僕と山田さんと一緒にやっていく中で、セオリー的なものが生まれつつ、かつそれを破壊しつつあると思うんだけど、それは山田さんの作品以外では使えないわけで。そこらへんを振り返って、まとめてみたら面白いかなとも思いました。たぶん選曲的な発想を持って作る曲って、また変わってくるから。

**宮**　あと時代によっても、どんどん変わっていくし。テクノロジーの発展とともに、映画音楽のあり方も変わっていくわけで。

**牛尾**　それはすごく大事なことだと思う。僕も劇伴をやっていてすごく思うんだけど、テクノロジーの発展と音楽って、共犯関係にある。たとえば、いまの劇伴ってメロディがほとんどないでしょう。フレーズとかリフはあるけど、メロを唄えるかっていうと唄えない。あれって、僕は画面の高解像度化に起因していると思っていて。

**宮**　ああ、なるほど。

**牛尾**　IMAXの高解像度／大画面で悲しい表情をしている人物をクローズアップで映しているときに、たぶん悲しい曲は合わない。画面を見れば、もっと複雑な顔をしているのがわかってしまうので。そこに悲しいメロディをつけると、厚かましく感じちゃうんじゃないかなあ。もっと人間に対して解像度が高い音楽じゃないと合わなくなってるんだろうなって。まあ、それはともかく（笑）、「生まれたときに音楽教室が……」みたいな話から、よくもここまで本にまとめられたなと思います。本当にありがとうございました。

**宮**　いえいえ、こちらこそすごく勉強させてもらって、ありがとうございます。それじゃあ、今後の牛尾さんの活躍を楽しみにしつつ。

**牛尾**　はい。ありがとうございます。なによりメンタルをよく保ちたいです（笑）。

**宮**　キープ・ヘルシーで（笑）。

**牛尾**　キープ・ヘルシー、キープ・アンダーグラウンドで。今のピュアネスを保ちつつ健康に、を今後の目標にしたいです。

牛尾憲輔
1983年3月1日生まれ、東京都出身の音楽家／プロデューサー。音楽教室の家で育ち、幼少よりピアノを習う。東京工科大学在学中に「プロ・ツールス」オペレーターとして活動。その後、石野卓球の音源制作、テクニカル・エンジニアなどに関わり、2007年にコンピレーションアルバム『Gathering Traxx Vol.1』に初の楽曲「colours」を提供。翌年にソロ・ユニット“agraph”名義でアルバムデビュー。2014年の『ピンポン THE ANIMATION』より劇伴作曲家としてのキャリアがスタート。映画音楽、バンドのLAMAや電気グルーヴのサポートを担当するなど、幅広い活動を展開している。

STAFF

企画　宮昌太朗

—

取材・執筆　宮昌太朗
林 和弘（太田出版）

—

カバーデザイン　田中勤郎（arctik）

—

本文デザイン　山田益弘

—

写真　松崎浩之

—

編集　林 和弘（太田出版）
須賀美月（太田出版）

定本

—

2025年3月9日　第一刷発行

—

著者　牛尾憲輔

—

発行人　森山裕之

発行所　株式会社太田出版

〒160-8571

東京都新宿区愛住町22 第3山田ビル4F

電話　03-3359-6262

振替　00120-6-162166

ホームページ　https://www.ohtabooks.com/

—

印刷・製本　株式会社シナノ

ISBN978-4-7783-1957-1 C0095